消費伝染病

「アフルエンザ」

なぜ そんなに「物」を買うのか

ジョン・デ・グラーフ
デイヴィッド・ワン
トーマス・H・ネイラー

上原ゆうこ【訳】

affluenza
the all-consuming epidemic
John de Graaf/David Wann/Thomas H. Naylor

日本教文社

デイヴィッド・ロス・ブラウアー（一九一二〜二〇〇〇）を偲んで

地球のことを思う二〇世紀の思想と行動の巨人。彼は望んだ、いつの日か

進歩とは、人間が増え地球を征服する速度を速めることでも、所有し執着している物の数が増えることでもないと、人々が気づくことを。

進歩とは、真実を探求し、安らかさと、生命に対する愛と畏怖の念を知り、永続する調和の一部となる過程である……

そしてドネラ・H・メドウズ（一九四一〜二〇〇一）を偲んで

科学者であり羊飼いであった彼女は、私たちみんなを、より持続可能な社会の方向へ向かわせた。

序文

私が初めて、本書のもとになったテレビ番組「アフルエンザ」の司会役を打診されたとき、その話は生ぬるくなったお茶のようにあまり魅力的には思えなかった。エコサンダルを履いて、ペットボトルのリサイクル繊維でできたパーカーを着たひどく熱心な活動家が、コーヒースタンドやショッピングモールにたまたまやってきた人たちに向かって声をはりあげるのを思い描いた。「あなたがたは物質主義者の手下です！　自己満足の浪費家です！　環境を汚染する略奪者です！」と。私は送られてきた企画書を開封しながら、急いで、ちょうどその番組とぶつかるような予定でスケジュールを埋めようと思った。

しかしこの制作プロダクションとは以前に一緒に仕事をしたことがあり、私は彼らを気に入っていたし尊敬もしていた。その上、彼らと一緒に過ごすのは楽しかった。というわけで企画書にきちんと目を通し、そして深い感銘を受けたのである。彼らが企画していた番組には、すぐれたウィットと感性、そして独自のスタイルがあった。高圧的ではないが鋭かった。そして私の心をとらえてしまった。

私は参加することにした。しかし「アフルエンザ」がこれほどの人気番組になるとは想像もしていなかった。関心のある視聴者に二つ三つ重要なシーンを見せたり、考え方を示したりできるかもしれないが、それでせいいっぱいだろうと思っていた。温かい共感も起こさせるだろうが、それからたいていの放送と同じように蒸発するように消えていき、あとには小さな痕跡が残るだけだろうと。

私がそのとき計算に入れていなかったのは、タイミング、そう、タイミングだった。「アフルエンザ」は一九九〇年代末に放送されたが、そのころ、口座に入る額は増えたものの心の中の空洞は大きくなったと感じるアメリカ人が増えていた。ショッピングと株式投機が、正真正銘の国民的娯楽になりつつあった。しかしそれと同時に、単に「物」を得るための悪戦苦闘になりつつある毎日から抜け出そうとするアメリカ人の数も増えていた。

このため予想に反して、「アフルエンザ」は数こそ少ないが熱烈なファンを生んだのである。番組に関する討論会が開かれ、ビデオや文章に書き起こした写しが回され、読まれ、再生された。ウィットの効いた番組の内容に引きつけられた視聴者たちは、気がつくと良心がちくちくと痛んでいたのかもしれない。

本書は、「アフルエンザ」で示された考えを自らの内にゆきわたらせたいと思う人々からよせられた関心の集大成といえる。ハウツー本ではないし、「もし○○になったらどうなるか」という本ですらない。都市のしくみや税制を見直し、「競争」よりも「共有（シェアリング）」を重視する新しい型のコミュニティを築くといった、驚くほど現実的な提言も書かれている。

しかし、人々の顔の前でチッチッと非難の指を振り、生活の中に快適さと優雅さと楽しみをもう少し欲しいと願う勤勉なアメリカ人を叱責するような本ではない。それどころか反対に、本書はこのようなまったく人間的な願望を尊重し、快適さと優雅さと楽しみを、金で買えるがすぐにだめになってしまう商品でなく、本物で永続するものにするための道を見出そうとしている。たいていのベンチャー企業やドット・コム企業よりも、本書の方が本当に価値あるもの——人生の真の幸福を明らかにする新しい道——をもたらすのだ。

スコット・サイモン
「ウィークエンド・エディション・サタデー」司会者
ナショナル・パブリック・ラジオ
（NPR、非営利ラジオ局の全米ネットワーク）

消費伝染病「アフルエンザ」……■目次■

序文――スコット・サイモン　*ii*

はじめに　*2*

政治的立場の違いを越えて……世界が見ている……
社会的な病気……本書の成り立ち……若干の注意事項

序章……「アフルエンザ」とは?　*8*

地球の掟……もっと地球が必要になる?……アフルエンザとの関連性……
症状……病気の起源……アフルエンザの治療……議論を始めよう

第1部……アフルエンザの諸症状……■　*23*

第1章　ショッピング熱　*24*

ショッピングモール・マニア……家族全員の楽しみ……
「他にどんな理由がいるっていうの?」……ホーム・ショッピング……

インターネット・ショッピング……現実の「e―マン」……
癒しとしてのショッピング

第2章　「破産」という名の発疹　37

クレジットカード大国……アメリカは債務者の刑務所になろうとしているのか?……
貯蓄は――ほとんどなし……ベビーブーマーたちが破産する?……

第3章　「肥大」する欲求　46

成り金の城……五〇年代の高級車の時代から半世紀たって……
自動車の巨大化戦争……無重力観光……ランチを食べよう……
発明は必要の母……変わる〝世間並み〟……僕も手に入れたよ、ジャック

第4章　慢性的な過密状態　59

どこもいっぱい……家がごみ投棄場になるとき……
自動車でいっぱい……大都会の愚行……空港における荷物戦争……
空から落ちてくるもの……アメリカンドリームの分析――
ガラクタの山はどこから?……恥ずかしい物

第5章　「過剰」によるストレス　71

所有の重荷……時間飢餓……せめ立てられる有閑階級……
ブランドAそれともブランドB？……働きすぎのアメリカ人……
気にしている時間がない……時間よりも物を選ぶ……
待っているのは心臓発作

第6章　緊張でけいれんする家族　82

富めるときも……社会公認の中毒……誰かもっといい人がいる……
家庭の価値観か市場の価値観か……保守主義の矛盾

第7章　狙われる子供たち　92

子供向けマーケティングの急拡大……衝突する価値観……
子供たちを囲い込む……近所の猫を撃つ……まず、服を手に入れなくちゃ……
今日の授業をお送りしたのは……オールAよりいいもの……
子供たちは換金作物？……囚われの子供たち

第8章　寒さにふるえるコミュニティ　104

一人でボウリング……大規模チェーン店に乗っ取られるコミュニティ……
アル・ノーマン、大規模出店の退治屋……アメリカの要塞都市……
行方不明――二〇〇万人の子供たち……繁栄の社会的コスト……
崩壊するコミュニティ

第9章　「意味」を求める痛み　118

木を植えた男……魂の貧困……見せかけの笑顔の下で……
変わりゆく学生の価値観……左と右の意見が一致していたとき……
規格化された人々……アフルエンザ克服後の世界

第10章　社会の傷跡　132

アメリカという国の別の側面……勝者と……そして敗者……
貧乏人は二度支払う――そしてまた支払う……地球規模の感染

第11章　資源の枯渇　144

自然の豊かさ……目には見えないが……本当の値段……
贅沢な生活のコスト……逆向きのダーウィン

第12章　産業の下痢　161

驚きの世代……偶然の調合……化学物質のおかげでよりよい生活が送れる？……
逃げるところはどこにもない……デッドゾーン……命取りのものまね……
バイアグラを食べさせるしかない？

第13章　アフルエンザ・ウイルスがもたらす中毒　175

「これで十分」ということはない……むなしさを埋めるためのショッピング……
人々の頭の中は？

第14章　不満は保証されている　183

ゲーム・オーバー……豊かさのもう一つの見方……
階段の下の方？……「フォークがあなたと共にあらんことを」……
目的はセックス？……文化の危機……「持っていること」が重要

■第2部……アフルエンザの原因……■　201

第15章　物への欲求という原罪　202

患者第一号を探す……原初の豊かさ……アメリカに帰って……

精神の解毒剤……文化の衝突

第16章　アフルエンザの予防
ヤンキーは伊達男――ではない！……「聖月曜日」の精神…… *212*
マルクスとアフルエンザ……「自由に使える時間」という富……
ソローの唱えた「簡素さ」

第17章　行かなかった道
怠ける権利……シンプルライフ……労働時間短縮運動…… *222*
神を知る時間……消費の福音……不況時の労働時間短縮……
昔の八時間労働が戻ってきた

第18章　アフルエンザ流行の始まり
グッズ・ライフ――物であふれる生活の始まり……計画的陳腐化…… *233*
インスタント・マネー……ショッピングモールと化したアメリカ……
テレビが見せた世界……アフルエンザの不満分子……
若きアメリカの逆襲……カーターの最後の抵抗

第19章　アフルエンザの時代　245
広告とアフルエンザ……動機づけは高くつく……
ようこそ「ロゴトピア」へ……宣伝屋の月……ドット全体主義……
超コマーシャリズム

第20章　アフルエンザを治せる医者はどこにいるのか？　256
「有毒汚泥は体にいい」……いかに金がものを言うか……
精神(マインド)の強奪者(・スナッチャー)たちの侵入……鉛を入れる……
情報の洪水……「地球温暖化で地球を緑に」……
「良い知らせ」はニュースにならない……
遅らされ、割り引かれ、薄められるフィードバック

■第3部……アフルエンザの治療……■　273

第21章　回復への道　274
《アフルエンザ自己診断テスト》

第22章　患者は安静に　281
見直すしかないこともある……一度の人生……お金か人生か……
家計健全化のためのステップ……けちんぼ夫婦……
ニュー・ロードマップ財団……生活のギアをローに切りかえる

第23章　アスピリンとチキンスープ　291
自発的簡素（ボランタリー・シンプリシティ）……
学習サークルが世界を救う……「破壊力」としての簡素さ……
教会にも学習グループが……ロイ夫妻のダウンシフティング……
サークルの拡大……お互いの存在に気づく

第24章　新鮮な空気　302
知っていると言うだけでも……生命維持装置につながった文明?……
「エコフォビア」の克服……自然――名詞か動詞か?……
自然の魔法……正気をとりもどす……ハゴロモガラスのように幸せ

第25章　正しい薬　316
十分あるだけでなく、効率的であること……
SUVに乗ってステーキハウスへ行く――最悪の消費者行動……

デザインで地球を救う……永久に変わる

第26章　仕事への復帰　330

贅沢という繭から飛び出す……一度に隣人一人ずつ、世界を変えていく……
「レスポンシブル・ウェルス」

第27章　ワクチンとビタミン　344

アドバスターズ……広告を制すには広告で……テレビでは放送できない……
何も買わない日……クレジットカード・コンドーム……お金の達人……
メディア・リテラシー――消費をあおるメッセージを読み解く力

第28章　アフルエンザへの政治的処方箋　355

行かなかった道へ戻る……フレキシブルな形での労働時間短縮……
残業を減らして休暇を増やす……不況になればワークシェアリング……
「徐々に」引退する……税制を見直す……企業の責任……オランダ方式……
マーケティングによる「児童虐待」を止める……選挙資金改革……
しかし、経済が崩壊しないのか?……姿勢を正すとき

第29章　毎年の健康診断　370

個人史をつくる……本当に大切なことは何か……

コミュニティの健康診断――持続可能性の指標……

国の健康診断――真の進歩指標（GPI）

第30章　再び健康に　384

生命に立ち戻る……新しい夢を見る……良質のスピードで動く……

最後のフラッシュバック

訳者あとがき　395

原註　*i*

本書に登場した主な団体・人物の関連ホームページ　*xv*

IF WE CAN'T FIX IT THROW IT AWAY
JUNK

消費伝染病「アフルエンザ」■なぜそんなに「物」を買うのか

はじめに

たいていの映画が本をもとにつくられるが、本書の場合は映像の方が先だった。一九九六年、私は、テレビのプロデューサー仲間であるヴィヴィア・ボーとともに、過度の消費活動とそれがアメリカ社会にもたらしつつある、多くの好ましからぬ結果を描いたドキュメンタリー番組の制作を始めた。

調査をするうち、このテーマは非常に大きな問題で、他のいかなる社会問題あるいは環境問題よりも多くの点で、私たちの生活に影響を及ぼしているということがわかってきた。だが、人々の消費熱によってさまざまな問題が生じていること、そしてそれらすべてが互いに関連しあっていることを視聴者が理解できるようにこのテーマを示すには、どうしたらいいのだろうか?

番組の三分の二以上を収録した後もまだ、多岐にわたって集めた素材をどうやってまとめればいいのか、私たちは迷っていた。その後、さらに収録をすすめるためシアトルからワシントンDCへ行く飛行機の機内で読んでいた記事の中で、たまたま使われていた「アフルエンザ」という言葉が偶然目に入った。ちょうど漫画で、頭の上に電球がパッとつく瞬間のようだった。これだ。うけそうな（語呂合わせの）タイトルになるだけでなく、過剰消費の結果生じる「病気」を連想させる言葉だ。

〔訳註・「アフルエンザ Affluenza」は、「アフルエンス affluence」（裕福さ、豊富さ）とインフルエンザ（influenza 流行性感冒）を組み合わせた造語〕

これで、少なくともアメリカ合衆国ではすでに蔓延の域に達している過剰消費の影響を、ウイルスの症状として表現できる。そうすればこの〝病気〟の歴史を見て、どのようにしてなぜそれが広まったのか、媒介しているのは何で危険地帯はどこか、そして最終的にはどうすれば治療できるのか考えていくことができる。

私たちはさっそくこの言葉を使い始め、インタビューの相手にこの意味が通じるかどうか尋ねた。すると何と本物の医師たちが、自分の患者の多くに「アフルエンザ」の症状が認められ、しばしば身体的症状さえ現れていると語った。ある心理学者は、患者の多くがアフルエンザにかかっているが、自分が何に冒されているかを知っている人はほとんどいないと述べてくれた。

「アフルエンザ」ができるだけ多くのPBS〔訳註・パブリック・ブロードキャスティング・サービス、全米ネットの公共放送組織〕系列局で確実に放送されるよう、ヴィヴィアと私は厚かましく宣伝した。シカゴで開かれたPBSの番組編成担当者の会議では、私たちは白衣を着て聴診器をぶらさげ、「ドクター・ジョン　アフルエンザ伝染病学専門」と「ドクター・ヴィヴィア　アフルエンザ伝染病学専門」の名札をつけた。そして「アフルエンザ・ワクチン」のラベルが貼られた薬びん（中身はキャンデー）を配った。番組編成担当者たちに、私たちのショーが有益なだけでなく面白いものになることを知ってほしかったのである。スプーン一杯の砂糖で薬を飲みやすくするというわけだ。

私たちのドキュメンタリー番組「アフルエンザ」は、一九九七年九月一五日にPBSで第一回が放送された。するとアメリカ合衆国のあらゆる地域から視聴者の電話や手紙がどっと押し寄せ、私たちが人々の心の底の敏感なところに触れたことがはっきりとわかった。九三歳という高齢の視聴者が孫のことを心配している様子を書いてきた一方で、カード地獄に落ちた二〇歳の若者が悲惨な物語を語ってきた。「ワシントンポスト」の日曜版では、生活を簡素化しようと努力している人々がこの番組を見ているのが紹介された。ノースカロライナ州の片田舎の教師は、自分の六年生のクラスで番組を見せたところ、その後二週間も、生徒たちがこれについて話を続けたがっていると言った。子供たちは、平均すれば自分が必要としている量の三倍も「物」を持っていると思った。ある少女は、もう洋服ダンスの扉が閉まらないほどで、「たくさん買いすぎたんだわ。着ることなんてない服なのに。でも、捨ててしまうこともできないの」と語った。

政治的立場の違いを越えて

消費主義に対する過去の批判は、ほとんどがアメリカの政治的傾向でいえばリベラル派からなされていたが、「アフルエンザ」があらゆる政治的信条のアメリカ人の関心を引いたことを知って、私たちはうれしく思った。ある保守的な家族支援組織の長が応援の手紙をくれたが、そこには「この問題は家族にとって非常に重要です」と書いてあった。

視聴者の反応は、ソルトレークやヒューストンのような保守的な都市でも、サンフランシスコやミネアポリスのようなリベラルな都市と同じくらいよかった。大学では、今ではこの番組が多くの学部で広く用いられており、カリフォルニア大学本部のあるバークリーのようなところだけでなく、ブリガム・ヤング大学のような宗教団体系の私学でもよく知られるようになった。ノースカロライナ州ブーンにあるアパラチア州立大学では、学生と教授会が、貧しい山間地域のコミュニティや高所得者層の多い教会で番組を上映し、視聴者の意見を記録して「山間地域におけるアフルエンザからの脱却」というビデオを自主制作した。

世界が見ている

一九九八年、私たちはもっと詳しくこの病気の治療について掘り下げて「アフルエンザ」の続編を作り、「アフルエンザからの脱出（*Escape from Affluenza*）」と名づけた。それ以来、このふたつのテレビ番組はどちらも、アメリカだけでなく海外でも広く放映されてきた。私たちは、これはいったい、世界中の人々を悩ませている問題であると確信するようになった。アフルエンザに関心を持っている人間がいるとは想像もできないような国々——たとえばタイ、エストニア、ロシア、ナイジェリア——からも声が聞こえてきたが、実際にそのような国では、アメリカの生活様式の「良いところを受け入れ有害なところを避けたい」と、市民は望んでいるのである。

スリランカのあるイスラム系ビジネス誌が、私たちにこの病気に関する短い記事を書くよう依頼してきた。ビルマ北部の農村にいる活動家が、このテレビ番組をカチン語という現地の方言に翻訳したいと申し入れてきた。一六歳のイスラエルの少女が、この番組をテルアビブのショッピング・センターの壁に映写する許可を求めてきた。彼らによれば、過剰消費を病気とみなせばこの問題が理解しやすくなり、他の人々に説明するにもいいのだという。

私たちは、アフルエンザが日常的な言葉になることを望んでいた。まだそこまではいっていないが、この言葉がずっと広く使われるようになったのは確かである。私たちがＰＢＳで放送する以前に行なったインターネット検索では、この言葉がＷｅｂ上で見られたのは約二〇〇件にすぎなかった——そのすべてがイタリア語で、イタリア語の「アフルエンザ（affluenza）」は単純に豊かさ（affluence）を意味する。しかし現在では、何千件もの事例を見つけることができ、その大部分が「過度の消費」を指している。

社会的な病気

しかし、異なるところに力点が置かれることも多い。一部のジャーナリストは、主として大富豪の甘やかされた子供たちを指す言葉として使い、また別の人々は、彼らが「成り金症候群」と呼ぶものを指して使った。このような定義だと、私たちが提唱した社会的・政治的メッセージが失われ、純粋に個人的な行動パターンの問題となる。

しかし私たちの考えでは、このウイルスは上流階級に限られたものではなく、社会のいたるところに入り込んでいる。その症状は金持ちだけでなく貧乏人にもとりつき、私たちの社会の二層構造（金持ちはますます富み、貧乏人はますます貧しくなる）が貧乏人を二重にひどい目にあわせる。彼らは、商品であふれた生活を望むよう仕向けられるのに、それを手に入れる可能性はごくわずかしか与えられないのだ。私たちはみんなアフルエンザに感染するが、その様子は異なっている。

本書の成り立ち

テレビ放送の後、三人の人物から電話があり、このテーマで本を書くことの必要性を確信した。経済学者のトーマス・H・ネイラーと環境科学者のデイヴィッド・ワンの二人が共著者となることを申し出てくれたし、ニューヨークの版権エージェントであるトッド・キースレイが、このような本には熱心な読者層がつくだろうと言ってくれた。もちろん私は、番組に対する反応に大いに満足していた。しかしテレビは、最もよく情報を伝えている場合でも、なお表面的なメディアである。単純な話、あの多くの素材を一時間につめ込むことはできないのである。それが、この本ができた理由である。もっと多くの事例、もっと多くの症例、もっと多くの裏づけ、そしてもっと詳しい解説を入れて、さらに掘り下げて「アフルエンザ」について明らかにしようということである。本書ではテレビ版からさらに三年間の調査を行ない、データを更新しストーリーを追加している。

若干の注意事項

私たちはこの本の中に、富裕なアメリカ人あるいは金銭そのものに対するいかなる普遍的な非難もこめるつもりはない。公益のために適正に使えば（たとえば「レスポンシブル・ウェルス（責任ある富）」〔三四二〜三四三ページ参照〕といった団体のメンバーによって行なわれているように）、金銭はアフルエンザを助長するどころか社会の健康に寄与することもある。実際、本書は、心の広い方々の経済的支援がなければ、完成していなかっただろう。

ではお楽しみください！

ジョン・デ・グラーフ
ワシントン州シアトルにて

序章……「アフルエンザ」とは？

次のような場面を想像してみてほしい。

●医者が診察室で、高そうな服を着た魅力的な女性患者に、診断結果を告げている。「肉体的にはどこも悪くありません」と医者は言う。患者は信じられないといった様子だ。「では、どうしてこんなにひどい気分なのでしょう」と彼女は尋ねる。「こんなにむくんで、だるいのに。新築の大きな家を買い、新車も新しい服も買って、仕事ではかなりの昇進をしたばかりです。それなのになぜこんな惨めな気分なのでしょう、先生。何か薬をいただけませんか？」

医者は首を横に振って、「残念ながら、あなたの具合の悪いところに効く薬はありません」と答える。「具合が悪いところって何ですか、先生？」不安になった患者が尋ねる。

「アフルエンザです」と、医者はおごそかに答える。

「新しい伝染病です。非常に伝染力が強い病気です。治療は可能ですが、容易ではありません」

＊　＊　＊

この伝染病は実在する——新千年紀（ニューミレニアム）の夜明けを画する、繁栄と右肩上がりの経済と、表面的には明るい雰囲気のまったただなかで、強力なウイルスがアメリカ社会を汚染し、人々の財布、友情、家族、コミュニティ、環境を脅かしているのだ。本書ではそのウイルスを「アフルエンザ」と呼ぶ。そしてアメリカ合衆国が世界の大部分の国の経済モデルにされてきたため、今ではこのウイルスは世界中どの大陸にも解き放たれている。

この伝染病による損害と影響は甚大であるが、公にされないことが多い。治療をしない場合、この病気は人々に果てしない不満足を引き起こす。もしこの言葉がオックスフォード英語辞典の中にあったとすれば、その定義はきっとこんなものになるだろう。

アフルエンザ（affluenza）――名詞。「もっと手に入れたい」という強い思いから生じる、痛みをともない、伝染性で、社会的に伝播する、モノの持ちすぎ、借金、不安、浪費の状態。

アメリカ人は、これまで歴史のほとんどの時間を、より多く――特により多くの品物――を手に入れることに費やしてきた。私たちはそれを一九八〇年代の個人主義全盛の一〇年間以来、他の価値をほとんど排除しながらずっと行なってきたのだ。ここ数年の途切れることのない経済拡大の間、そのありさまはまるで、食べ放題のレストランにいる飢えた子供のようだった。

地球の掟

静かに、目に見えない精神の強奪者（マインド・スナッチャー）かなにかのように、このウイルスはアメリカの政治的議論を完全にだめにしてしまった。アメリカの副大統領をつとめたアル・ゴアのことを思い出してほしい。一九九二年、まだ上院議員だったころ、彼は『地球の掟――文明と環境のバランスを求めて』

（邦訳、ダイヤモンド社）という本を書いた。そこでゴアはこう述べている。アメリカという国は、

毎年増大する石炭、石油、新鮮な空気と水、樹木、表土、および地球の何千という物質を消費することにますます熱心になっている。我々は貴重な資源を生活の維持に必要なものに使うだけではなく、特別必要としないものにまで変えている。（……）かつてないほど身の回りに物質的な豊さがあふれているが、自分の生活に虚しさを感じる人の数もかつてないほど多くなっている。（小杉隆訳）(1)

アメリカ人はモノ中毒になってしまったと、ゴアは指摘した。私たちの文明は、「ピカピカ光る新製品の限りもない流れを消費する」ことが幸福への近道だと約束するが、「しかし（……）約束が偽物である」と、彼は書いている。一年後、アル・ゴアは合衆国副大統領に就任した。就任式の間、ソプラノ歌手が古く美しいシェーカー教徒の賛美歌「シンプル・ギフト」を歌っていた――「簡素なることは賜物、自由なることは賜物……」。その歌詞に賛同しているかのようにゴアはうなずく。

だが、それから二～三年の間に、何かが起こった。「マインド・スナッチャー」がやってきてアル・ゴアをつかまえた。

一九九六年、副大統領候補の討論会で、ゴアの対立候補であるジャック・ケンプが「今後一五年間でアメリカ経済の規模を倍増させる」と公約した。しかしゴアは、二倍も消費することがアメリカ国民にとってはたして良いことなのかという問いかけをまったくしなかった。二〇〇〇年の選挙

のときには、アル・ゴアは完全にアフルエンザの感染者になっていた。大統領候補の討論会で彼は、アメリカ経済の規模を一〇年間で三〇パーセント拡大すると公約した。

アル・ゴアに起こったことは今、私たちみんなに起こっているように思える。「大金持ちになりたい人は？」という質問が、ＡＢＣテレビの人気バラエティショーで出される。明らかに、ほとんどすべての人が大金持ちになりたがっている。新聞の編集長は、すでに大富豪になっている二〇数名の男女の記事なら、いくら読んでも人々が飽きることはないと言う。自分が所有するソフトウェア株の価値が見る間に急上昇したとか、「〇〇ドット・コム」を立ち上げて、まだ利益をあげていないのに多額の出資を集めたとかいうたぐいの話だ。

もちろんこういったことばかり考えることにはよくない側面があり、国民のほとんどが心の中ではそれを知っている。世論調査の専門家リチャード・ハーウッドは、一九九五年にメルク家庭財団の依頼を受けて、消費に関するアメリカ人の考えについて調査を行ない、これを裏づけた。

「必要としているよりずっと多くのものにお金を使い買ってしまう、と話す人はたくさんいます。彼らの子供たちは非常に物質主義的になっており、親である彼らも、これからの世代と自分の未来を犠牲にして、今欲しいもののためにお金を使っていると答えます。これは宗教、年齢、人種、収入、教育の違いにかかわらず共通です。人々はあまりに物質的かつ貪欲で、自分のことばかり考え、わがままになったのであり、何世代にもわたってこの国を導いてきた永続的な価値観の影響力をとりもどす必要があるという共通の思いが、わが国の人々にはあります。すなわち、信仰、家族、責任、寛大さ、友情といった価値観の必要性です」(2)

もっと地球が必要になる?

アフルエンザの流行は、次の四つのものに根ざしているのではないか──「アメリカンドリーム」と呼ばれるものの中心原理になった、とりつかれたようなほとんど宗教的と言ってもいい経済的拡大の追求。そして国の進歩をはかる最も権威のあるものさしが、私たちがGDP(国内総生産)と呼ぶ、年に四回まるでレジスターのチーンという音さながらにはじき出される数字であるという事実。それから、どの世代も、その前の世代よりも物質的に豊かになるだろうという考え。そして最後に(どういうわけか)、私たち一人一人が、他の大切にしている無数のことを犠牲にしなくても、そのただ一つの目的を達成できるという考えを持っていること。

だがもちろん、そんなわけにはいかない。本書で論じたいのは、わが国の文化の「今買いなさい」という絶え間ない要求に対してノーと言い始めなければ、いつか思いもよらないような形で「つけを払う」ことになるということだ。すでに支払期限は来ようとしている。最も極端な場合、「アフルエンザ」は、地球そのものを消費しつくすおそれがある。「私たち人類は、特に二〇世紀に、私たちが汚染したものを吸収し、資源を補充するこの惑星の能力をはるかに超えるスピードで、生産し消費してきた」と、企業批評家のジェレミー・リフキンは述べている。

いつもリフキンの批評の的にされる、バイオテクノロジー企業モンサント社の最高経営責任者ロバート・シャピロもこれを認めている。「地球は工業的生産物の一貫した増加に耐えることができない。もしもっと多くの物を使うことによって成長しようというのならば、新しい惑星を探し始めた方がいいだろう」

もし地球上のすべての人が突然アメリカと同じ生活水準になるのであれば、地球のような星があと何個も必要になるだろうと、科学者たちは言っている。

アフルエンザとの関連性

一九九八年の「パレード」誌に、こんな記事が掲載された。

世界的な金融危機と大統領弾劾問題にもかかわらず、アメリカ経済が専門家の予想に反して好調を保っているのは、アメリカの消費者の回復力とスタミナのおかげである。(……)悪い知らせがたくさんあった。(……)国内では異常気象が頻発した。カリフォルニア州では豪雨、オハイオ川では壊滅的な洪水、テキサス州では何週間にもわたる猛暑、バージニア州では死者も出る暴風雨、そして大西洋側のハリケーンはこの二〇〇年で最悪だった。一九九七年の貧困率は、依然として一九七〇年代初めより高かった。そして、連邦の財政赤字は消えたものの、アメリカ国民はこれまでにないほどの借金で首が回らない。(……)しかし、何があっても人々は良い知らせしか見ない。高い雇用率、低いインフレ率、実質賃金の上昇、この数十年で最も有利な住宅ローン利率と安いガソリン価格。(……)消費者の支出は年間を通して堅調で、経済成長の継続を確かなものにしている。

最も安いガソリン価格とひどい天候、継続する経済成長と長引く貧困、消費者の明るい将来見通しと、着実に増加する借金。これらはみな、何か関連があるのではないだろうか?

*過去四年間、毎年、自己破産宣言をするアメリカ人の数が、大学の卒業生の数を上回った。

*わが国の固形廃棄物の年間排出量は、ごみ運搬車をいっぱいにして並べると月までの距離の半分に達するほどだ。

*わが国には、高校の二倍の数ほどショッピング・センターがある。

*今では私たちの年間労働時間は、日本を含む他のいずれの工業国の国民よりも長い。

*わが国の人口は世界の人口の四・七パーセントにすぎないが、地球温暖化をもたらす温室効果ガスの放出量に関しては世界全体の二五パーセントを占めている。

*わが国の労働者の九五パーセントが、できればもっと長く家族と一緒に過ごしたいと言っている。

*わが国の湖と川の四〇パーセントは、水泳や魚釣りをするには汚れすぎている。

*わが国の最高経営責任者たちは、現在、平均的な労働者の四〇〇倍の収入を得ており、一九八〇年に比べて一〇倍も増加した。

*一九五〇年以降、アメリカ人は、それ以前に地球に住んでいたいかなる人々よりも多くの資源を使い果たしてきた。


一見関係がないように見えるかもしれないこれらの事実は、すべて関連しあう多様なアフルエンザの症状である。本書の多くの部分でアメリカ合衆国に焦点をあわせているのは、この国の国民が世界で最もよく浪費する消費者だからである。そしてアメリカで起きていることは、明らかに他のところでも起こり始めており、それは世界の他のほとんどすべての国でアメリカの生活様式がモデルにされているからである。

しかし他の国々には、実際にはアメリカよりも多くの選択肢がある。アフルエンザがそれほど本格的な流行に至っていないところでは、これ以上感染がひどくならないようにして、もっとバランスのとれた生活様式を維持することができる。金持ちであろうが貧乏であろうが、あらゆる国、そしてあらゆる人々にとって教訓となることが、アメリカのおかした過ちの中に発見できるにちがいない。世界経済(グローバル)とはすなわち、私たち全員がこの世界の中に一緒におり、その病気を理解し防ぐ必要があることを意味している。

症状

本書は三部構成をとっている。第1部では、多くのアフルエンザの症状を探り、それぞれを本物のインフルエンザの症状と比較してみる。インフルエンザにかかったらどんなになるか考えてみてほしい。きっと熱が出るだろう。鼻がつまる。体が痛む。悪寒がするかもしれない。腹痛。衰弱。リンパ腺が腫れることもあるし、発疹がでることさえある。

アフルエンザの時代にあって、今のアメリカ社会はこれらの症状をすべて示している。本書の各章では、これらの症状をひとつずつ説明する。個人の症状から始めて、社会状況へ移り、最後にアフルエンザが環境に与える影響について述べる。

いくつかの章では、「ああ、これは私のことだ！」とショックを受けるかもしれない。また別の章では、そこで紹介されている症状が自分の友人にあてはまることに気づくかもしれない。あなたにとって特に気にかかる章があり、母なる地球よりもむしろ自分の子供たちのことが心配になるかもしれない。

あなたは、物質的には不自由なく暮らしているが、絶え間なくストレスにさらされていたり、人生に何の目的も意味も見出せないでいるかもしれない。あるいは貧しくて、みんなに遅れないようにと「これぐらい持ってなくちゃね」と宣伝されているものを、自分の子供に買ってやれないことをくやしく思っているかもしれない。渋滞で真っ赤になって怒る他のドライバーから、ののしりの言葉を浴びせられたところかもしれない。それとも、近隣で唯一残っていた緑地をブルドーザーが根こそぎ平らにしていくのを見たところだろうか——三台分のガレージがある同じような新築の家が何列も並ぶ宅地を造成するためだ。高齢者なら、自分の息子や娘が借金の埋め合わせができないのに気づいて、孫たちのことが心配でたまらないかもしれない。若い人なら、自分自身の将来について不安をいだいているかもしれない。

読者の方々はどんな立場の方も、本書を読めば、自分が少なくともいくつかのアフルエンザの症状に冒されていることにはっきり気づかれることだろう。そしてそれらが、(あなた自身の視点からはあまりはっきりと見えない) 他の症状とどのように関連しているか、読み進むにつれておわかりになるだろう。

病気の起源

本書の第2部では、原因を探るため、症状の内に潜んでいるものを見ていく。アフルエンザは、一部の人々が言うように人間がもともと持っている性質にすぎないのだろうか? この強力なウイルスの起源は何だったのか? 歴史の過程でどのように変化し、大流行のレベルに達し始めたのはいつだったのか？　感染が深刻なものになったのは、私たちが社会全体としてどんな選択（たとえば「自由な時間」と「所有物」のどちらを選ぶか）をしたからなのか？——時代と文化を越えて発せられてきた警告、そして取り締まりと隔離によって病気を根絶しようとした初期の努力について、注意深く考察していく。

そしてどのようにして、病気の拡大が社会的に容認されるようになっただけでなく、現代の技術文明がつくりだしたさまざまな電子媒体によって助長されたかを明らかにする。アフルエンザは、非効率的かつ破壊的なやりかたで人々の欲求を満たすことを約束する。そして、アフルエンザの恒久化から大きな利益を得ている「にせ医者」業界全体が共謀して、この病気の内容とその症状の程度を一般市民に知られないようにしているのだ。

アフルエンザの治療

しかし私たち著者は、読者の方々を永久に落ち込んだままにしておくつもりはない。アフルエンザは治療可能なのであり、何百万人ものごく普通のアメリカ人がすでに治癒の方向へと向かっている。

私たちが「アフルエンザ」のテレビ版を制作したとき、トレンド・ウォッチャーのジェラルド・セレンティは、急速に支持者を得ている運動のほとんどトップに「ボランタリー・シンプリシティ（自発的簡素）」（二九二〜二九六ページ参照）をあげていた。世論調査の専門家リチャード・ハーウッドが一九九五年に行なったアンケートによれば、すでにアメリカ人の二八パーセントが、何らかの形で物質的に「シフトダウン」することを選択し、そのうち八六パーセントが、その結果、前より幸せになったと答えている。

セレンティは、二一世紀初頭にはアメリカ人の一五パーセントが徹底した形での自発的簡素を実践しているだろうと予想した。九〇年代末の繁栄により消費者狂乱の新たな波が生まれたとはいえ、今後経済のバブルがはじけるとき、簡素な生活への関心は再び大きく浮上すると彼は見ている。

今でさえ、わき上がる消費熱という追い風があるにもかかわらず、ますますひどくなる責めたてられるようなライフスタイルによって、厳しい生存競争から落ちこぼれる人々は増え続けている。それら何百万人もの潜在的顧客を前に、企業の販促担当者がまたまた舌なめずりをして待ちかまえている。こんどは人々に、わが社の製品を買って生活を「シンプルにしましょう」としきりに勧めるのだ。タイム＝ワーナーの「リアル・シンプル」誌（そのほとんどが高価な商品の広告にさかれており、むしろ「リアル・シニカル」と呼んだ方がいいだろう）のような新たな出版物が、創刊号の刊行前に四〇万人もの予約購読者を集めたりする。

ともあれ、このことからわかるのは、世の中にはアフルエンザに対する解決策を求めている人が大勢いるということである。本書の第3部では、私たち著者が見出したいくつかの解決策を提案してみたい。

本書では、症状の分析の場合と同様、アフルエンザの治療についても個人から始めて社会的・政治的な側面へと進める。治療の場合も、医学的な比喩を用いる。まずは、みんながインフルエンザにかかったときにするようなことである。ベッドで安静にして、アスピリン、そしてチキンスープを飲む――こうした個人向けの処方箋はすでに「ニュー・フルーガリティ（新倹約運動）」（二八七～

二八八ページ参照）や「ボランタリー・シンプリシティ（自発的簡素）」運動によって広められている。また、戸外にひろがる自然にはすばらしい治癒力があり、その力に対する人々の関心がよみがえりつつある。ジェラルド・セレンティはやはり正しいようだ。彼は言う、「こんなコマーシャルがあります。中年男性が腕を振りながら森の中を歩きまわっています。そして、まったく唐突に次のシーンでは、森を背景にその男性が裏庭にいて、大枚をはたいたに違いないランニングマシンの上を歩いています。これでは意味がありません。森の中を歩き回る方がずっと気持ちよくて、お金も全然かからなかったのに」。(3)

本書では、家庭やコミュニティを再構築するための方策、そして地球とその生物学的ルールを尊重し回復させるための方策も提案したい。十分な検討をへた何らかの（たとえば倹約に報い、浪費を罰する）法律のような「政治的処方箋」を用意すれば、アフルエンザにかかりにくい社会環境をつくる助けとなり、一人一人が健康をとりもどしそれを維持しやすくなることだろう。

私たちはまた、個人および社会の免疫系を強めるための、ワクチンやビタミンなど予防的な取り組みも紹介する。そして、毎年実施すべき検査の項目を提案する。その検査には次の三段階がある。

1・個人として、どのくらい健康な状態であるかをテストする。
2・いくつかの都市で確立された持続可能性の指標を用いて、コミュニティ自体が真に健康であるかを評価する。
3・そして最後に、国の健全度をはかるものさしとしてはすでに時代遅れとなった国内総生産

（ＧＤＰ）に代わる、真に役に立つものさしを見つける。

本書では、「真の進歩指標」（ＧＰＩ　Genuine Progress Indicator）と呼ばれる指標を紹介するが、これは現在、カリフォルニア州オークランドにあるシンクタンク、「リディファイニング・プログレス（進歩の再定義）」によって仕上げの段階に入っている。ＧＰＩは、私たちがどのように行動しているかを示す複数の指標を用いて、社会としての真の成功がどのようなものか、今までとは違った姿を描き出す。ＧＤＰはわが国の歴史を通じて着実に上昇してきたが、これに対しＧＰＩは一九七三年以後、下降を続けているのだ。（三七八〜三八三ページ参照）

議論を始めよう

本書の中にはいわゆる「新しい情報」なるものはほとんど含まれていない。しかし現在の「情報時代」において問題なのは、より多くの情報を得ることではなく、すでに知っていることの「意味」を理解することである。

本書では、一見したところ関連がなさそうな個人的、社会的、環境的な問題を、あなた方の未来や次の世代の未来を脅かす危険な伝染病の症状として理解していただくための方法を提案したい。私たち著者は、以下の章に書かれていることすべてに賛同していただけるとは思っていない。アフルエンザが本物の病気であるということさえ、すぐには納得していただけないかもしれない。私たちの狙いは、消費者のいだくアメリカンドリームについての議論を盛り上げることであり、そうすれば人々は消費に関しどのような選択をするのであれ、それがもたらすかもしれない結果をはっきりと理解したうえで選択するようになるだろう。

本書で伝えたいのは、「買うのを止めなさい」ということではない。「本当の利益」と「買うことの代償」に十分に注意を払って、慎重に、意識しながら買いなさいということである。そして、この世で最も大切なものは「物」ではないということを常に忘れないでほしい。

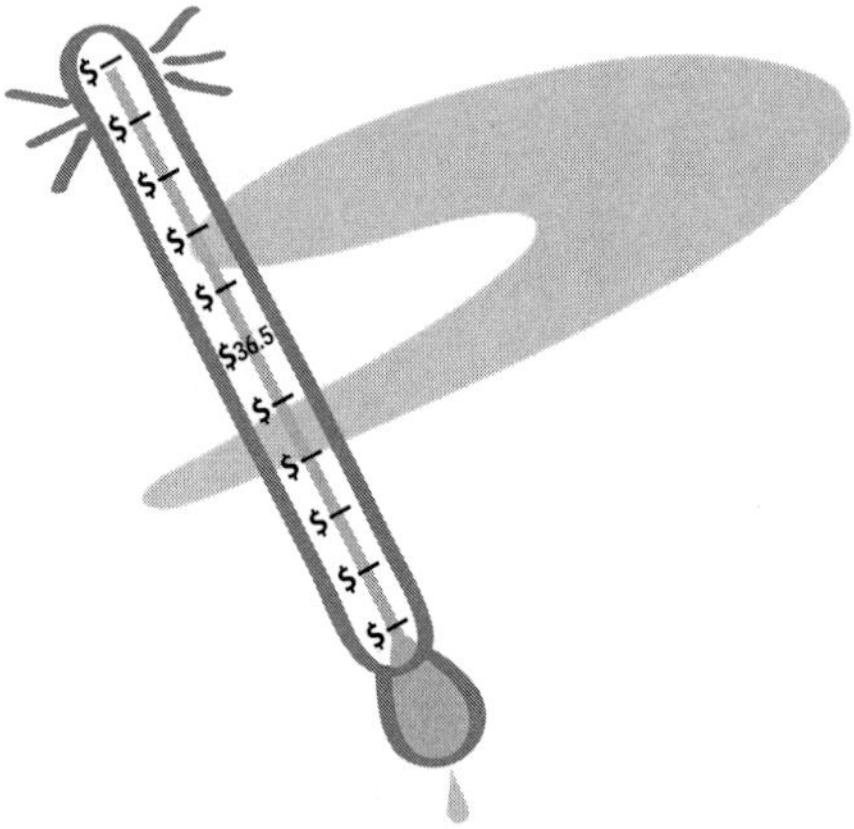
$36.5

第1部■アフルエンザの諸症状

SYMPTOMS

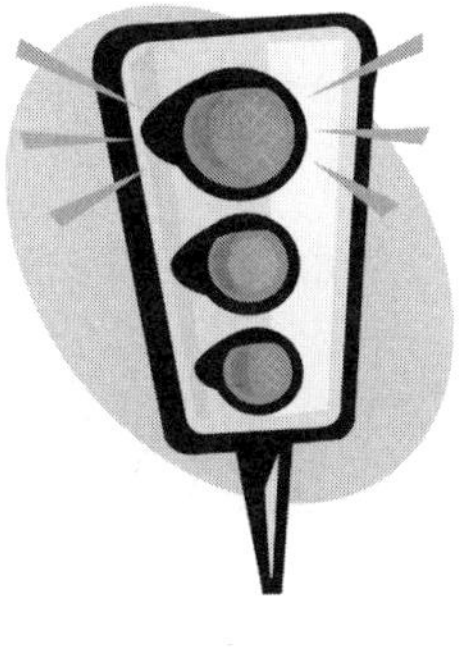

第1章　ショッピング熱

俺の話を聞いてくれ、ハニー／おまえの金を全部持ってきてくれ／俺がどんな奴なのかは知っておいてくれ／もしおまえが俺とデートしたいのなら／頭にたたき込んでおいた方がいい／俺はすごいショッピング・マン。（……）／ベイビィ、さあ、これから山ほどショッピングだ。（……）おまえの貯金からあのお金をおろして／これから山ほどショッピングだ。（……）

――アラン・アトキッソン（フォークシンガー）

●一一月末の感謝祭の日のこと。八歳になるジェイスン・ジョーンズ君は、七面鳥、クランベリーソース、パンプキンパイでおなかがいっぱいになったところだ。パソコンの前に座り、クリスマスにサンタクロースからもらいたいプレゼントのリストを夢中になって打ち込んでいる。翌日このリストをサンタに届けるつもりだが、その日はクリスマスのショッピング・シーズンが始まる日であり、そしてついでに言えば「アフルエンザ・シーズン」の始まる日でもある。ジェイスン君のリストには、ディズニー・ワールドへの旅行、マウンテンバイク、携帯電話、ＤＶＤプレーヤー、何枚かのＣＤなど、一〇種類の品物が書かれている。

ジェイスン君はけっしてばかではない。サンタクロースを本当に信じているわけではないが、彼がサンタに頼むものを両親がくれることがわかっているので、感謝祭の翌朝はとても早起きして、いい子役をつとめるのだ。ジェイスン君と母親のジャネットは、フォードの大型SUVに乗りこんで、三〇分でショッピングモールに着く。そこではすでに大勢の人が、入り口に最も近い駐車場の空きスペースをめぐって争っている。

ショッピングモールは、クリスマス・シーズンの半狂乱の買い物客でごったがえしており、クレジットカードと小切手帳を持った無防備な彼らは、アフルエンザのホットゾーンの中で危険にさらされている。ある店では大勢の人が集まって、二人の大人が大ゲンカをしているのを見ていた。彼らは、重量挙げ選手の体にティラノサウルスの頭がついた、いま最も子供たちにうけている〝ダイノマン〟の人形の最後の一個をめぐって争っているのだ。

片隅では母親が一人、息子にダイノマンを買ってやるには来るのが遅すぎたことを知って、すすり泣いている。「前の晩から店の外に泊まり込まなきゃいけないのはわかってたんですけど」他の買い物客はすでにへとへとに疲れ、エスカレーター横のベンチに座って、買い物袋の山をそばに置き、ピリピリしてげっそりした顔をしている。

ジェイスン君は一時間近くも列に並び、サンタに膝の上に抱き上げてもらってリストを渡す。母親は、ジェイスン君に二五セント硬貨を何枚も持たせてゲームコーナーに残し、ショッピングモールの中の店を山ほど回る。数時間後、家に帰る途中でブロックバスター〔米国の大手レンタルビデオ店〕に寄り、その夜ジェイスン君が退屈だと不平を言わないよう、映画を二〜三本借りる。

その日は晩秋にしてはめずらしく晴れて暖かかったが、ジェイスン君の家庭のような上位(アッパー)中流(ミドル)階級が住む地区では、公園にさえ子供が見あたらない。専門職についている若い世代の人たちの住むこの近隣には、子供が大勢いる。しかし彼らは、ショッピングをしていないときは、部屋にこもってプレイステーションでゲームをしているか、テレビでアニメ専用チャンネルを見ている。それはジェイスン君にとってつらい選択なのだが、持っているゲームに飽きると、テレビのスイッチを入れる。

＊　＊　＊

もちろんジェイスン君は想像上の子供である。しかし、ショッピングモールでの彼の経験は、そう特別なものではない。全米小売業協会によれば、一九九九年、アメリカ国民は祝日のプレゼントに実に二〇〇〇億ドル近くを支出し、消費者一人あたりでは八五〇ドル以上になるという。感謝祭からクリスマスの間の一カ月は「アフルエンザ・シーズン」であり、この間に全小売り収益の二五パーセントが生み出される。

世論調査では、ほとんどのアメリカ人がクリスマス・シーズンの支出やプレゼントの比重を減らしたいと言っている。三分の一の人は大切な人に去年何を贈ったのか思い出すことさえできず、多くの人はクリスマスでの借金を、次の夏まで返済することもできない。

しかしそれでも、収入以上に金を使おうとする衝動はわき上がり続ける。まるで私たちアメリカ人が、（自分でどう思っていようが）意志力欠乏症候群とでもいうもの、すなわちアフルエンザに対する免疫機能障害を患っているかのようである。

ショッピングモール・マニア

第二次世界大戦以来、アメリカ人は史上空前の浪費の狂騒にふけり、この数年の好景気が熱狂に油を注いできた。今では国民全体で年間約六兆ドル近くを支出しているが、これは一人あたり二万一〇〇〇ドル以上に相当し、そのほとんどが消費物資の購買で、アメリカ経済の近年の成長の三分の二がこれにあずかっている。たとえば、高等教育への支出（六五〇億ドル）よりも靴、宝石類、腕時計への支出（八〇〇億ドル）の方が多いのだ。(1) フロリダ州知事ジェブ・ブッシュの妻は、五日間のパリ買い物旅行で一万九〇〇〇ドルを使ったが、そのうち五〇〇ドルしか合衆国税関に申告しなかった。(2) しかしショッピングに熱中しているのは彼女だけではない。

一九八六年のアメリカでは、まだ高校の数の方がショッピング・センターの数より多かった。それから一五年もたたないうちに、ショッピング・センターの数は高校の数の二倍を上回った。このアフルエンザの時代においては（いずれは西暦二〇〇〇年の前後数十年がそう呼ばれることになるだろう）、文化的価値観のシンボルとしてショッピング・センターが教会にとってかわったのだ。実際、国民の七〇パーセントが毎週ショッピングモールへ行っているが、これは礼拝に行く人の数より多いのである。(3)

ゴシック様式の大聖堂に相当するのがメガモールで、これまで以上に遠方からお客を引きつけて、小さなショッピング・センターを駆逐し続けている。メガモールは多くの場合、肥沃（ひよく）な農地だった土地の上につくられており、そこは以前は交通渋滞ではなく豊かな作物を生み出していたのである。実際、アメリカの最上級の農地が、一時間に四六エーカー（約一九ヘクタール）ずつ「開発」のために失われている。新しいメガモールがオープンするときの華やかさやセレモニーは、中世にノートルダムやシャルトルの大聖堂で行なわれていたことに匹敵する。

ワシントン州オーバーンの「スーパー・モール」が一九九五年一〇月にオープンしたとき、一〇万人もの買い物客が押し寄せた。群衆は、ワシントン州にある高さ四三九二メートルのレーニア火山の模型の下に集まった。スーパー・モールの正面入り口の上に掲げられたその模型の山は、本物にはできないショーを見せてくれた。テープカットのセレモニーが終わるやいなや、火口から花火が打ち上げられたのである。

次から次へとスピーチする人が現れ、シンクレア・ルイスのバビット〔訳註・米国の作家シンクレア・ルイスの小説の主人公で、「低俗な実業家」の代名詞〕も顔負けの持ち上げ方で、この州最大の新ショッピング・センターのすばらしさを賞賛した。オーバーンの市長が、「来年の終わりまでにここにやってくる買い物客の数は一二〇〇万人を上回る見込みです」とぶち上げる。「気に入った方は、この一二〇万平方フィート（約一一万平方メートル）という広大なショッピング・スペースで、それこそ疲れ果てるまで買い物をしていただけます」

地区内に新しい競馬場とカジノをそなえたこのモールは、アメリカ西部全体とカナダからの行楽客にとって一大観光スポットになるだろうと期待された。また、四〇〇〇人もの雇用を生み出し、「この地方全体の生活水準を向上させるだろう」とも言われた。このビジネスで予想される収益の三〇パーセントは観光客が生み出すが、彼らはモールで一人あたり約五時間過ごして二〇〇ドル以上お金を使う。(4)

家族全員の楽しみ

オープニングにやってきた何千人もの熱心な買い物客は、演説の間は退屈してイライラした表情をしていたが、美辞麗句が終わると、開いたドアを抜けて勇んで突進した。ある女性は言う、「ワシントン州のこの地域にはこういったものがなかったから、このモールには本当にわくわくしています。私たちはこんなものを待っていたんです」。「モールをつくればきっとお客が来ると言っていたのだが、実際にそうなったよ」と、うれしそうな店主が夢中になってしゃべった。また別の人は、堅材の床が「ちょっとうきうきした感じを与えてくれます。タイルや御影(みかげ)石より歩きやすくて、このスーパー・モールをいかにも特別なものにしているのです」と説明する。彼女は、子供たちにモールを楽しんでほしいと言い、「それはショッピングがほんとうに大切な家族の行事になったからです」と言う。

実際そうなのである。そしてそれは良いことだといえる。というのは、私たちアメリカ人は今では週に六時間をショッピングにあてているのに、子供と遊ぶ時間は四〇分しかないのだから。(5)「ショッピングモールは実際に、多くのコミュニティの中心になっています」と、ワシントンDCにある「コマーシャリズム研究センター」(Center for the Study of Commercialism)の創設者であるマイケル・ジェイコブソンは言う。「大人はもちろん子供も、ショッピング・センターを退屈な生活を埋める自然の観光地と同じように思っているのです」(6)

「他にどんな理由がいるっていうの?」

「ひとつでもモールを見たことがあれば、すべてのモールを見たことになる」と、ジェイコブソンのような皮肉屋の批評家は言うが、「夢中になった買い物客」は反論する（彼らは夢中になる必要があるのだ、と言う心理学者もいる）。彼らは新しいショッピング体験のためなら、喜んでジェット機で国を横断する。今ではいくつかの航空会社が「ポトマック・ミルズ」のようなショッピングのメッカへ行くパッケージ・フライトを用意するほどになっている。そこは巨大な「ディスカウント」モールで、「ご近所（ネイバーフッド）」と呼ばれるいくつかの区域に分かれている。ポトマック・ミルズは「バージニア州でナンバーワンの観光スポット」であり、年間の来訪者数は、アメリカの国立公園としては訪れる人が最も多いシェナンドア国立公園を上回っている。

「アフルエンザ」の司会進行役であるスコット・サイモンは、テレビ番組の撮影中にポトマック・ミルズを訪れた。買い物客たちは、どこから来たのか、このモールをどう思うかといった彼の質問に熱心に答えた。サイモンが話しかけた人々は、実際に汗だくというわけではなかったが、みんなアフルエンザの初期症状である「ショッピング熱」にうかされているようだった。

テキサス州ダラスから来た二人の女性は、夫は近くでゴルフをしていて、自分たちはすでに三日間ずっとこのモールで過ごしていると言った。「私たちはいつも掘り出し物を捜してるんです。こう言ってはなんですけど、ブランドをよく知っていて、私たちみたいに経験をつんでいなくちゃだめなんですよ」と彼女たちは公言した。「必要なものがあったわけじゃありません。ただ買い物に来たかったんです。何でも気に入ったものを買います」と、カートを品物でいっぱいにした男性が言った。「考えてたよりもたくさん買いました」と別の女性が認めた。「あんまりたくさんの物が目に入るので」

そう、その通り、そしてそれが重要なのだ。それが、大規模モールの方が小規模のモールよりも売場面積あたりの売り上げが多い理由である。あまりにたくさんの物が見えることが衝動買いを招き、それがモールの利益にとって鍵となる。頭に特定の商品を思い描いてモールにやってくる買い物客は、全体の四分の一にすぎない。残りの人々は、ただ買い物がしたくて来ているのだ。「他にどんな理由がいるっていうの?」と、ダラスから来た女性の一人が冗談まじりに言った。「私はここに、自分がいちばん好きなこと、つまりお金を使うために来たんです」と、得意そうな顔でティーンエージャーの少女が言った。少女は、今回の派手な買い物のために母親がくれた数百ドルを使い尽くそうとしていた。「ショッピングが好きなの」

なにもこの少女に限ったことではない。あるアンケート調査では、アメリカのティーンエージャーの少女の九三パーセントが、大好きなこととしてショッピングをあげている。(7)

年配の夫婦が、あふれそうなほど品物を積んだショッピング・カートを押しながら通り過ぎた。「これでも買った物の半分だよ」と、夫の方が楽しそうに言った。「長い買い物リストを持ってきましたけど、そのリストにない物もたくさん買いました」とその妻。つまり衝動買いだ。彼らは、ポトマック・ミルズが買い物客に配る折り畳み式の案内図をチェックしていた。「これがなかったら迷子になってますよ」

しかしそんなポトマック・ミルズでさえも、ミネソタ州ブルーミントンにある「モール・オブ・アメリカ」に比べれば、ほんのミニモールにすぎない。四二〇万平方フィート(約三九万平方メートル)のショッピング・スペースを持つアメリカ最大のモール(「モール内の気温は常に二二℃に保たれている!」)は、サッカー・フィールド七八枚分の面積に広がっている。そこでは一万人の人が働き、年間なんと四〇〇〇万人もの客がやってくる。モール・オブ・アメリカは大聖堂にたとえられるが、それは単なるたとえではない。なかにはそこで結婚式をあげる人さえいるのだ。そこは、世界的なアフルエンザの危険地帯でもある。

アフルエンザの時代においては、過剰こそが成功への道だ。「良いモールは、最も収益性が高い不動産といえます」と、あるロサンゼルスの不動産コンサルタントは言う。「良いモールはマネー・マシンなのです」(8)「良い」というのはより大きいことを意味すると、彼は言う。そのため、メガモールを誘致しようとやっきになる都市と都市が争うことになり、その後に得られる税収を期待する各都市が談合をもちかける。そういった契約を勝ち取るため、モールの開発業者たちは、最も利益のあがる店をめぐって競争する。

「サクラメント・ビー」紙によれば、シアトルに本部を置く百貨店チェーンであるノードストローム社は、カリフォルニア州ローズビルの「ガレリア・モール」へ出店するための補助金および報奨金として三〇〇〇万ドルを受け取った。なぜだろうか？「ノードストロームの面積あたり売上額は業界最高です」と、モール開発業者のマイケル・レビンは言う。レビンによれば、ほとんどの人がモールまで車で約三〇分ほどのところから来ているが、「ノードストロームがあると、ずっと遠くからお客がやってくる」という。(9)

ホーム・ショッピング

もちろん近ごろでは車や飛行機に乗って行かなくても買い物ができるが、ほとんどの人がまだそうした形で出かけている。しかしモールや、ウォルマートのよう超大型店舗が依然として売り上げを伸ばしている（そして依然として小規模の地元所有の店を廃業に追いやっている）一方で、アメリカ人はかなりの買い物を自宅にいながらにして行なっている。昨年一年間だけ見ても約四〇〇億冊もの通信販売カタログが人々の家庭に行きわたったが、これは国民一人あたり約一五〇冊に相当し、スープからナッツ（そして冷蔵庫に下着）にいたるまで、あらゆるものを販売している。それらのカタログは「今買って、支払いは後で」と強調する。そういったカタログが届くと不快に思う人もいるにはいるが、ほとんどのアメリカ人は首を長くしてカタログが来るのを待ち、それから思うままに注文する。場合によっては、カタログに載っている物を買えるように、お金を出して（たとえばシアーズの）カタログを買うことさえある。

それから、テレビのホーム・ショッピングのチャンネルがある。頭がカラッポな女が紹介する安ピカな商品が果てしなく続くと批評家はばかにするが、そういった番組はケーブルテレビの定番のひとつであり、高い収益をあげている。かつてテレビを「広大な不毛の地」と呼んだ人がいることを思い出す。もちろん、ショッピング・チャンネルがなかったころの話だが。

通販カタログとショッピング・チャンネルが運んでくるのは商品だけではない。これらはアフルエンザのウイルスを非常に効率よく媒介するのだ。こんどカタログが来たら、高倍率の顕微鏡で調べてみるといい。

インターネット・ショッピング

近年登場した新しいアフルエンザ媒介者、すなわちインターネットは、ショッピングモール、通販カタログ、テレビのホーム・ショッピング番組を合わせたよりも、さらに強い力で人を引きつけている。インターネットが広く普及してショッピング・センターとして受け入れられたときに引きおこした激しい狂乱状態に匹敵するのは、カリフォルニアやアラスカでのゴールドラッシュや、テキサスの石油採掘ブームくらいのものである。現在、アメリカ国民の二〇パーセントが週に少なくとも五時間ほどインターネットをして過ごし、その時間の多くがショッピングについやされる――今ではインターネット・サイトの大部分が何かを販売している。

一九九九年のアフルエンザ・シーズン中に消費者がオンラインで支出した額は一〇〇億ドルで、一年前の三倍にあたる。現在でもそれは増大している。年間では、電子商取引は三三〇億ドルに達した。それはまだ小売り販売総額のごく一部にすぎないが、まもなくインターネット・ショッピングはカタログ販売を追い越すだろう。今では、想像しうるすべてのものを（そしてときには想像できないようなものも）オンラインで買うことができるのだから。

現実の「e-マン」

一人の「ドットコムガイ」（元ミッチ・マドックス――彼は氏名変更の法的手続きをとった）が、そのことを証明した。彼はダラス在住の二六歳の男性で、一年間自宅を出ないですべての買い物をオンラインですると宣言した。マドックスは普通のショッピングは時間がかかりすぎて自分の趣味に合わないし、まるで労働のように大変だと思うようになった。彼は「ローテク」の両親に、自分は一年間インターネットによって生活し、アパートをまったく出ないでいることができると言った。

今では何千人もの「ドットコムマニア」が彼のウェブサイトにたむろし、そのeメール・ショップを見ている。彼はただオンラインで買うだけではなく、販売もするのだ。ドットコムガイはTシャツ、マウスパッド（もちろん！）、野球帽、バンパーステッカー、ケーキ・ミックスなどなど。

「これこそがインターネットのための広場なんだ」(10)と、彼はインターネットが「情報ハイウェー」だと思っている愚かな面々に向かって答えた。

〔訳註・ドットコムガイは二〇〇四年、結婚を機に名前を本名に戻し、すべての商標権を競売にかけた〕

癒しとしてのショッピング

「アフルエンザ」の司会進行役スコット・サイモンが「ポトマック・ミルズ」を訪れたとき、このモールはこれまで見たうちで最も巧みな宣伝キャンペーンを実施していた。ベケット・ロイスという名の魅惑的な女優が、「ショッピングは癒しです」と、ソファーに寝そべりながら言う。「頭の中のあのやさしい声に耳をすませて。ショップ、ショップ、ショップ、ショップ」

ロイスはショッピング・チャンネルやカタログ・ショッピングをこきおろすが、ポトマック・ミルズでのショッピングについては断じてそんなことはしない。ポトマック・ミルズの通路から通路へと、商品を次々につかんで意気揚々と歩く。それから自分が買ったものを合計して、チッチッチと舌を鳴らし、「一〇〇ドルもスペイビングしちゃったわ!」と声を上げる。「スペイビング」は、スペンディング(支出)しながらセイビング(節約)するということで、ポトマック・ミルズでは誰でも「スペイバー」になれるんですと彼女は言う。

「買えば買うほどセイビングできます」と、シアトルのデパート「ボンマルシェ」の広告はうたっている。次章で示すように、どうやら大勢のアメリカ人が、この数学的に不可能なことを信じているようだ。ベケット・ロイスが間抜けなのではない。彼女は大金をもらって、だまされやすい人々に「スペイビング」は効き目があると信じ込ませているのだ。ちょっと計算してみれば、そんなことはないとわかるのに。あるいは、数学ができる人などもういなくなってしまったのだろうか。

そして次章で明らかになるように、さまざまな「善意」から、破産への道が舗装（ペイビング）されていく。

第2章　「破産」という名の発疹

真っ赤な赤字の
クレジットカード
クリスマスは終わり
借金増える
――「替え歌」クリスマス・キャロル
〈「新しいアメリカンドリームのためのセンター」による
〈「赤鼻のトナカイ」のメロディで〉

●感謝祭明けの月曜、前章で登場したジェイスン君の母ジャネットは、ジェイスン君を学校で降ろすと、混雑する道を引き返して再びショッピングモール――ポケモン・ブームの始まる一〇年前に建てられた比較的新しいモール――へ入り、目を皿のようにして特売品を探す。

彼女は、ジェイスン君がサンタクロースにあてて書いた「欲しい物リスト」を持っている。ジェイスン君が、自分が欲しがっているものを母親に確実にわからせるため、リストをもう一枚プリントアウトして、偶然ぽく自分のベッドの上へ置いておいたのである。

最初の買い物はうまくいき、ジャネット自身の計算では〝一〇〇ドル節約した〟ことになったのだが、次にマウンテンバイクを買おうとしてつまずく。「申し訳ございませんが、このカードは限度額をオーバーしています。別のカードをお持ちじゃありませんか?」と、店員がほほ笑みながら言う。一瞬まごついて、ジャネットは財布の中をさぐる。「大丈夫です。何枚も持っていますから」

「お金で買えない価値がある。買えるものはマスターカードで」という宣伝文句を思い出しつつ店員にカードを手渡すと、店員はそれを読み取り機に通す。「申し訳ございません」と、その若い女性店員が同情したような目つきで言う。「結果は同じです。貸し出し可能残高の不足です」ジャネットは、自分がこんな窮状に立たされているところを誰かに見られてやしなかったかとすばやく周囲を見回し、「きっと何かの間違いよね」とつぶやきながら自転車店を出て行く。

モールからの帰り道、ジャネットは「消費者クレジット・カウンセリング・サービス」のオフィスの前を通り過ぎ、もしかしてここに救済を求めるべきときが来たのだろうかと思う。もし彼女がそこに入っていたら、中は千客万来の状態だったはずだ。消費者クレジット・カウンセリング・サービス(CCCS Consumer Credit Counseling Service)は、数カ国に一一〇〇ものオフィスを持つネットワークで、最近は多くの人たち——借金で首が回らなくなった人々や、まだトンネルの向こうにほのかな光さえも見えない人々——が相談に来ている。

クレジットカード大国

コロラド州コロラドスプリングズにあるCCSのスタッフの一人、マリエル・ウートジェンは言う。「人々がここに来たときに私たちがまずすることの一つが、その人たちのクレジットカードを切り刻むことです。カードでは借り入れがすぐに簡単にできるため、人々は現実のお金を扱っているということを忘れがちになってしまうんです」(1)

ウートジェンは棚から大きな箱を取り出して、中身を床の上にぶちまける——数百枚、もしかしたら数千枚もあるかもしれない切り刻まれたクレジットカードだ。現在、平均的なアメリカ人はカードを五枚以上持っており、全国合計ではゆうに一〇億枚を越えるカードがある。たくさん持てば持つほど、新しいカードの勧誘を受けやすくなる。

最近、本書の著者の一人であるトーマス・ネイラーの息子のところに、カードの申し込み案内が来たが、彼はたったの一二歳である！　このような勧誘のダイレクトメールがどんどん来てアメリカ中の郵便受けはいっぱいになっているのだが、その一つ一つが独自の特典をつけている。頻繁に飛行機を利用する人のためのマイレージ・サービス、入会時の特別に低い利率、最低支払額の安さなどだ。『ギネスブック』によれば、自慢できることかどうかはあやしいが、一二六二枚というとてつもない数のクレジットカードを持っているアメリカ人がいるという。(2)

「クレジット会社側は、顧客をあおるだけでなく、可能な限り多額の借金を背負わせるためのさまざまなマーケティング戦略をとっています」とウートジェンは言う。それが、企業（銀行）が金をもうけるやり方である。一般的なクレジット会社のカード（金利一八パーセント）で二〇〇〇ドルを使い、最低支払額ずつ返済するとしよう。すると一一年かかり、結局、元金の倍の額を支払うことになる。しかもそれは、そのカードで他に何も買わない場合の話である。

「クレジットカード会社は、人々が即時の満足を求めるようにあおります」とウートジェンは強調する。「今それを買っても大丈夫。分割払いで月々少しずつ返済すればいい。好きなだけ長くかければいい。そうすればうまくやっていける。そういった考えをあおるのです。ここにやってくる人のほとんどが、そういうものの見方にはまり込んでいるのです」

実際、クレジットカードの利用額を毎月きちんと返済できているのは、アメリカ人の三人に一人もいない。平均的なアメリカ家庭が二〇〇〇年にクレジットカードで借りた額は、七五六四ドルだった。大学生の平均でさえ二五〇〇ドルである。アメリカ人のクレジットカードによる負債の総額は、一九九〇年代の間になんと三倍になった。(3)

多くの点で消費者クレジット・カウンセリング・サービスに来る人々の典型ともいえる、二人の子供を持つ感じのいい若い夫婦、シンディとキートン・アダムズ夫妻の状況はもっとひどかった。二人は二万ドルの債務を負い、クレジットカードの返済ができないことに気づいて、CCCSに助けを求めた。「私たちは、それこそ世界中のものをカードで買えると思い始めていました。そしてそうしようとしましたが、そんなことはできなかったのです」とキートンは言う。(4)

当然すぎるほどのなりゆきだろう。

そもそもの始まりは、キートンが一八歳のときにマーヴィンズ〔米国の大衆向き衣料品チェーン店〕のクレジットカードを手にしたときからだった。彼は言う。「それといっしょにVISAカードも手に入れることができて、シンディもVISAカードを手に入れ、最後には私たちは何枚もVISAカードを持つことになりました」それから二人はたくさんの物をすべてクレジットで買い始めた。クレジットカードで物を買うだけでなく、二人は新しい車の購入資金を借りることにした。「それは単に『すてきな八〇〇〇ドルの車を手に入れよう』ということではありませんでした」とシンディは打ち明ける。「それは実際には、『一万八〇〇〇ドルの自動車の購入資金が調達できるかどうかやってみよう。どうせなら、手に入れられる最高の車にしよう』ということだったのです」

しかし彼らはどんどん借金の深みにはまっていった。そしてとうとう集金担当者が「どうしてご返済いただけないのでしょうか?」とはっきり口にした。キートンは、その言葉で立ち止まって考えたのだという。集金担当者が消費者クレジット・カウンセリングに相談してはどうかと言ったので、キートンはそのアドバイスに従うことにした。自分のカードが切り刻まれるのを見るのは辛かったが、今ではそうしてもらってよかったと、キートンとシンディは言う。

アメリカは債務者の刑務所になろうとしているのか?

しかしアダムズ一家が直面した状況は、近頃ではそれほど珍しいことではない。「ロサンゼルスタイムズ」によれば、アメリカ人は「好調な経済に後押しされた浪費のお祭り騒ぎの中で、記録的な額になった負債につぶされそうになっている」という。(5) 現在の破産発生率は、一九二九年に始まった大恐慌のときを上回っている。

ある経済学者は、負債の増加はアメリカ経済の「デリケートな急所」であると述べている。ショッピング熱が、アフルエンザの次なる症状である破産という発疹をもたらし、下腹部の柔らかいところが小さな赤い点で覆われる。六〇〇万人のアメリカ人が、アダムズ夫婦のように破産寸前になっている。実際、毎年、一〇〇万人以上の人——一九八〇年の三一万三〇〇〇人からどんどん増加し、アメリカ人の七〇人に一人にあたる人々——が自己破産を申請し、その数は一年間の大学卒業者数より多いのだ。この状況は一九九六年以来続いている。そのような破産申請者の負債額は、平均的アメリカ人で二二カ月分の収入に相当する。(6)

この状況に対応するため、貸付機関は、自己破産の条件をもっと厳しくするよう議会に圧力をかけて成果をあげてきたが、その一方で同時に彼らは顧客を経済破綻へと追いやり続けているのである。

一九八〇年には、アメリカ人家庭の借金は可処分所得の六五パーセントに相当していた。しかし現在では、借金と可処分所得の額がほとんど等しい。「家庭は支払い能力以上の債務を負うようになり、それはかつてないほどの額にのぼっている。最近では家庭における借金の総額が歴史上初めて、税引き後所得の総額を上回った」と、「ロサンゼルスタイムズ」の記者レスリー・アーネストは書いている。「最も恐ろしいのは、わが国の経済がつまずいて雇用が冷え込んだら、債務を負っている多くの家庭に何が起こるかということである。仕事がなくなったら——経済破綻と担保権行使に追い込まれるのが確実なシナリオだろうが」(7)

「ロサンゼルスタイムズ」の全国調査(二〇〇〇年五月)によれば、アメリカ人の八四パーセントがアメリカの経済はうまくいっていると考えているが、それにもかかわらず一〇人のうち四人までが、借金の返済が「どちらかというと難しい」あるいは「かなり難しい」と答えた。しかもこれはいい好景気のときの話なのである。『危うい中産階級(*The Fragile Middle Class*)』の著者の一人エリザベス・ウォレンは、「次に経済が縮小したとき(……)爆発的に破産が発生する」(8)と警告している。

貯蓄は――ほとんどなし

現代のアメリカにおいては奇妙な矛盾がまかりとおっている。全体として収入が増えれば増えるほど、貯蓄は少なくなるのである。本当は逆になるべきだ。給料が多ければ、貯金にまわすドルが増えるはずである。だがそうはならない。テレビの「アフルエンザ」が制作されたとき、アメリカ人は収入の四パーセント足らずしか貯金にまわしていなかったが、この貯蓄率はドイツ人の半分、そして日本人の四分の一にすぎない。当時それは非常に危ういことのように思えた。というのは、そう昔のことではない一九八〇年に、アメリカ人の貯蓄率は約一〇パーセントだったからである。

しかし現在、なんとわが国の貯蓄率はほとんどゼロ近辺を上下しており、月によってはその線さえも下回る。(9) これに対して、生活の苦しい中国、インド、パキスタンといった国の労働者たちが、収入の四分の一もの額を貯蓄している。

広告では、大衆の社会心理に訴えるため、誇張的表現がよく使われる。たとえば、最近の「USAウィークエンド」誌の裏表紙を見てみよう。ページの半分に「ベロニカ・リン、フロリダ州ビバリーヒルズ、ドーラルを愛飲」とあって魅力的な女性が微笑み、残りの半分に「それは私の給料よりも長く持つわ」という彼女の言葉が載っている。(10) この場合の「それ」はドーラルのタバコ、つまりこの広告が売ろうとしている商品である。その裏に潜んだメッセージは、考えなくてもすぐわかる。現在のアメリカでは、給料はタバコの火ほどにも長持ちしないのである。

アメリカ合衆国。給料の額は史上最高だが、たった五分でなくなる国。だがどうして心配するのだ？　気にしなさんな。すでにアフルエンザにかかっているのなら、小さな癌が何だ。

ベビーブーマーたちが破産する？

ハーバード大学の経済学者ジュリエット・ショアは、ほとんどのアメリカ人は十分な経済的クッションなしに生活していると指摘している。

「六〇パーセントの世帯が、経済的蓄えという点ではあまりにわずかしか持っていないので、失業した場合、現在のライフスタイルを維持できるのはせいぜい一カ月である。かなりの金持ちでも約三カ月半しか持ちこたえることができない」(11)

その一方で、警戒する理由はないと言う経済学者もいる。彼らは、現在アメリカ人全体の半分が株を所有しており（ほとんどの場合、それほど多くはないが）、必要ならそれを売ることができる点を強調する。所得が比較的多く株も所有している多くのベビーブーマー〔訳註・第二次世界大戦直後から一九六〇年代前半頃に生まれた世代〕は、株価が高騰しているときには倹約する必要はないと考えている。彼らは、今から二〜三年後にくる退職のときには、株を売ればかなりの利益があがって、必要なものはまかなえるとあてにしている。

だがそれは危険な賭けであると、経済コンサルタントであり『ベビーブーマーが仕事をやめられないとしたら？（*What If Boomers Can't Retire?*）』の著者であるソーントン・パーカーは主張する。

株価の上昇は、ベビーブーマーが次の世代の労働者へ株を売ることができ、しかもブーマーが期待しているような高値で買ってもらえることが前提である。しかしそのシナリオには問題があると、パーカーは考えている。将来、株を買う労働者の数は少なくなり、退職者が株を手放すときにはもっと安く売らなければならないだろう。さらに、残念ながら一九二九年の大恐慌で明らかになったように、株価は上昇するだけでなく急落することもあり、株の多くはすでに過大評価の状態にあり、現実の企業収益に裏づけられていない。

別のアナリストは、このところ頻発している個人の破産は、経済の階層化が進む中でインフレに対応することができない、比較的収入の少ないアメリカ人を中心に起こってきたと述べている。しかし最近では、マイクロソフトの大富豪さえ彼らの仲間入りをした。値上がりが続いてきた株を、贅沢な休暇や家のローンを組むための担保として使っていた人もいる。

ある女性は、「いつでもソロモン・スミス・バーニー証券〔米国の大手証券会社〕に電話すれば、一万ドル貸してもらうことができた」と言う。しかし彼女の持っている株の価値が下がり始めると、ソロモン・スミス・バーニー証券が彼女に電話をかけてきた——返済の請求である。そのころには、彼女の借金は株を換金して払える額を上回っていた。

では、どうして今私たちはこんなにどんどんお金を使っているのだろうか？　どうぞ、チャンネルはそのままで……

第3章 「肥大」する欲求

この社会は貪欲という病気に感染している。
それは最悪の伝染病だ。
——ドクター・パッチ・アダムス

車載ファクシミリを持っていなかったのでみじめな気持ちだったけど、自動車電話を持ってない男を見たんで元気になれたよ。

——「ニューヨーカー」誌の漫画（ウォレン・ミラー作）

ここで、思い出の小道を散歩してみよう……もしあなたが私たち著者と同年輩なら、少なくとも一九五〇年代まで記憶をさかのぼることができるだろう。大恐慌も第二次世界大戦も終わり、アメリカ人は活発に動き回っていた。郊外のいたるところに建てられる家々。組み立てラインから新しい舗装道路へと次々に走り出していく新車。まもなく東海岸から西海岸にまで延びることになる国防インターステート・ハイウェー・システムの起工式。どこの家庭でもオーブンの中にはＴＶディナー（一九五三年に初めて発売された調理ずみ冷凍食品）がある。

若い夫婦と亜麻色の髪をした息子がソファーに座ってテレビを見ていると、五〇年代のコマーシャルの中の男が「すばらしい生活じゃないか、ボブ?」と歌うように言う。「そして明日は、君にとって、そしてみんなにとって、もっと良くなるんだ」

もちろんこのすばらしい生活も、貧しかったり差別を受けていたりする何百万人もの人々にとっては、すばらしくはなかった。そして中流階級のアメリカ人にとってさえ、不安がまったくなかったわけではない。

一九五七年、アメリカのテレビでホーム・コメディー「ビーバーちゃん」が初めて放映されたのと同じ日(一〇月四日)、あの嫌われ者のロシア人がスプートニクを宇宙へ打ち上げた。フルシチョフ首相が「平和的な経済競争の場で」アメリカ人を葬ると公言した。それがどういう結果になったかは、誰でも知っていることだが。

しかし一九五七年は、それほど印象的ではないもう一つの理由で重要な年だった。この年は、自分が「とても幸せだ」と思うと答えるアメリカ人の割合が最高に達した年であり、その記録は二〇世紀を通じて破られることはなかった。(1) 翌年、アメリカでは二億本の「フラフープ」が売れ、経済学者のジョン・ケネス・ガルブレイスが、大きな影響を及ぼすことになる一冊の本を出し、アメリカ合衆国を「豊かな社会（アフルエント・ソサエティー）」と呼んだ。

人々は当時、現在私たちが感じているよりも豊かだと実感していた。しかし現在ではほとんどのアメリカ人は自分が本当に豊かだとは思っていないと、心理学者のポール・ワクテルは述べている。「国民総生産の点では、当時の二倍以上になっているにもかかわらずそうなのです。どこの家でも物が倍に増えました。しかし豊かさの感覚、幸せだという実感は強くなっておらず、むしろ弱

くなっています」(2)

一方リベラル派の経済学者は、アメリカの中流階級が得る実質賃金は一九七三年頃から現実にはあまり上昇しておらず、多くの労働者の場合、実際に減少したと主張している。若い夫婦は、自分たちの親と同じレベルの生活をする余裕はないと言っている。これに対して保守的な経済学者は、政府が計算したインフレ率は誇張されており、実質賃金は実際にはかなり上昇したと反論している。

しかしいずれにしても次のことについては議論の余地がない。つまり、私たちは前の世代よりもずっと多くの物を持ち、ずっと強い物質的欲求を持っているということである。

成り金の城

たとえば、住宅について考えてみよう。家族の人数は少なくなっているにもかかわらず、今では新築住宅の平均的なサイズは一九五〇年代の倍以上になっている。ワシントン州シアトルにある「ドリーム・ハウス不動産」のオーナー、ラニータ・ワッカーは住宅を販売して四半世紀以上になる。彼女は、私たちを連れてオフィスの近隣をドライブして回り、何が起こったか説明してくれた。

彼女は私たちに第二次世界大戦以降一〇年ごとに建てられた家々を見せて、そのサイズがどんどん大きくなっていった様子を説明する。ワッカーによれば、(たとえばペンシルベニア州レビットタウンのようなところでは) 第二次世界大戦直後には七五〇平方フィート (約七〇平方メートル) が標準だった。

「その後、五〇年代に入ると二〇〇平方フィート増えて九五〇平方フィート (約八八平方メートル) が標準になった」という。六〇年代になると一一〇〇平方フィート (約一〇二平方メートル)

が一般的なサイズになり、七〇年代には一三五〇平方フィート（約一二五・五平方メートル）となった。そして現在では二三〇〇平方フィート（約二一四平方メートル）にまで大きくなった。

ワッカーは一九七二年に住宅の販売を始めたが、「ちょうどシングルサイズにかわってダブルサイズの風呂が求められるようになった頃」(3)だという。車が二台入るガレージもそのころ流行しはじめ、八〇年代末には三台分のガレージを持つ家が建てられるようになった。この場合、ガレージのスペースだけで六〇〇～九〇〇平方フィート（約五六～八四平方メートル）あり、ワッカーによれば「それは五〇年代初めに家族全員が使っていた面積に相当する」という。

「それだけあれば家族全員が住めるでしょうが、私たちはたくさんの物を手に入れたので、収納しなければならないのです」

この点を納得してもらおうと、ワッカーは私たちを四台分の広さのガレージがある巨大な住宅のあるところに連れて行く。外には高級車とボートが置いてある。どうして彼女が自分の地所にそんなに興味を持つのだろうかといぶかりながら、家の持ち主が出てきた。「ドリーム・ハウス不動産のオーナーです」とワッカーが言う。「お宅はまさに夢の家(ドリーム・ハウス)ですね」

「これはかわいい家内の言うとおりに建てたんだよ」とその男が笑いながら答える。「ではなぜ四台分もガレージが？」とワッカーが尋ねる。「あれはきっと物を入れるためだよ」と男は答え、ガレージは家族の持ち物でいっぱいになっていると言う。「十分な収納場所がないから、十分なガレージもないというわけさ」

「お子さんはいらっしゃるの？」とワッカーが尋ねると、「子供たちは、今はみんな独立してしまった。私と家内だけだ」という。

四台分のガレージというのはむろん例外的である。しかし今では、誰もがより大きな家を望む。「五〇年代の家の寝室は約一三〇平方フィート（約一二平方メートル）といったところでしょう。でも今では、ほどほどの価格の家でさえ、驚いたことに三〇〇平方フィート（約二八平方メートル）が寝室にさかれていたりするんです」

住宅というものは近年、かつてないほど、はっきりと目に見える消費のシンボルになった。最近の株式市場の高騰と未曾有の経済拡大で利益をあげた人々が、あちこちで不動産を購入し、既存の（そして完全にまだ使える）家を壊し、広さ一万平方フィート（約九三〇平方メートル）もの巨大住宅に建てかえるのである。そういった家を、ある人は「成り金の城」と呼んだ。「モンスター・ホーム」と呼ぶ人もいる。

アメリカンドリームの主戦場では、競争がすさまじい。〃マックマンション〃はどれも少しずつ大きく派手になり、住宅戦争の狂乱の中、雨後のタケノコのように現れる。西部の広大な山あいの町のようなところでは、このような大邸宅は多くが実質的に「セカンドハウス」であり、成り金が休暇で過ごすためだけのところになっている。

〔訳註・マックマンションとは、ハンバーガーのマクドナルドの店舗のように、やたらに新築される安っぽい住宅の意味で使われ始めたが、現在では周辺の環境に不釣り合いなデラックスな大邸宅を意味する〕

五〇年代の高級車の時代から半世紀たって

同じような状況が自動車でも見られる。一九五七年、フォードがエドセルという車種の販売戦略を打ち出したころ、自動車は大きくてけばけばしかったが、現在私たちが乗っている洗練されたマシンには程遠いものだった。一九六〇年のフォードのコマーシャルでは、大勢の人々が、新しいフェアレーン、サンダーバード、ファルコンに感嘆する。それらの車はまるで、ティンカーベルの魔法のスティックに触れられたようにキラキラ光る星に囲まれている。コマーシャルが「すばらしいフォードの新世界」とうたう。しかしそのすばらしい新世界においても、現在なら自動車の標準的な機能として当然と思われているものの多くが、上級モデルにさえ装備されていなかった。

たとえば一九六〇年には、エアコンが装備されている新車の割合は五パーセントにも満たなかった。現在では九〇パーセントに装備されている。シアトルで働くトヨタのベテラン販売員マイク・シリヴァンが言う。「今日では、人々の要求はずっと高くなっています。彼らは快適さを望んでいます――パワーステアリングやパワーブレーキの標準装備、オプションでのサウンドシステムといったものです」(4) 現在の自動車は一世代前とは別種の存在で、コンピュータ・テクノロジーが満載されている。

そして七〇年代半ばの「石油危機」につづく空白の一〇年間が過ぎると、再び大型車が好まれる時代が戻ってきた。

最近になって価格が上昇するまでは、アメリカ人にとってガソリン代は常に安かった。SUV(スポーツ・ユーティリティー・ビークルの略。サバーバン・アソールト・ビークル、つまり郊外襲撃車と呼ぶ人もいる)と呼ばれる、ガソリンをがぶ飲みする四輪駆動ワゴンを買うときには、燃費についての心配など誰もしなかった。九〇年代末には、販売された新車の半分が、連邦の燃費基準を免除されたSUVと軽トラックだった。広く快適で高価なSUVは、ひたすら大きくなり続ける。

自動車の巨大化戦争

最近までは、全長約五・五メートルのシボレー・サバーバンが巨大化の見本だった。今では、それに負けじとフォードが約三トンの巨大な車、エクスカーションを発売している。これはサバーバンより車長が約三〇センチ長い。フォードの会長ウィリアム・フォードが、そのエクスカーションを燃費の悪さから「フォード・バルディーズ」と呼んで、SUVをこれほど多く生産していることをあやまりさえした〔訳註・一九八九年、エクソン・バルディーズ号がアラスカ湾で座礁し、原油が流出した〕。彼はSUVを不経済で環境を汚染する車として非難したが、フォードはSUVの生産をやめるわけではないと表明した。それは、SUVが非常にもうかるからである。

「多くの人々にとって、SUVはステータス・シンボルです」と、トヨタのマイク・シリヴァンは言う。「だから人々は、こういった車に乗るため、三万〜四万ドル余りを喜んで支払うのです」

戦いをあきらめるはずもなく、ゼネラル・モーターズ（GM）はフォードに反撃して、湾岸戦争で使われた軍用車のもっと贅沢なバージョンであるハマーの製造・販売権を得た。「ニューヨークタイムズ」によれば、GMは「さらに大きく、より攻撃的な外見のSUVに向かうトレンドが一〇年は続くだろうと考え、大きな賭けに出ている」という。(5)

そこには「戦車みたいでかっこいい」というティーンエージャーの言葉も出ていた。ハマーが好きなのは、「他の車を見下ろし、『おれはおまえより大きいんだぞ』と思ってフフンと笑うことができて気分がいいからさ。自分が強くなったような気がするんだ」とその若者は言う。ハマーはエクスカーションより車幅が三〇センチ以上広く、価格は九万三〇〇〇ドルもする。GMは、こんな怪物のような車が特に売れそうなのはマンハッタンだと予想している。そういった車を上から見下ろすには、それこそエンパイア・ステート・ビル並みの見晴らしがきく場所に上がる必要があるだろう。だが、今度はフォードは何で巻き返しを図るのだろう? イクスティンクション(絶滅)という名のもっと大きなSUVだろうか。

無重力観光

戦場を走っていたはずのハマーがマンハッタンの通りを走っている。それはサダムの復讐と呼んでもいいかもしれない。しかし、一〇万ドル近いお金を捨てるためのもうひとつの方法に比べれば、まだまだ正常だ。ふくれあがった欲求の極致。それは「スペース・アドベンチャーズ」という旅行会社の企画による宇宙飛行ツアーだ。九万八〇〇〇ドルをポンと出すだけで、あなたも宇宙飛行士になれる。二〇〇五年までには、ロケットで二時間旅をして、本物の宇宙空間で(非周回軌道だが)約五分間無重力を経験することができるだろう。だが、もしそれがいい買い物のように思えるなら、すぐに体温計を口にくわえて秒読みを開始したほうがいいかもしれない。10……9……8……

〔訳註・ロシアの宇宙ステーションに滞在して帰還するコースでは、六カ月の訓練と二〇〇〇万ドルの費用がかかり、すでに二名の「旅行客」が体験している〕

ランチを食べよう

こんどは食べ物について考えてみよう。五〇年代に、人々はTVディナーという便利な冷凍食品を手に入れた。七面鳥、えんどう豆、マッシュポテトが使い捨てのトレイに入って、六九セント。

子供のころ、私たちはこれがおいしいと思った。普段食べているものはほとんど刺激のないものだった。異国風というと、ベチャベチャの春巻きか焼きそば、そして中華風野菜いためだった。メキシカンだったらタコスとタマレス。タイ料理は、その言葉自体知りもしなかった。

今では、街の通り、そして郊外のショッピングモールでさえ、レストランの国連さながらの盛況だ。昔は果物や野菜を食べるのに旬になるのを待ったものだが、今では旬がない。何でもいつでも手に入るのだ。なにしろ、アメリカが冬の時にはニュージーランドは夏なのだから。しかしそれでも、何か足りない気持ちになることがよくある。いつでも手に入るイチゴにはその風味が失われている。選択肢と多様性が増すことは確かに悪いことではないが、それは犠牲を伴う。風変わりなものもすぐ平凡になって飽きられ、人々はさらに新しくもっと高価なメニューを求める。

たとえばコーヒー。それが大量の砂糖でなんとか我慢して飲める水っぽい茶色の飲み物だと思っていたのは、そう昔のことではない。今では特別なコーヒーがいたるところにある。ナショナル・パブリック・ラジオの司会者スコット・サイモンは、二~三年前にワシントン州の片田舎でガソリンスタンドに立ち寄って驚いた。そこの小さな店の中にエスプレッソ・スタンドがあった。あまりにたくさんの種類のコーヒーが売られているので、名前を読むためにイタリア語の辞書があればいいのに、と思ったという。だがそんな必要はなかった。カウンターの向こうにいる野球帽を後ろ前にかぶった若い店員が全部知っていたのだ。

外食は、かつては特別な時にするものだった。今では、自分で料理する食べ物よりもレストランの食べ物にかける費用の方が多い。肥大する欲求。胃袋もふくれあがるが、これはまた別の症状である。

発明は必要の母

一九七〇年というそれほど昔でもないころには贅沢と思われていたのに、今ではゆうに半数以上のアメリカ家庭で見ることができ、大多数のアメリカ人が必要だと考えている類の品物がある。たとえば食器洗い機、衣類乾燥機、セントラルヒーティングとエアコン、カラーテレビやケーブルテレビといったものだ。(6)一九七〇年には、電子レンジ、ビデオ、CDプレーヤー、携帯電話、ファックス、落ち葉掃除用の送風機、ポケモン、パソコンは存在しなかった。今では半数以上の人々がこれらの品物があるのをあたりまえに思い、それらがないと自分は貧しいと感じるだろう。まあ、ポケモンがなくても貧しいとは思わないかもしれないが。

手に入れたばかりの物でも、「さらに良い」モデルが、常に存在するように思える。「シアトルタイムズ」のテクノロジー分野のレポーター、ポール・アンドリューズは、iPAQ3600というコンパックの新しいポケットPCについて書いた記事で、「ポルシェのようなしゃれたボディと鮮やかな液晶画面」を持つiPAQは、普通のパーム・パイロットより五〇〇ドルも高いと警告している。「しかし、iPAQでカラーの画像を見たり、音楽を聴いたりできないと、人生がとても退屈なものに思えてくる」と彼は嘆いている。(7)

旅行もしかり。一人あたりのドライブの頻度は半世紀前に比べて倍にもなっており、飛行機に乗るのはなんと二五倍の多さである。(8)中流のアメリカ人は、当時は家から数百キロ以上離れることはめったになく、二週間の夏休みの間でさえそうだった。今では、多くの人々(金持ちだけではない)がメキシコのプエルトバヤルタ、あるいは(ニューヨーカーの場合は)パリで、ときおり長い週末を過ごすのを楽しみにしている。どこでも、安っぽいモーテルが上品な「イン」に、パッとしないリゾート地が地中海クラブに変わった。今では、「休暇をとらなくちゃ」というのは、数日ほど北アメリカ大陸以外のところへ行こうという意味である。

変わる〝世間並み〟

人気を博したハリウッド映画でロビン・ウィリアムズが演じた医師パッチ・アダムスは、「この社会は貪欲という病気に感染しています。それは最悪の伝染病です」と言っている。(9) 彼のその言葉はある程度は正しい。だが、私たちのふくれあがる欲求を駆り立てている第一のものは、貪欲というよりむしろ「恐怖」だろう。つまり、他人の目に成功者として映らないことへの恐怖である。

一九五〇年代の雑誌の読者はこんな広告を目にしていた。みんなが運転している車、つまりシボレーをあなたも運転して「隣のジョーンズ一家におくれを取らないようにしよう」。このシボレー・セダンという車は、どこにでもある最も安い部類の自動車だった。

しかし今では、隣のジョーンズさんはもうシボレーなど運転してはいない。それに、あなたが何をするかの枠組みを決めるのは、もはや近所の人々ではない。大企業における人々の消費に対する態度を調査した経済学者のジュリエット・ショアによれば、ほとんどのアメリカ人が、自分が何を「必要としている」かについて考えるとき、現在では自分を同僚かテレビの登場人物と比較しているという。

企業の中では、近年ますます経済的な階層化が進んでいる。人々は自分よりもかなり給料のいい同僚と頻繁につきあうようになった。同僚の自動車、服、旅行プランは彼らの比較的高い収入を反映しているのだが、それが会社のみんなにとっての基準になっている。

さらにショアは言う。「テレビが映し出す生活水準は、アメリカの大衆の実際の生活水準に比べてかなりハイレベルなものです。テレビに登場する人々は中流の上(アッパーミドル)かさらに金持ちのクラスであることが多く、テレビをよく見る人たちは、平均的なアメリカ人よりもかなりの高級志向を持っています。彼らは、家にプールやテニスコートがあり、お手伝いがいて、飛行機も持っているアメリカ人の数を実際よりかなり多めに言いますし、自分が何を持つべきかという欲求もふくらみ、より多くの金を使い、少ししか貯金をしないという傾向があります」(10)

ショアによれば、金持ちと貧乏人の間のギャップは一九八〇年代の間に大きくなり、比較的高い収入を得ている人々も、突然さらに金持ちになった人々と比較して、自分が貧乏だと感じ始めた。「彼らは、『年に一〇万ドルでも貧しく』感じ始めました。それは、自分を不動産王ドナルド・トランプや他の成り金と比べているからです」それはどの所得レベルでも起こっていると、ショアは言う。「誰もが、トップクラスの目標とすべき人々と比較して、自分たちの生活をよくないと感じ始めました」最近の調査によれば、アメリカ人は「最低限の」中流の生活を送るだけでも四人家族で年に七万五〇〇〇ドルが必要だと考えている。

僕も手に入れたよ、ジャック

第二次世界大戦直後の数年は、大富豪は自分の豊かさを隠そうとしたが、ロナルド・レーガンの最初の大統領就任パーティ以来、多くの金持ちが再び豊かさを見せびらかし始めた。経済学者のロバート・フランクが指摘するように、一万五〇〇〇ドルのハンドバッグ、一万ドルの腕時計、そして六五〇〇万ドルの自家用ジェットにさえ人々が殺到した。今では二〇〇〇万人のアメリカ人が、少なくとも一台二〇〇〇ドルはするワイド・スクリーンのテレビを持っている。なかには子供に五〇〇〇ドルのダース・ベイダーの等身大フィギュアやレンジローバー〔オフロード4WDの最高級車〕の一万八〇〇〇ドルもする模型を買ってやる人、二万五〇〇〇ドルの誕生パーティや一〇〇万ドル規模の成人式を開いてやる人さえいる。(11)

このように、大衆文化や階層化が進んだ職場といった危険地帯から、私たちの新しい隣人ジョーンズ一家が（意識していようがいまいが）アフルエンザ・ウイルスをばらまき、私たちの欲求をかつてないほどふくらませる。そして、肥大化した私たちは身動きできなくなる。

第4章　慢性的な過密状態

家というものは覆いのかぶさった物の山にすぎない。
――ジョージ・カーリン（作家、コメディアン）

●夜の九時、四〇代の共働きの夫婦であるカレン・ジョーンズとテッド・ジョーンズが、一二、三カ月前に自宅近くにあるセルフサービスの貸し倉庫「U・スタッフ・イット」に入れたいくつもの段ボール箱を、懐中電灯でのぞいている。テッドは翌日上司に出さねばならない行方不明の報告書を求めてかき回し、一方カレンは、友人がやってくるのでその友人がくれた絵を捜している。

クリスマスの飾りやおぼろげにしか見覚えのない物の入った箱をひっかき回しながら、「泥棒でもしているような気分だわ」と小声でカレンが言う。「なんで？」とテッドが尋ねる。「これは僕たちの物だよ。この場所を借りるだけの余裕があってラッキーじゃないか」

でもカレンは不満そうだ。ガレージやアルミの物置はすでにパンパンで釘やリベットがはじけているから、二人の持ち物があふれていく先があるのはたしかに幸運だ。しかし、一〇〇平方フィート（約九平方メートル）のスペースに月一〇五ドルも払っているのが幸運だろうか？

こんなにたくさんの物を持つのが幸運だろうか？　カレンにはよくわからない。

どこもいっぱい

これはけっしてカレンとテッドだけの話ではない。アメリカには現在、三万以上の貸し倉庫があり、ホーム・ビジネスを始めた人、同居家族が増えた人、引っ越しの後始末をしている人、あるいは単に買うのがやめられない人といった大勢の顧客に、一〇億平方フィート（約九〇平方キロメートル）を上回るスペースを提供して助けている。この産業は一九六〇年代以降、実質的に何もないところから、四〇倍に成長して現在の年間一二〇億ドル産業になり、もはやアメリカの音楽産業よりも大きくなった。(1)

私たちはみんな文字通り「いっぱい」になっている。家でも、職場でも、街でも、毎日の生活で慢性的に物があふれているのがあたりまえになった。絶え間なくメンテナンスをし、整理し、広げて入れ替えていかねばならない、どうしようもない混乱である。で、あのいまいましい報告書はどの箱に入っているんだ？

家がごみ投棄場になるとき

ベス・ジョンソンにとって、物をためこむことは単なるくだらない事ではすまなかった。ビンのキャップからファストフードの包装や公共料金の請求書まで、とりつかれたように何でもためこむ人がアメリカには二〇〇万人もいるというが、彼女も本や服、古い地図、ＬＰレコード入りの箱など、自分の家も生活も「いっぱい」にしてしまう物の山に押しつぶされそうになっていた。

「ためこみ癖のある人は、ほとんどどんな物にも価値を見出して、何かを捨てるのは自分の一部を投げ捨てることのような気がして、怖くてできないのです」また彼女はこうも語る。

「強迫的なためこみ癖のある人は、あまりに多くの物を持っているために人間関係まで難しくなることがよくあります。こういった人たちも外に出れば、創造的で成功する人たちがほとんどですが、自分の持ち物を手放すことができないのを、彼らは恥ずかしく思っています」(2)

今では彼女は、自分の生活を立て直した後、「クラッター〔ガラクタ〕ワークショップ」を運営して、他の人々がこの病気から脱出するのを助けている。

ベスが訪問する家はどこも倉庫のように物がいっぱいで、部屋から部屋にかろうじて歩いていけるぐらいの隙間があるだけだ。こういう状態からの脱出をめざして、彼女はたとえばグループでガレージセールをする（売るのはＯＫ、買ってはだめ！）などの活動を通して、犠牲者が自分の生活パターンを変えていくのを援助している。

犠牲者の家に行っては、雑誌をまとめて一つの箱に入れたり、包装くずを一つの部屋に集めたりする。二〇年前の請求書を捨てることができたら、次のステップは一〇年前の請求書に別れを告げることだ。やがてワークショップの参加者は、（ときには何年も）人を呼べなかったような家に、仲間を招待できるまでになる。

私たちが物を所有しているのか、それとも物が私たちを所有しているのか？　ガラクタでいっぱいの世界では、私たちはあまりに簡単に圧倒され、道に迷い、波にさらわれて、さらに多くのものを求めてショッピングモールへ、あるいは新車を買いに自動車販売店へ行く——何も解決しないのだ。

自動車でいっぱい

コロラド州デンバー在住のダン・バーマンは、多くのアメリカ人と同様、所有する二台の中型SUVでテレビのCMみたいにとんがった山の頂上に登っていくことはできても、それを自宅のガレージへ入れることはできなかった。どちらの車も五〇年前のレンガでできたガレージには大きすぎてうまく入らないので、それを壊して新世紀にふさわしいものを建てた。しかしデンバーでもずらりと家が立ち並ぶワシントン・パーク地区に住む隣人たちのなかには、そんなことにはまだ手が回らない人々もいる。古くからある近隣の家々をドライブして回ると、一台四万ドルのSUVが街角にとめられ、出かけたくてたまらないというように見える。しかしデンバーのような混雑して動きのとれない大都市圏では、そういった車はあまり役に立ちそうにない。

アメリカは今、登録ドライバーの数よりも多くの自動車（二億三〇〇〇万台）を持つ国になった。この数字を自慢していいのかどうかわからないが、その一方で、ハイウェーにおけるラッシュ時のスピードは時速二〇マイル（約三二キロメートル）以下である。このスピードだと、時間と燃料の点で年間六〇〇億ドルの損失となる。

最近、本書の著者の一人デイヴは、こんな空想をした。ハイウェーにいる車が突然すべて消えてしまい、路には残された人々が立っている。彼らは一団となって、働きに行くためにパレードのように歩いていく。これなら渋滞はないだろう……。

何が起こったのだろう？　アメリカはかつて、ピザの配達人も救急車の運転手も手遅れにならないうちに目的地に到着することができる国だった。このガラクタであふれかえったすばらしい新世界では、どちらも渋滞に巻き込まれる（経験則から言えば、「二点間の最短距離は常に工事中である」）。

南アメリカの作家が書いた短編で、交通渋滞がどうしようもないほどひどいので、ドライバーたちが自動車を捨てて、近くの村に食べ物を探しに出発するという話がある。しまいには彼らは道端で作物を育て始める。赤ん坊ができて生まれ、ようやく再び車が動き始める。アメリカ合衆国では（南アメリカでもだが）、混雑はさすがにそのレベルまで達していないが、万が一に備えて、ダッシュボードの小物入れに作物の種を何袋か入れておくのも悪い考えではないだろう。

大都会の愚行

交通渋滞のうちで最もひどいのは、インターステート・ハイウェーの5号線が1—10、60、101号線と交差するロサンゼルスの渋滞である。毎日五〇万台以上の車がこの範囲を通り抜けようとしてつかえてしまう。ロサンゼルスの住人は年間八二時間ほど交通渋滞に巻き込まれるが、これに対して都市のドライバーの全国平均は三四時間である。またロサンゼルスのドライバーたちは、年間一人あたり一二〇ガロン（約四五五リットル）のガソリンを渋滞によって浪費しており(3)、ひどい空気を吸いながら早口の交通情報を聞かなければならない。

自動車の地下鉄とでも言ったらいいか、街の下に中央幹線道路を埋めるよう設計された、ボストンの「ビッグ・ディッグ」は、今後もさらに五〇年ほど納税者のドルを吸い上げる。この一四〇億ドルという費用は、一九七五年時点の見積もりの三〇倍以上になっている（そしてこれも見込みだ）。

こと交通渋滞に関しては私たちは一蓮托生(いちれんたくしょう)だが、交通工学の専門家の中には、自分たちだけが解決の鍵を握っていると思っている人間もいる。コミュニティを再編成して移動の必要性を減らすという選択をする気はなく、何年もあれほどひどい目にあったのに、技術者たちはまだ道路のことしか考えていない。すでにロサンゼルスの三分の二以上を舗装して、彼らの目は他の大都市に向けられている。

しかし、テキサス交通研究所その他が行なった最近の研究で明らかになったように、混雑の主な原因は、道路の不足でも人口増加でもなく、車による外出が増加して六五パーセントにも達したことであり、それはスプロール現象〔訳註・都市計画とは無関係に、郊外の地価の安い地域に住宅が立ち並んでいく現象〕によるところが大きい。研究者らは、ハイウェー網が一〇パーセント拡大するごとに、かえって混雑の程度は五・三パーセントずつ増加することになると結論づけている。ひどい副作用のある薬のように、新しい道路の建設はさらに事態を悪くしているだけなのかもしれない。

ハイウェーがどこも麻痺してしまい、ますます多くのドライバーが私たちの住む近辺に「脱出」してくる。彼らは、映画「L・Aストーリー　恋が降る街」でスティーヴ・マーティンが演じている主人公のように、細い路地を通り空き地を抜けて近道をする。しかし機械工学の専門家たちは、もっと実用的で高度な技術的解決策があると考えている。それは「スマート・カー」と「スマート・ハイウェー」である。特別なセンサーと無線通信システムを装備した車が、コンピュータ制御によって非常に密な間隔で走る、自動化されたハイウェーという構想だ。

「いったん自動モードで走りだすと、運転手は分岐点に来るまでくつろぐことができる。この時点で、システムは運転手が再びハンドルをとることが可能かどうかをチェックする必要があり、もし

運転手が眠っていたり、気分が悪くなっていたり、さらには死んでいたら、それらに応じた適切な措置を講じる必要がある」(4)

自分が運転中に死んでしまっても目的地に着くことができるのを知っていれば慰めにはなる。しかし、これはちょっとマンガ的ではないか？「スマート・ハイウェー」はいかにもアメリカ的なやり方だが、一方ではこれは大量輸送、それも個人レベルにまで管理された新手の大量輸送といえる。その結果として道路の建設費や維持費の上昇だけでなく、車に乗る個々人の消費の高度化ももたらすだろう。

空港における荷物戦争

物でいっぱいのアメリカの家庭は、たとえて言うなら肺の中のうっ血であり、自動車でいっぱいの道路は詰まった動脈、そして飛行機はアフルエンザの保菌者（つまり私たち）を空にまき散らすくしゃみのようなものだ。一九八八年から一九九八年の間に、空の旅は三五パーセント増加した。

空港では、客が航空会社の係員にもうひとつバッグを持ち込めるよう頼んでいるが、乗客の安全を守るために決められたことですからと、厳しく断られる。荷物戦争たけなわである。航空会社は、どんなにその便がすし詰め状態でも、そして無料で配られるピーナッツの袋がどんなに小さくなろうと、飛行機は飛ばすと決めている。彼らの戦略は、「客は多く、荷物は少なく」。できるかぎり機内持ち込み荷物を少なくして乗客を詰め込むのである。一方、乗客は別のもくろみを持っている。荷物を機内持ち込みにして、手荷物受け取り所で待たなくてもいいようにしたい、そしてノートパソコンや化粧品をすぐ手の届くところに置いておきたいのである。

誰もが荷物に心を奪われている。持ち込み荷物は二〇×四〇インチ（約五〇×一〇〇センチ）まででしか許されていないし、X線検査をして、札をつけて、中を検査して、荷物について厳しい質問を受ける。あれはあなたの荷物で、あなたが何者であるかを象徴しているのに、彼らはあなたが誰かということには関心がない。あなたは「乗客（パッセンジャー）」であっても、「人間（パーソン）」ではないのだ。

荷物戦争の狂乱の絶頂がやってくるのは、飛行機が着陸し機長がベルを鳴らしてシートベルトをはずしてもいいと知らせたときである。席から飛び上がり、頭上の物入れに頭をぶつけ、荷物を受け取ろうと先を争うのだ！

空から落ちてくるもの

映画「ミラクル・ワールド　ブッシュマン」では、アフリカのカラハリ砂漠に空からコーラのビンが落ちてきて、西洋文化の人工物に慣れていないブッシュマンの平和な一族の社会構造が崩壊していく。カリフォルニア州サウスゲートでは、最近、空から飛行機の車輪が落ちてきて、教会に入ろうとしていた女性をあやうく直撃するところだった。

宇宙さえ物でいっぱいだ。七〇〇万ポンド（約三〇〇〇トン）以上の宇宙船の部品が時速二万二〇〇〇マイル（約三万五〇〇〇キロメートル）の猛スピードでこの惑星の周りを回っている。このスピードだと、小さなおはじきほどの大きさの宇宙ゴミのかけらが、四〇〇ポンド（約一八〇キログラム）の岩石を一〇〇フィート（約三〇メートル）の高さから落としたときと同じ運動エネルギーを持つ。地球の周りに散乱する危険な宇宙ゴミの向こうへ出て行くために、未来の宇宙飛行士は宇宙のガラクタの弾丸から身をかわすことに多くの時間を費やさねばならないだろう。

ブリティッシュコロンビア州のジム・バーナスのような宇宙のガラクタ収集家は、コレクションに加えるために、もっと破片が落下してこないかと首を長くして待っている。バーナスはすでに、彗星の小塊や、衛星を回収するために作られた装置である「カナダ・アーム」の破片を持っている。彼は、ポンコツになったロシアのミール宇宙ステーションの一部がカナダのどこかに、ひょっとしたらうまい具合に自分の家の裏庭に落ちてくることを期待している。(5)

アメリカンドリームの分析――ガラクタの山はどこから?

アメリカの一億二〇〇〇万世帯は現在、歴史を通じて他の時代の世帯すべてを合わせたよりも多くの物を持ち、消費している。閉ざされたドアの向こうで、まるで人生が物の大食いコンテストであるかのように、人々は工業製品ときりもない娯楽の間をあたふたと動き回っている。

消化不良の兆候がはっきり現れているにもかかわらず消費し続けるのは、ひとつにはそれが正常だと思いこんでいるからである。コラムニストのエレン・グッドマンがこう書いている、「正常とは、服や自動車、そしてそこに住む費用を工面するために一日中からにしている家の支払いができるよう、仕事用に買った服を着て、まだ支払いがすんでいない自動車で仕事へ行くことである」。(6)

精神分析学者エーリッヒ・フロムは、この種の正常さをよしとすることに潜む危険性について、私たちに警告している。「何百万という人々が同じ精神的病状を示しているからといって、その人々が正気だということにはならない」と。(7) そして元テキサス州農務長官ジム・ハイタワーは、「現状」とは「私たちがいるこの混乱状態」であると定義する。

正気の社会――自然のリズム、社会的協力と信頼に基づいた社会――の場合と比べて、私たちが夢見ているアメリカンドリームがあまりに異常なので、行動人類学の学者たちは、わが国の人々が何を考え、何をするつもりなのかを明らかにしようと懸命に研究している。たとえばアルフレッド・P・スローン財団は、アメリカ人のライフスタイルを調査するため二〇〇〇万ドルをかけ、「ホモ・サピエンス・アメリカーナス」の日常行動を注意深く観察することにした。

また、人類学者のジャン・イングリッシュリュークは、子供の行動とライフスタイルの関連を解明しようとしている。「三歳児につきまとっても、それで私たちの文化を知ることになるとは思えないかもしれません。しかし三歳児が妹に向かって『じゃまするなよ、仕事してるんだから』と言ったら、それは聞き耳をたてる価値があります」(8) 子供には早くから、仕事で消えていく時間と、両親が家の中にためこむすべての物との関連がわかっているのではないだろうか。

アリゾナ大学の別の人類学者たちは、一九七三年からアメリカのゴミを調査してきた。彼らは、トゥーソンのゴミ埋立地や廃船となった海軍の老朽空母を丹念に調べ、私たちの日常にある人工物の意味を解明しようとしている。「現代に見られるゴミのパターンは、人類の消費の具体的な記録とみなすことができるでしょう」と、この計画を始めたウィリアム・ラスジェは語った。「将来の世代は、我々の生活の中を流れていた物に目をみはるでしょう。数分で料理して食べられる冷凍食品の容器が、何百年も残るのです」(9)

私たちが完璧なリビング、完璧なボディー、あるいはお隣の最新の芝刈り機について夢想しながら座っている間にも、モンスター映画のようにさらに多くの物が姿を現し始める。このような夢想はすべて、探し出して手に入れなければならない製品が、途切れることなく生産されることが前提となる。次の次の休暇には、コロラド州のスキー場で滑るかもしれないし、北イタリアでハイキングをするかもしれないが、その前に、高価な装備の詳しいチェックリストを入手する必要がある。『ハイテクハイタッチ』（邦訳、ダイヤモンド社）の著者ジョン・ネズビッツらは、「冒険旅行」に必要ないくつかの品物について説明している。「考えられる限りのニーズや旅行形態に応じた、いろいろなハイテク用具が売られている。足にぴったり合うようコンピュータでデザインされたハイキングシューズ、通気孔を27個あけたヘルメット、携帯用浄水器、（……）撥水ゴムシートつきのサイクリング用ショートパンツ」（久保恵美子訳）

恥ずかしい物

私たちの身のまわりには、めまいがするほどたくさんの技術的に正しい道具や衣服というものがある。あなたが（そして誰もが）持っているのは「正しい」物だろうか？　先日、本書の著者の一人デイヴは、何人かの自転車仲間に一緒に乗ろうと誘われた。デイヴのはいていたカーキ色の短パンは、友人たちのぴったりしたピカピカのレーサーパンツのそばでは妙に目立ったが、彼はひたすらペダルを踏み続けた。

さらにもっと「恥ずかしい」ことがあったのは、彼のコンピュータがクラッシュして、何年分ものデータが入ったままだめになってしまった日だ。モニターに突然、乱暴な言葉でメッセージが現れ、彼を名指しで侮辱した。そして数時間後に業者が来て、このコンピュータは「ご臨終です」と宣言した。彼が入れた非常用ディスクさえ、うなり声とともに吐き出された。そのコンピュータは買ってからいくらもたっておらず、なぜかデイヴは、自分がウイルス駆除の対策を何もしていなかったことが恥ずかしかった。最新のハイテク技術を利用していなかったために彼が受けた罰は、死んで役に立たなくなったコンピュータを買い替えるための現金二〇〇〇ドルだった。

デイヴの隣人で八〇歳になる政治社会運動家ジニー・コールズは、電子メールとインターネットの価値を認めているが、モニターの字を読むには、頭をのけぞらして遠近両用メガネの下半分を画面に向けなければならない。彼女は、「コンピュータに向かうときだけにかける、新しいメガネを買わなければならないんですかね」と不満そうだ。「物があるとさらに物が必要になりますが、これもまたひとつの例ですね」

第5章 「過剰」によるストレス

いつも人々から同じ文句を繰り返し聞かされる――何も生きがいがないと。朝起きて、子供を保育所に預け、年とった親をデイケアセンターに連れて行き、四〇分かけて通勤する。遅くまで仕事をしなければならない。夜、家に帰ると、洗濯物や支払わなければならない請求書がある。電子レンジに何かつっこんで適当に食べる。疲れ果てて眠りにつくが、目が覚めると、また同じことが始まる。アメリカでの生活はこんなふうになった、と。

――ジェラルド・セレンティ（トレンド・ウォッチャー）

私たちアメリカ人は、電子レンジに向かって「早くしろ！」と叫ぶ国民である。

――ジョアン・ライアン（「サンフランシスコ・クロニクル」紙）

「アフルエンザは今やわが国の主要な病気であり、その点について疑問の余地はありません」(1)と、ウィスコンシン州メノモニーのリチャード・スウェンソン博士は言う。現在彼は、執筆と講義を活動の中心としているが、以前は長年にわたって開業医をしていた。医師としての現役時代から彼は、患者が訴える痛みの多くは身体に根ざすというよりむしろ心理的なものであると考え始めていた。

「それから四年か五年くらいたって、これは人生におけるゆとりの有無の問題なのだということがはっきりと浮かび上がってきました」彼は、あまりに多くの患者が限界に達し、ゆとりがなくなって、生活の中で休息や気晴らし、ゆっくりものを考える余裕がないことに気づいたのだ。彼らは激しいストレス性疾患の症状を示していた。

「患者たちには身体的症状も現れていました」と、スウェンソンは回想する。「頭痛、腰痛、胃酸過多、動悸、原因不明の痛み。あるいは、うつ状態、不安、不眠、イライラ、上司や同僚、自分の子供に向かって怒鳴るなど、情緒的な問題が起こることもあります。スピード出しすぎの運転、飲みすぎ、やたらと叫ぶ、口汚くののしるなど、あらゆる種類の行動面での症状が見られました。彼らの生活にはまったくゆとりというものがないことがわかりました。彼らにかかる負荷は完全に限界に達していました。X線写真で確かめることはできませんが、確かにそうでした。これが、人々が訴える痛みや機能障害の強力な発生源だったのです」

所有の重荷

スウェンソンはまた、患者の多くが、彼が「所有の重荷」と呼んでいるもの——つまりあまりに多くの物を扱うことの問題で苦しんでいるのに気がついた。「『所有の重荷』とは、あまりに多くの物を持ち、気がつくと自分の生活が、人ではなく物の維持や世話に追われているというような問題です」と、スウェンソンは言う。

「自分が所有しているすべての物が、逆に自分を所有しているのです。人々は憂うつになり、そして何をするでしょう? ショッピングモールへ行き、買い物をして、それで気分はよくなりますが、それもしばらくの間だけのことです。消費主義には中毒的なところがあります。しかしそれはまったく役に立ちません。あらゆるものを買っても、まだこのむなしさ、このうつろな気分は消えません。そしてあるのはストレスと疲労と燃え尽きた感じだけで、人間関係は失われていきます。ありとあらゆる種類の面白いおもちゃに囲まれていますが、その意味は消えうせているのです」

スウェンソンの見方はこうだ、「悲劇的なのは、何かをひどく欲しがって、それを手に入れ、そしてそれがカラッポであることに気づくことです。これが実際に起こっていることなのです」

時間飢餓

ほとんど気づかない程度ではあるが、アメリカ人のあいさつは、この二〇年で変わった。かつて、仕事や街でばったり出会った友人に「どうだい?」と言ったときのことを思い出してほしい。彼らは「元気だよ。君は?」と答えてくれたものだ。だが今同じように聞けば、多くの場合答えは「忙しくてね。君は?」である(「君は?」と言う時間があればの話だが)。そしてこっちも「僕もだ」と認める。

私たちはかつて、「花の香りをかぐ時間」があるかどうかを話題にした。今では、かろうじてコーヒーの香りをかぐ時間があるぐらいだ。

「生活のペースが速くなりすぎ、だれもが息を切らしています」と、スウェンソンは言う。「最も繁栄している国々に目を向ければ、そういった国はどこも、最もストレスに満ちた国でもあるのです」

友達と夕食をともにしようとするなら、おそらくあなたは、スケジュール表を一カ月先まで調べなければならないだろう。今では子供でさえスケジュール表を持っている。同僚に生活の中で最も欲しいものは何かと尋ねたら、きっと「時間だね」と答えるだろう。

「これは、人種、階級、性別を超えた共通の問題です。世の中の人はみんな時間がないのです」(2)と、黒人の小説家バーバラ・ニーリィは言う。私たちはみんな、ディズニーの「不思議の国のアリス」に出てくるメガネをかけたウサギに似ている。時計を見ては、「話してる暇はないんだ。さよなら。たいへんだ！　たいへんだ！　遅れちゃう！」と独り言を繰り返すあのウサギだ。

一九九〇年代の初め、トレンド・ウォッチャーたちは、〝時間飢餓〟という亡霊がアメリカに出没していると警告していた。「時間が一九九〇年代の贅沢品になる」と広告業界の人間は気づいていた。

大手通信会社USウェストのテレビ・コマーシャルには、銀行や特売場で「時間を買おう」とする、時間に追われた市民が出てくる。ある店では、「すべての時間の大安売り」をしている。疲れ果てた女性が、どこで「良質の時間」を買えるか尋ねる。するとこんな返事が返ってくる、「買えますとも。USウェストの自動車電話サービスで、余分の労働時間をどうぞ」。(3)

今まで以上の労働時間を……？

反対になるはずだと思っていた。テクノロジー、オートメーション、コンピュータによる制御技術の発達は、私たちにもっと余暇を与え、労働時間を減らしてくれるはずだった。かつては未来学者がみんな、二〇世紀末には、人々はどうして過ごせばいいかわからないほどたくさんの余暇を持つことになると予測していたことを、覚えているだろうか？　一九六五年、合衆国上院の小委員会

では、二〇〇〇年までに週の労働時間が一四～二二時間になると予測する証言があった。(4)

私たちはテクノロジーを手に入れたが、時間は手に入れられなかった。コンピュータ、ファックス、携帯電話、電子メール、ロボット、宅配便、高速道路、ジェット旅客機、電子レンジ、ファストフード、一時間で現像してもらえる写真、デジタルカメラ、冷凍食品、インスタント〇〇と名のつくあらゆる物。しかし私たちの自由な時間は三〇年前よりも減っている。そして、先の自動車電話に関しては、運転している間に「余分の労働時間」を与えてくれるが、酔っぱらいと同程度に事故を引き起こす可能性が高くなるのだ。これが進歩なのだろうか？

せめ立てられる有閑階級

私たちはスタファン・リンダーの言うことに注意を払うべきだった。一九七〇年、このスウェーデン人経済学者は、自由時間が増えるという予想はすべて作り話で、人々はまもなく時間に飢えた「せめ立てられる有閑階級」になるだろうと警告した。リンダーは、「経済成長は必然的に、全般的な時間不足の増加を伴うだろう」(5)と書いている。そして彼はこうも述べている。

「消費財の量が増えるにつれて、そうした品物のケアとメンテナンスの必要性も増す。我々は大きな家を買って掃除し、自動車を買って洗い、ボートを買って冬の間しまっておき、テレビを買って修理し、そしてお金を使うことに関してますます多くの決断をしなければならない」(6)

これは単純なことで、アフルエンザにかかりやすい体質になると、時間のプレッシャーからくる頭痛もひどくなるということだ。

リンダーは、ショッピングそのものが「非常に時間を消費する活動である」と指摘した。実際、いまのアメリカ人は、自分の子供と遊ぶ時間の七倍近い時間をショッピングに費やしている。称賛されるべき私たちの「選択の自由」さえ、問題を悪化させているだけだ。

ブランドAそれともブランドB?

平均的なスーパーマーケットのことを考えてみよう。そういったところは現在、三万品目を置いており、これは二〇年前の二・五倍の多さである。(7) たとえば、一〇〇種類のシリアルから選ばなければならないと想像してみよう。値段で選び、安売りになっているものをわしづかみにしてもいい。フレーバーで選んでもいいし、栄養面から選んでもいい――だが栄養といっても、どれが最も重要だろう? タンパク質? コレステロール? カロリー? 添加ビタミン? 脂肪分? 食物繊維? あるいは、うるさくせがむ子供に負けて、ココア・パフ〔ココアをまぶした甘いシリアル〕を買うかもしれない。ビタミンと抗酸化物質が摂取でき、一杯あたり五〇カロリーしかないと信じて、トマトジュースに手を伸ばすかもしれない。しかし「ナトリウム」の項は見ないようにしよう――その日はもう、罪の意識なしにそれ以上塩分をとることはできないはずだ。

選択肢はあまりに多く、時間はあまりに少ない。こうなるだろうとリンダーは言っていた。そして、選択肢が圧倒的な数になると、「広告の力点は本質からはずれた情報に置かれるだろう」と警告した。なぜなら、「何を買うか、どのように行動するかを客観的な根拠に基づいて決定する見込みのない人々の間に、ブランドへの忠誠心を築かなければならない」(8) からである。もしあなたがマーケティング担当者なら、心理学者を何人か雇って、買い物客が快いセックスを最もよく連想する箱の色はどれか研究させるといい。

働きすぎのアメリカ人

一定の線を越えると、生産性が向上するにつれ時間のプレッシャーは増えると、リンダーは論じた。そして、オートメーションの信奉者たちが予測したほどには労働時間が大きく減少することはないだろうとも考えていた。彼は正しかった。実際、アメリカ人の実質的な労働時間は一世代前よりも多くなっているという、かなり強力な証拠がある。

ハーバード大学の経済学者ジュリエット・ショアは、労働省の統計に基づいて、アメリカのフルタイム労働者は現在、一カ月あたり平均一六〇時間と、一九六九年より長く働いていると論じている。「それは比較的所得が高い層の人々だけではありません——高所得者層はもっとずっと長い時間働いてきました。中流階級もそうですし、それより低所得の層も、貧困層もそうです。誰もが以前より長い時間働いています」(9)と、ショアは語る。

国際労働機関（ＩＬＯ）によれば、一九九九年一〇月に、アメリカ合衆国は日本を抜いて、先進工業国としては労働時間が最も長い国になった。アメリカの労働者の四二パーセントは、勤務日の終わりには「へとへとになった」と感じると言う。そして六九パーセントが、スローダウンしてもっとのんびりした生活をおくりたいと言っている。

気にしている時間がない

さらにショアは言う。「仕事のペースも、まったく劇的に速くなりました。私たちは、昔よりもかなり速く仕事をしています。そしてそれは、働きすぎている、カッカとする、急き立てられている、ストレスでまいっている、燃え尽きたという、私たちの感覚の一因となっています」ファックスがあるばっかりに、みんながあの報告書を至急欲しいと言ってくる。新型のコンピュータに慣れるころには、急速に忍耐力がすりへっている。

何年か前に、事務職員組合「9 to 5」の元議長、カレン・ナスバウムが語った。「二六〇〇万人のアメリカ人が仕事中に機械に監視されており、その数は増えています。コンピュータの画面が点滅して『あなたは隣の人に比べて仕事が遅れています!』と表示されると私に話した女性がいました」(10) そんなことを考えるだけでも、血圧が上がらないだろうか?

ときには、スピードアップが完全に非人間的なレベルにまで達していることもある。最近、食肉解体現場の内部を隠し撮りしたビデオの場面で、完全に意識のある牛が生きたまま皮をはがれ、自由を求めてもがきながら肢を切られるのが映っていた。一人の従業員がこう証言した、「[牛を吊す]鎖が進んでいくスピードは一時間に三〇〇頭以上で、これは速すぎます。牛をちゃんと気絶させることができなくても、進み続けます。けっして止まりません。牛は生きていようがいまいが吊されます。一部の牛は頭を持ち上げているので、生きているとわかります。牛はひたすら次々とやってきます……」もっともっとと飽くことを知らない欲望によって駆り立てられるアメリカ式の生産スピードにより、ほぼ確実に私たちには、気にしている時間などなくなっている。このビデオはそれを証明する、ぞっとするような証拠である。

時間よりも物を選ぶ

ジュリエット・ショアは、第二次世界大戦以来、アメリカ合衆国で生産性が二倍以上になった点を指摘する。「そこで問題は、その進歩で何をするかということです。労働時間を短縮することもできたでしょうし、昔と同じ量を半分の時間で生産して、半分の時間を休むこともできたでしょう。同じだけ働いて二倍生産することも可能だったのです。しかし私たちは、経済発展の成果をすべて、さらに多くの物を生産することに向けました。消費は倍増しましたが、労働時間は全く減少しませんでした。それどころか増加していったのです」(11)

労働時間の増加については、すべての人がショアに賛成しているわけではない。メリーランド大学で「アメリカ人の時間の使い方プロジェクト」を推進しているジョン・ロビンソンによれば、労働者に彼らが毎日出勤日をどのように過ごしたか、日誌に分刻みで記録してもらった結果、実際には労働時間が減少していることが示されていたという。しかしロビンソンは、働くアメリカ人のほとんどが、以前より大きな時間的プレッシャーを「感じている」ことに同意している。(12) そして増加した余暇の多くが、テレビを見ることで消えていく——そしてこのため、さらに多くの消費への誘いを受けるのだと彼は言う。

どちらにしても、より長い、あるいはよりきつい労働時間と、買った物の手入れや補充に必要な時間が競合することにより、〝時間飢餓〟の感じは強くなる。だから何かをあきらめなければならない——。多くのアメリカ人にとって、それは睡眠である。医師たちは、全アメリカ国民の半数以上が、一晩につき平均一時間の睡眠不足だと言っている。一〇〇年前に比べると、私たちの睡眠時間は二〇パーセントも短くなっているのである。もちろんそれは健康に害をもたらす。(13) そして時間についての切迫感も、健康にいいはずがない。

待っているのは心臓発作

サンフランシスコにある「マイヤー・フリードマン研究所」の受け付け調査は、医者の診察室で行なわれているものとほとんど同じである。看護婦が、患者と思われる人々に、時間にかかわる一連の質問をする。「歩くのは速いですか? 食べるのは速いですか? 同時に二つ以上のことをすることが多いですか?」看護婦は、質問に対する肉体的反応も記録する。彼女は面接相手にたとえばこう言う、「よくため息をつきますね。感情的に疲れておられるか、私がお話ししていただきたいと言っている事柄について、考えたくもないとでもいった様子に見えますけど」。(14)

看護婦は患者の答えを表にして採点する。それはほとんどの場合、心臓病学者マイヤー・フリードマンが「タイプA」の性格と呼んだカテゴリーにぴったりあてはまる。タイプAの傾向が強いほど、その人はフリードマンが「時間的切迫感(タイム・アージェンシー)」と呼ぶものに苦しんでいることになる。「我々は昔それをハリー・シックネス(急ぎ病)と呼んでいたこともあります」と、フリードマンの診療所を指揮している、落ち着いて物腰の柔らかな医師、バート・スパラゴンがゆっくりと言う。「それはまるで人々が時間と格闘しているかのようです」(15)

「ある有名な金融関係の雑誌の広告が、まざまざと目に浮かびます」とスパラゴンは話す。「それは、スーツを着てブリーフケースを持った男たちが、敵意のある緊張した顔つきで、ハードルを飛び越えている絵です。そして広告は、この雑誌を買えばこのレースに勝つことができると言っています。しかし私から見れば、男たちが心臓発作に向かって競争している絵にしか思えません。私が言いたいのは、『あなたはそのレースに勝ちたいのか?』ということです」

このレースの参加者は、「時間的切迫感」とともに、フリードマンが「漠然とした敵意」と呼ぶものにも冒されている。お金やその他の「成功のシンボル」の追求において、彼らをスローダウンさせるすべてのものは敵となり、道をふさぐもの、乗り越えるべき障害物となる。「私は、『時間的切迫感』はこの国における早期心臓病の主因であると考えています」と、かつてフリードマンは明言した。(16) タイプAの傾向が強ければ強いほど、その人の心臓停止の危険性が大きくなると、彼は考えている。

たしかにアフルエンザは時間的切迫感の唯一の原因というわけではないが、重要な原因ではある。ふくれあがる欲求が、最新の製品に遅れるな、消費の競技場で競争しろと、絶え間ない努力を求めてくる。そして物を買えるようにもっと働くように強いる。使うものがあまりに多くあり、それらを得るためにはもっと働く必要があるから、私たちの生活はさらに悩み多く、プレッシャーも大きなものとなる。ある学者がそれを表現して、「ラットレースに勝っているうちは、あなたはまだラットだ」と言った〔訳註・ラットレース（ネズミの競争）=意味のない愚かな競争〕。そしてあなたは死んだネズミになってしまうかもしれない。

近年多くの科学者が、ウイルスや他の伝染病のせいで心臓発作が起こりやすくなると考えるようになった。それは、インフルエンザ・ウイルスの研究から導かれたものである。しかしフリードマンの「タイプA性格」説が正しいとすれば、科学者はアフルエンザについてももっと詳しく調べるべきだろう。

第6章　緊張でけいれんする家族

物質主義と家庭的価値観の間には緊張関係がある。
――テッド・ハガード（コロラドスプリングズ、ニューライフ・チャーチ牧師）

アフルエンザは家族の問題である。この病気はさまざまな点でシロアリの害に似ており、家庭生活をむしばみ、ときには限界点にまで達して破壊する。時間のプレッシャーについてはすでに述べたが、いくつかの調査によって、この一世代の間で、親がその子供とともに過ごす時間が四〇パーセントも減ったことが明らかになっている。ある調査によれば、現在、アメリカの夫婦が話し合う時間は一日に一二分にすぎない！(1)

そしてここでもまた、あの「隣のジョーンズ一家」に負けてはいけないというプレッシャーから、多くの家庭が借金をして、お金をめぐる衝突から一触即発の状態になり、その結果が離婚に終わることもめずらしくはない。実際、アメリカ人の離婚率は一九八〇年代に頭打ちになったものの、いまだに五〇年代の二倍はあり、家庭カウンセラーの報告によれば、離婚のうち九〇パーセントで、お金についての言い争いが離婚に踏み切る要因となっている。(2)

富めるときも……

たとえば第2章（四〇～四一ページ）で紹介したキートン・アダムズとシンディ・アダムズの夫婦の場合を考えてみよう。二人の結婚生活は、アフルエンザのせいであやうく破綻するところだった。「私たちの結婚式はとても盛大でした。ようやく支払いがすむところです」と、結婚して六年になるキートンが言った。そしてそこから私たちは坂を転がり落ち始めたのです」(3)

他の若いアメリカ人の場合も同様だ。大勢の人が、常軌を逸する盛大な挙式にお金をつぎ込み、「富めるときも貧しきときも……」と永遠の貞節を皆の前で誓うのである。

最初はもちろん「富めるとき」だった。友達や家族からのプレゼント——電子レンジ、ミキサー、タオル、しゃれたトースター、そろいの食器、タッパーウエア、やかん、等々。そして、一度使われただけで投げ捨てられた部屋いっぱいの包装紙。しばらくすると、挙式費用の支払期日がやってくる。

結婚式の後、キートンとシンディは、二人の家のために、他にもたくさんの物をすべてクレジットカードで買い始めた。あらゆる種類の高価な家具や、「なくてはならない」家庭電化製品。「月にもう二五ドルローンが増えたからって、どうってことないじゃないかと思ってました」と、キートンが当時の二人の考え方を説明するが、それはアメリカの家庭にとってあまりにもあたりまえの考え方である。「それから気がついたら、私たちは『最低額のローンの支払い』をそこらじゅうでしていて、月々払いきれないところまできていました。そして二カ月、三カ月と支払いが遅れ始めました」

まもなく二人は二万ドルの借金を負ってしまい、返済できる見込みはなかった。「すると口論から、けんかが始まりました」と、キートンが回想する。「私たちは離婚を口走っていました。ついに限界に達したのです」

何百万というアメリカの家庭にとって、二人の話はきっと人ごとではないだろう。しかし二人の場合は（少なくとも今のところは）、ハッピーエンドになった。アダムズ夫妻は、当時住んでいた近くの消費者クレジット・カウンセリング・サービスに助けを求め、支出と経済危機を収拾した。シンディは、自分たちはひどい経験をして勉強になったと言う。

今では彼女は、「最新の物、最新のスタイルの物を持っていなくてもかまわない」と思うようになった。「私たちの家は『最高の状態』である必要はありません。そう考えることで私たちは、物よりももっと大切なことに目を向けられるようになりました」

社会公認の中毒

コロラドスプリングズで家庭カウンセラーをしているマイクとテリ・パウリ夫妻は、多くの夫婦がキートンとシンディ・アダムズ夫妻が直面したのと同様の状況に陥るのを目にすると語る。マイクによれば、「それは可能な限り多くの物を手に入れようとすることから始まります。これは現在、夫婦において大きなストレス要因になっています。いい気分になるために出かけて金を使うというサイクルは実に中毒的なものであり、それに家族がはまり込んでいます。私は最近、仕事で何組もの夫婦を扱いましたが、彼らは多くの問題を抱えているにもかかわらず、月曜日にやってくると、『すばらしい週末を過ごしました。外出してたくさんお金を使ったからです。ショッピングモールへ行って、いろんなものに五〇〇ドル使って、楽しく過ごしました』と言うのです」。(4)

癒しとしてのショッピングである。しかしそれは、結局のところ抗うつ剤としての効果はない。

マイクは指摘する。時が来て「クレジットカードの残金がなくなると、彼らは精神的に追い詰められます。そして夫婦の関係にもストレスと緊張が現れ始めます。この問題は人種差別とよく似ています。あらゆるところに浸透し、どこにでも存在し、しかも人々はそれに気がつきません」

しかし人種差別と違って、この社会では物への中毒は立ち向かうべき対象となっていない。テリ・パウリは言う、「それどころか、一時的にハイになっていい気分になるための方法としては、社会的に非常に受け入れられている方法です。今日は憂うつな気分だから、買い物に行こう。社会がそれを是認しています。社会の強力な後押しがあるのです」。(5) マイクが言う、「でも麻薬やアルコールと同じように、効き目がなくなると、あいかわらず世界は元のままで、人々は心の中のむなしさをまた何とかしなければならず、そしてそれが、人々を外出させ、浪費させ続ける原因となるのです」

誰かもっといい人がいる

浪費によって引き起こされる家庭内の衝突に加えて、テリとマイクは、蔓延する消費主義、つまりアフルエンザが、別の面で夫婦のきずなを弱めていると話す。

「人々が手に入れられる商品の選択肢があまりにも多すぎます。自動車でもベーグルでも、買いに行くと、すごくたくさんの種類があります。どれかを買ったとき、ちゃんと選べなかったかもしれない、何かを手に入れそこなったかもしれないという気持ちになります。そしてそれは、男女関係にまで及ばざるをえません。つまり、よそに誰かもっといい人がいるに違いないという気持ちになるのです」

そしてマイクが付け加える。「私のもとにはそういう人がよくやってきます。彼らは、仕事で誰かに出会ったとか、仕事を通じて二人の関係が始まり、それぞれ離婚して今の相手と一緒になったと言います。しかしいったん包装がはがされると、みんなが着飾って化粧して完璧に見えていた最初のときのような、新鮮さも違いもすばらしさもなくなります。だから彼らは会社に戻って、遊ぶための何か別のおもちゃ、つまり新しい誰か、違った誰かを見つけようとするのです」

パートナー選びもショッピング感覚なのである。

テッド・ハガードは、コロラドスプリングズにある五〇〇〇人の信徒を擁する福音派のニューライフ・チャーチの牧師だが、彼も同様の懸念をいだいている。「私たちが目にする何もかもが、常に不満のもとになります。私たちには、新しいオーディオや、パソコンのグレードアップ、もっといい車、もっと大きな家が必要です。私たちが目にしている社会的な不満は、私たちが住んでいる物質主義の社会によって肥え太るのです」(6)

ハガードはこう考えている、「物を使い、それを捨てて別のものを手に入れるという考え方そのものが、人間としての私たちすべてに悪影響を及ぼしています。私たちは、他の人々が自分に楽しみを与えてくれないのなら、彼らを捨ててもいいとさえ言い始めています。この傾向は危険です。できるだけ長く同じ家に住み、物をできるだけ長持ちさせ、お互いに誠実であるという昔ながらの価値観を持つ必要があると思います」

一度使っただけで捨ててしまうという、物を計画的に陳腐化させるアメリカ式消費文化の世界においては、商品に対してできあがったそのような態度が、最終的に人間に対しても広がるのは意外なことではない。

目の前から消えれば、忘れ去られる。そして、家庭生活は過剰によるストレスにさらされている。より良い生活へのふくれあがる欲求を満たすために、両親ともフルタイムあるいはそれ以上働き、それからそれらの欲求が強いる狂騒的なライフスタイルを維持するために走り回るので、神経がぼろぼろにすり切れ、かんしゃくを起こす。

皮肉な展開だが、家庭生活の崩壊により、家に帰ると起こる不和と騒動を避けるためだけに、職場でより多くの時間を過ごす夫婦もいる。これは社会学者アーリー・ラッセル・ホックシールドによる、大企業に生きる労働者の研究『時間の束縛（*The Time Bind*）』によってよく描き出されていた現象である。

エッセイストであり文化評論家のバーバラ・エーレンライクが、ホックシールドの本への推薦文で述べているように、「それは悪循環である。働く時間が長くなるほど、家庭生活はますますストレスに満ちたものとなり、家庭内の緊張感は高まり、人々はますます仕事に逃避しようとする」。(7) しかしこの悪循環は、仕事ではなくアフルエンザから始まることが多い。たいていの場合、私たちがより多く働くのは、より多くのものが欲しいからである。少なくとも文化的には、私たちは「時間」よりも「お金」を選択したのである。

家庭の価値観か市場の価値観か

アフルエンザが家庭をばらばらにするやり方が、もう一つある。サウスカロライナ州で保守的な家庭支援組織の役員をしているグレン・スタントンは、それを「ニュー・ホームレス」と呼んでいる。彼はベビーブーム世代の人間だ。「同じ家に住んでいながら、お互いのつながりを失っている人々がいます」と、スタントンは言う。(8) 彼らが互いにやりとりをしないのは、まったく単純なことで、みんな自分のおもちゃを持っていて、それで遊んでいるからだ。スタントンは指摘する、「父親はインターネット、母親は二階でビデオの映画を見ています。子供たちは階下で、ゲームで遊んでいます。みんな物理的には家の中にいるのですが、家の外の何かとつながっているのです」「今日、物質中心主義がアメリカの家庭にかけているプレッシャーは、おそろしいほど過小評価されていますが、これは決定的に重要なことなのです」と、彼は論じる。アメリカ合衆国最大のキリスト教徒の保守的組織「フォーカス・オン・ザ・ファミリー」（ＦＯＦ）の元政策アナリストであるスタントンからそういった言葉を聞くとは、予想していなかった。

児童心理学者ジェームズ・ドブソン博士（何百万人もの人々が彼のラジオ番組を聞いている）によって設立されたＦＯＦは、コロラドスプリングズに本拠をかまえ、保守的な家庭へのアドバイスを行なっている、ミニ帝国とも呼べる組織である。その作戦は、丘の中腹にあるさながらパルテノン神殿のような司令部から出される。その内部は、豊富な資金力を感じさせるエネルギッシュな雰囲気である。やってくる団体客はＦＯＦに関するドブソンのビジョンについて学び、壁に並ぶ写真がロナルド・レーガンをはじめとする強固な信念を持つ共和党員との関係を示している。

こざっぱりとした服装の男女が数十人いて、毎日何百件もの電話カウンセリングに応じ、ティーンエージャー、一人で子育てをしている親、その他の読者向けにつくられた録音テープやビデオテープ、出版物などを発送している。ＦＯＦで初めてスタントンに会ったとき、彼は語った。「毎週何千通もの手紙が来ます。私たちのところに手紙を書く人たちは、結婚生活や家庭生活が崩壊しないように助けを求めているのです」

FOFのイデオロギーは、明らかに自由市場の資本主義であるが、スタントンが先に表明したように、無制限というわけではない。「非常に現実的な意味で、市場原理は家庭に敵対するものです」と、彼は主張する。

「市場は拡大していくことが必要です。新たな消費者を取り込むことが必要です。悲劇的なのは、それがどんな犠牲を払ってでも新しい消費者を取り込んでいくということです。子供を親に反抗させてでも売り上げを伸ばそうとするのですか？　それはやりすぎだと、私たちは強く主張していいます」

保守主義の矛盾

スタントンをはじめとする一部の保守派は、市場的価値観と家庭的価値観の間にもともと存在する本質的な緊張関係について、注意深く再検討し始めた。元レーガン政権の高官で、現在は戦略国際問題研究所で働いているエドワード・ルトワクは、率直にこの問題についての懸念を表明している。「急速な経済成長とダイナミックな経済の変化を望みながら、同時に家庭的価値観、コミュニティ的価値観、そして安定を望むことの矛盾はあまりに大きく、それについて考えることを強く拒絶することによってしか続きません」と、好評の『ターボ資本主義——市場経済の光と闇』（邦訳、TBSブリタニカ）の著者であるルトワクは述べている。(9)

ルトワクは、自分は「本物の保守派で、にせものの保守派ではない」と言っている。「私は家庭とコミュニティと自然を保ち、守りたいと思っています。保守主義が、市場と金のためのものであってはならないのです」と彼は強調する。「保守主義は物を大切にしようとすることであって、欲望のために焼きつくすことであってはならないのです」

彼によれば、いわゆる「保守派」はいつでも、（アメリカの富を急増させるための最良の方法として）規制のない市場を大げさに称賛する一方で、「昔ながらの家庭的価値観に立ち返り、コミュニティを維持しなければなりません」と言っているという。「これは完全に不合理で矛盾しています。この二つは当然真っ向から衝突します。このような、アメリカにおける最も奇妙なテーブルスピーチが、どっと笑いが起こることもなく傾聴されることこそが、本当の問題なのです」

ルトワクは強く主張する、「アメリカは比較的豊かで、それほど成功していない人でさえ他の国に比べれば金持ちですが、一方では社会的落ち着きや安定を非常に欠いています。まるで、ネクタイは一七本持っているのに靴を持っていない人が、またもう一本ネクタイを買おうとしているようなものです。アメリカは、落ち着きと人々の生活の安全に関しては、『靴を持っていない国』なのです。しかしこの国は、お金はたくさん持っています。私たちは完全な消費社会、一〇〇パーセント消費社会を選びとりました。そしてその結果は、予想されていたとおりです。何よりも大量消費、数々の楽しいものや安いもの、安い航空運賃、そしてたくさんの不満」。

実際、制限のない自由市場ほど、大量の商品を最低価格で効率的に消費者に届けるシステムはない。このアフルエンザ全盛の時代には、それがうまく機能しているかどうかが最高の価値基準だ。しかし人間は、単なる消費者ではなく、胃袋が満たされることを切望するだけの存在ではない。私たちはものを生み出す存在でもあり、安定した有意義な仕事を通して自分自身を表現したいと望む。私たちは家族やコミュニティの一員であり、公正と正義に関心を持つ精神的な存在であり、健康的で美しい自然環境がなければ生きられない生命体である。そして私たちは親であり子供である。

しかしこのような価値観は、アフルエンザに駆り立てられて「消費者の利便」を最大にしようと懸命になることにより、むしばまれていく。最低価格で商品を生産しようとするがゆえに、何千人もの労働者の首を切り、安い労働力を求めて生産現場を国から国へと移していく。職を失った労働者の夢は打ち砕かれ、彼らの家庭も打ち砕かれる。コミュニティ全体の安全さえ消耗品とみなされる。多くの人の人生が省みられることなく破壊される。

そして次章で見ていくように、子供たちは親と争うようしむけられ、さらに家庭生活がむしばまれていく。

第7章　狙われる子供たち

私たちは物欲的な世界（マテリアル・ワールド）に生きていて、
そして私は物欲的な女の子（マテリアル・ガール）。
――マドンナ「マテリアル・ガール」

一九六九年、著者の一人であるジョンは二三歳のとき、ニューメキシコ州シップロックにあるナバホ・インディアンの寄宿学校で少しのあいだ教鞭をとっていた。彼が担当した三年生の生徒たちは、アメリカでも最も貧しい子供たちであり、着ている服の他にはほとんど何も持っていなかった。学校には、おもちゃやその他の娯楽はほとんどなかった。

しかしジョンは、子供たちが退屈だと言うのを耳にしたことがなかった。彼らはたえず自分たちで遊びを考え出していた。そして――数年後には人種差別とアルコール依存が彼らの生活に傷跡を残すことになる可能性が高いにしても――一〇歳の時点では、彼らは非常に幸福で精神的にも安定した子供たちだった。

その年のクリスマス、ジョンは帰郷して家族とともに過ごした。彼は、ツリーの下の床いっぱいにプレゼントの包みがある場面を思い出す。一〇歳になる弟が、次から次へとすばやくいくつもの包みを開けた。二〜三日後、ジョンがふと見ると、弟と友達がテレビを見ていて、クリスマスのおもちゃは弟の寝室に放り投げられていた。二人の少年はジョンに向かって、何もすることがないと不満を言った。「退屈だよ」ジョンにとってそれは、子供たちの幸せは物から生じるのではないということをはっきり示すものだった。しかし、アメリカの親たちに、幸せの源は物であると思いこませようとする強力な力が存在している。

子供向けマーケティングの急拡大

一〇歳になるスーザン、ジェニー、エミリーの三人は夢中になって、サイコロが転がり、プラスチックの駒が動く音の合間に「やった!」とか「一番好きなお店よ!」と叫んでいた。子供たちは「電子モール・マッドネス」というゲームをしているところだ。自分の「クレジットカード」をプラスチックのATMに差し込んで、モールで使うおもちゃのお金を引き出す。四〇ドルで売られているこのゲームは、最もたくさん物を買って一番先に駐車場へ戻った者が勝ちだ。今日の子供たちの、行きあたりばったりにお金を使う、アフルエンザに冒された生活にぴったりマッチしたゲームだ。

アメリカの一二歳以下の子供たちによって使われている(および影響を受ける)金額は、近年、年に二〇パーセントもの勢いで増え始め、今後一〇年以内に年間一兆ドルに達すると予想されている。子供を狙ったマーケティングは、広告の世界では最もホットなトレンドになった。

リサーチ会社ローパー・スターチで市場調査を行なっているジョーン・キアラモンテは言う、「企業は、消費者としてのライフスタイルが始まる年齢がどんどん若くなっていることを知っています。自社製品で子供たちの心をとらえるのを一八歳になるまで待っていたら、おそらく彼らを捕まえることはできないでしょう」。(1)

アメリカにおいて子供向けの広告に使われた費用は、一九八〇年から一九九七年の間に年間一億ドルから一五億ドルに跳ね上がった。今では、子供たちは贅沢な車からリゾートでの休暇、はては家まで、高価な品物を買う親に影響を及ぼすよう、マーケティング担当者によって巧みに利用されている。あるホテル・チェーンは、そのホテルに泊まったことがある子供たちに宣伝パンフレットを送って、また泊まりに行こうと親にうるさくせがむようにしむけている。

子供たちは、家族、学校、あるいは宗教からではなく、彼らに何かを売ることを目的としたところから情報の大部分を受け取っている。これは人類史上初めてのことだ。アメリカの平均的な一二歳の子供は、週に四八時間もコマーシャルのメッセージにさらされて過ごす。そして、両親と意味ある会話をする時間は週に約一・五時間にすぎない。(2)

特に七歳以下の子供は、コマーシャルに対して無防備だ。彼らには善意の動機と商業的な動機を区別できないことが、研究によって明らかになっている。ある七〇年代の調査では、親が何かを正しいと言い、テレビの出演者(アニメのキャラクターも含む)がその反対が正しいと言ったら、どちらを信じるかと尋ねたら、ほとんどの幼児がテレビのキャラクターが言ったことを信じると答えた。

こういった傾向は子供たちにどんな心理学的、社会学的、文化的影響を与えているのだろう?世論調査によればアメリカの大人の九〇パーセント近くが、自分の子供が「物を買うことや消費することに注意を向けすぎる」ようになりつつあると心配している。(3)

衝突する価値観

『テレビ汚染とアメリカの子どもたち』（邦訳、八潮出版社）の著者で心理学者のデイヴィッド・ウォルシュは、ミネソタ州ミネアポリスで、商業主義のとりこにならないように子供を守る方法を親たちに教えている。いわゆる「問題児」を長年扱ってきたウォルシュは、小児期のアフルエンザが蔓延しつつあると心配している。彼は、子供たちに必要とされる価値観と広告の価値観が根本的に衝突していることに注目している。「自己中心的、即時の満足、永久に続く不満足、絶え間ない消費といった、市場が生み出した価値観は、大多数のアメリカ人が子供に教えたい価値観とはまったく相反するものになってしまいました」(4)

子供を狙った広告というものは、けっして新しい現象ではない。一九一二年にはすでに、子供が買ってとせがむように、お菓子の箱の中におもちゃが入れられていた。テレビが出現するずっと以前から、子供たちは、送って景品をもらおうと、シリアルの箱のふたをためていた。興味深いことに、子供向けテレビ番組というもの自体が、広告主がこの新しい電子メディアを使って、自社の製品を販売する方法を探していて始まったものである。初めてのテレビアニメ番組は、明らかに砂糖がけシリアルを売るために作られた。

実際、土曜日の朝の子供向け番組で流される食品のコマーシャルの九〇パーセントは、あいかわらず高カロリーで、砂糖で甘いか、塩をまぶしたような商品の宣伝である。子供たちがテレビの前で過ごす時間を考えれば、今日の子供がテレビの草創期に比べてずっと肥満度が高いのも驚くにあたらない（アメリカの子供の肥満率は一九八〇年代だけで二倍になった）。(5)

今日の子供たちは、親の時代に比べてずっと多くの――一日に二〇〇本もの――コマーシャルにさらされている。しかしもっと重要なのは、現在の広告と一世代前の広告の間に大きな内容的な違いがあることだ。昔の広告では、親は子供にとって最良のものを知っていて、それを求める知恵の柱として描かれていた。その一方で子供たちは、好奇心と純真さに満ち、なんとかしてママとパパを喜ばせようとしていた。男女についての固定観念——女の子はお人形を欲しがり、男の子はカウボーイとインディアンごっこをしたがる——はあったが、親への反抗をけしかけるようなメッセージは含まれていなかった。

子供たちを囲い込む

今ではメッセージは変わった。マーケティング担当者は、親たちはじゃまな「門番」だと公然と口にする。そして彼らは、子供をコマーシャルの圧力から守ろうと努力する親たちを出し抜いて、(彼らが使う恐ろしい言葉で言えば)子供たちを「つかまえ、我々のものにして、焼印を押す」ことができるようにしなければならない。

一九九六年、「キッド・パワー」と呼ばれるマーケティング会議が、いみじくもディズニー・ワールドで開かれ、基調演説「親の拒絶を和らげるには」が、マクドナルドのマーケティング・ディレクターによって行なわれた。

次々と講演者が戦略を披露した。親たちを、ばかで時代遅れで、売られている製品が子供たちに必要なことに気づくほど賢くないかのように描く戦略である。売る側と子供との関係への、親の影響力を無力にするそのテクニックの威力は証明ずみである。

講演者たちはさらに、現在マーケティング担当者らが、効果的な宣伝キャンペーンのために、どのように子供たちを使っているか明らかにした。子供たちにカメラを与え、自分や友達がどんな服を着て、どうやって過ごしているかわかるように写真を撮る。また家庭や学校、店や公の行事で、子供たちを観察する。お金を使うときの彼らの習癖を注意深く追跡調査する。何人かをサンプル用のグループとして抽出し、コマーシャルを見て「かっこいい」ものと「かっこ悪い」ものをより分けさせる。

「一番かっこいい」現代的な広告は、著名なマーケティング・コンサルタントで、「キッド・パワー」でも演説をした、ポール・カーニットが主張するメッセージを伝えているものが多い。「製品を求めての反社会的態度はいいことです」とカーニットは静かに述べ、宣伝する側は家庭でのしつけに対し、生意気で攻撃的な行動に出たり、反抗してみせるよう促すことで、子供に最も近づくことができると言った。(6)

一部の批評家たちが言うように、これは大きな危険をはらんでいる。子供たちがコマーシャルに出てくる人物をまねているうちに、生意気で攻撃的な態度が彼らにとってあたりまえになれば、子供たちは、攻撃的な行動をどこまでもエスカレートさせなければ、自分が反抗していると本当に感じることができなくなるのではないか?

近所の猫を撃つ

そんなことは、貪欲なゲーム・プレーヤーである子供たちの間で人気の雑誌『エレクトロニック・ゲーミング・マンスリー』に広告を出しているマーケティング担当者たちには、まったく気にならないようである。シアトル在住のシングル・マザーであるキャロライン・サウェは、八歳になる息子のアーサーに初めてその雑誌の広告を見せられたとき、ショックを受けた。息子はゲームが大好きだが、彼はこの雑誌の一九九八年五月号に出ていたある広告を見て怖がっていた。それは「ポイント・ブランク」というゲームの広告だった。その大きな見出しはこうだ、「近所の猫を撃つよりも面白いよ」。「それを見たとき、私は悲鳴をあげてしまいました」と、キャロラインは回想する。「アーサーを怖がらせるほど動転したのです」(7)

その広告のコピーも同じように乱暴だった。「バン！ ニャー！ バン！ ニャー！ よし、もういいぞ。次は食物連鎖を上にあがって、撃ったときもっといい声をあげるものを狙おう。(……)使い方は簡単。一ピクセルよりも大きければ撃てばいい」

キャロラインは雑誌にざっと目を通し、もっと恐ろしい思いに襲われた。次から次へと広告は理由のない暴力を美化していた。「自警団(ヴィジラント)8」というゲームでは、放校処分を受けた腹いせに復讐を企てた精神異常者によって奪い取られた、マシンガンとミサイルで武装したスクールバスが出てきた。彼女はこれには特に困惑した。というのは、ちょうどその月、オレゴン州スプリングフィールドで一五歳のキップ・キンケルが両親を射殺後、自分の高校を襲撃して同校の生徒を二人殺したところだったからである。

キャロライン・サウェは、生まれ故郷のタンザニアからアメリカに移住してきた、背が高く情熱的な女性であるが、それらのひどい広告のことや、息子がこんなものにさらされていることを知って悲しげだ。キリマンジャロの斜面にある部族の故郷を離れてアメリカに来たのは、こんなことのためだったのだろうか？ 子供たちに物を売ることによってすばやく利益をあげようとする、アフルエンザに冒されたマーケティング担当者がすることに、限度というものはないのだろうか？

まず、服を手に入れなくちゃ

こうした「反社会的な」広告は主として男の子をターゲットにしている。女の子向けのメッセージはもっと上品だが、それでも商品を他の価値観より上位に置いている。最近のシアーズの宣伝は教育的だ。女優で歌手のマイア・キャンベルが少女たちに言う。「夢を信じよう。自分のために立ち上がろう。友達を応援しよう。でも、ちょっと待って、まず何か着る物を手に入れなくちゃ。服を手に入れなくちゃ」宣伝にはキャンベルが着ている、セットで二六七ドルの服が現れる。

美容商品を販売する企業がターゲットにする女の子の年齢層は、どんどん若くなっている。アメリカの少女は、一三歳になると二六パーセントが毎日香水をつけている。クリスチャン・ディオールは、まだ学校にあがらない子供向けのブラをつくっている。あるジーンズの広告では、小学生の子供がセクシーなポーズをとっている。広告批評家のローリー・メーザーは、毎年五〇万人近いアメリカの子供が性的虐待の犠牲者になっていることを指摘し、こういったイメージには「危険な意味合いがある」と述べている。(8)

今日の授業をお送りしたのは……

現在の広告メッセージは昔とは内容的に違っているだけでなく、印刷物やテレビに限定されない。マーケティング担当者は、子供を狙った宣伝を「ばらまく」ことによってメッセージを伝え、これまで広告が出されたことのないところでも宣伝を行なおうとしている。

一九九八年、ジョージア州のグリーンブライヤー高校で一人の生徒が停学になった。彼の罪とは？　学校の「コーク・デー」にペプシのＴシャツを着ていたことだ。グリーンブライヤーの六〇〇人の生徒は、コークのＴシャツを着て学校の芝生にコカ・コーラの人文字を描くよう指示されていたという。そしてそれは、学校にやってくるコカ・コーラ社の重役に好印象を与えて、この会社から五〇〇ドルをもらうチャンスを得るためだった。

このように露骨な学校の商業的悪用を許したという罪で停職になるのはむしろ校長の方だったはずだ。しかしグリーンブライヤー高校での事件は、アメリカの学校にすでに深く浸透している商業主義の氷山の一角にすぎず、すぐに続いて深刻なアフルエンザの伝染を許すことになる。

オールＡよりいいもの

このアフルエンザの時代には、市民は浪費癖によって増大するクレジットカード負債に身を任せておきながら、税金の削減と公共支出の縮小を要求する。そして、豊かな家庭ではますます子供を私立学校にやる傾向にあり、公立学校制度への支援はさらに減少する。

教育予算が切り詰められたため、アメリカ全土の教育委員会は企業に財政支援を求めるようになった。現金と引き換えに、企業は学校の屋上、廊下、掲示板、ブックカバー、制服、バスなどに製品の広告を出すことを許される。

コロラドスプリングズ高校の廊下を歩くと、「Ｍ＆Ｍのチョコはオール Ａよりいい」と生徒に吹き込み、「スニッカーズで、高度な教育へのきみの飢えを満たそう」と生徒を励ます小さな看板が一列に並んでいるのが目に入る。この広告は、生徒が健康指導で注意するように言われているまさにその食べ物を、学校が是認しているに等しいと批評家は述べる。コロラドスプリングズのスクールバスの側面には、7up、バーガーキング、その他似たような商品の広告が堂々と——しかも生徒たちの手によって！——描かれている。校長（当時）のケネス・バーンリー（彼は、学校における企業広告を許可する方針をとったことで、その年の全米最優秀校長に選ばれた）はこうした広告を擁護し、この景気のいい町の有権者が、一九七二年以来、学校債券の発行を議会で可決していないため、広告が生み出す金が必要なのだと語る。「みんな、学校のためにお金を出すくらいならボートを買うと言いますからね」と、バーンリーは説明する。(9)

子供たちは換金作物？

「私たちの社会の子供たちは、収穫すべき換金作物とみなされているのです」と、学校における商業主義を長年研究してきた、ミルウォーキー州のウィスコンシン大学教育学教授のアレックス・モルナーは言う。(10) 怒れるモルナーは声を大にして、公立学校で使うために企業が作った「教材」なるものの例を次々と挙げる。

レブロンが提供した「教材」を使って、「ヘアースタイルがきまる日、きまらない日」についてディスカッションすることにより、生徒は自尊心について知るようになる。ライゾールで「除菌する」ことを学び、ガッシャーのフルーツ・スナックを食べて地熱エネルギーを勉強する。（「ティーチャーズ・ガイド」には、各生徒にガッシャーを与え、それをかんでその感覚を火山の噴火と比較するよう書いてある！）〔訳註・gusherは、噴出するものという意味〕

生徒たちはまた、トッツィーロールズ〔訳註・真ん中にチョコレートが巻き込まれた棒状の飴で、社名も同じ〕の歴史を学び、環境保護の授業としてナイキの靴を作り、数学の授業でレイズのポテトチップスを数え、一九八九年のエクソン・バルディーズ号の起こしたアラスカ湾原油流出事故が、結局はまったく害がなかったのはなぜか（教材はご想像の通りエクソンの厚意による）、あるいは大規模伐採が有益なのはなぜかを（製材会社ジョージアパシフィック社から若干の支援を受けて）明らかにする。子供たちのＳＡＴ（学習能力適性テスト）の点数は下降の一途をたどっているが、世界の地理ではなくヘアースタイルがきまる日、きまらない日についての問題を出しさえすれば、その傾向は逆転するかもしれない。

五〇万近い教室で八一〇万人の子供たちが、二分間のコマーシャルを含む一二分間のニュース番組「チャンネル・ワン」〔訳註・企業が学校に提供するＣＭ入りニュース番組〕を見ている。生徒は必ず番組を見ることを求められる。それは、広告主が「囚われの観客」をあてにし、三〇秒ひとコマのＣＭ枠に一本二〇万ドルもの費用を出しているからである。(11)

囚われの子供たち

アフルエンザが電波で運ばれる小児伝染病になれば、アメリカの子供たちは大きな被害をこうむることになる。カウチポテトのライフスタイルは、子供たちの体をむしばむだけでなく、精神的な健康をも害しているように思える。心理学者たちは、ティーンエージャーのうつ病と自殺願望の率がコンスタントに上昇しており、一九六〇年代以降子供の自殺発生率が三倍になったと報告している。(12)

アフルエンザにさらされることで、子供たちはどんな価値観を学ぶだろうか？　最近の世論調査では、ティーンエージャーの少女の九三パーセントが、大好きなこととしてショッピングをあげた。「人助けをすること」をあげたのは五パーセント以下である。一九六七年には、アメリカの大学生の三分の二が、自分にとって「有意義な人生哲学を確立すること」は「非常に重要である」と言い、これに対し「たくさん金をもうけること」が重要だと答えたのは三分の一だった。一九九七年には、この数字は逆転した。(13)

最近ワシントン大学で行なわれたアンケート調査で、「優先順位が最も高いもの」について質問したところ、回答者の四二パーセントが「カッコよく見えること／ヘアースタイルがきまっていること」をあげた。他の一八パーセントは「いつもお酒が飲めること」をあげ、「世界について学ぶこと」をチェックしたのは六パーセントにすぎなかった。

その六パーセントに入る稀有な例を挙げよう。一九九六年、元チアリーダーの活発なジェニファー・ガイラスと、その親友の物静かでまじめなオリビア・マーティンは、『バービー、目を覚まして』という劇を書いた。これは富裕なワシントン州レッドモンド(マイクロソフトの本社があるところ)にあるイーストレーク高校で、同級生たちの間に蔓延するようになった、見かけとショッピングだけの中身のない生活を風刺したものだ。

当時、なぜその劇を書いたのか尋ねられて、ガイラスはアフルエンザが子供たちに与える悪影響を数え上げた。彼女は悲しげに言った、「うちの高校の生徒たちは、自分たちは何でも手に入って当然なのだと思っています。彼らは、すべてのものは自分のものであり、世の中は自分たちにそれを与えるべきなのだと考えています。彼らはただ取って、取って、取って、そして何も返しません。そしてもし与える人がいなければ、この社会は崩壊するでしょう」。(14)

第8章　寒さにふるえるコミュニティ

どこもつまらない所のように見え、
わが家のように思える所はない。
——ジェイムズ・クンスラー（作家・ジャーナリスト）、
『どこにもない場所の地理（*The Geography of Nowhere*）』

あなたもその広告を見たことがあるかもしれない。最近の車の宣伝である。高価で、傾斜がゆるい屋根の平屋建てで、完璧な芝生がある、同じような家が立ち並ぶ郊外の通りが映っている。一軒の家の私道に、ＳＵＶが停められている。しかし他の家の私道にあるのはどれも……本物の戦車だ。これは、消費者同士の全面戦争が激化すると、コミュニティがどれほど背筋が寒くなるようなしろものになるかを思い知らせる、恐ろしい広告である。心理学的には、他者と競争するために、戦車のように強いものに乗る必要があるということを示している。ただし高級で快適な戦車だ。もちろんこの広告は誇張であり、私たちのコミュニティは、これほど冷たく敵意に満ちてはいない。まだ今のところは。確かにひんやりした空気はただよっているが……。

一九五〇年代のことだが、本書の著者の一人デイヴは、祖父と一緒に四～五ブロック歩いて、祖父が住んでいるインディアナ州クラウンポイントの町の広場へよく行った。みんなが祖父を知っていた。廃品回収の袋を運んでいる男さえも。それから四五年たった今でもまだ、デイヴは祖父母の隣人たちの名前も、彼らが夏の裏庭で催したパーティのことも覚えている。しかし、そうした地元意識やそこから生まれる信頼感は、私たちの町や近所から消えつつある。

一九五一年、人々は近所の人たちと一緒に座って、テレビの「スケルトンの大笑劇場」〔訳註・レッド・スケルトンはアメリカの名コメディアン〕を見て笑っていた。一九八五年にはまだ家族で、ドラマ「ファミリー・タイズ（家族の絆）」を見ていた。しかし一九九五年には、孤立と受け身の生き方があたりまえになって、家族の一人一人が別々に自分のテレビを見るようになった。初めは郊外での良い生活を求めていたのが、個人的な消費で贅沢にふけるようになり、それは隣人同士を、そして家族のメンバーを互いに切り離した。人々は、近所にいても知らない町にいるような気分になり始めた。大規模小売業者がこの混乱に乗じて拡大を図り、ありとあらゆる品物への需要を満たす。

私たちが特売品やそれを買える所得を追い求めれば追い求めるほど、私たちの町から活力が失われていく。今の私たちが、本町通り（メインストリート）〔訳註・シンクレア・ルイスの小説『本町通り』にあるような小さな町特有の社会をさす〕――つまり古きよき時代の流儀を体験したければ、ディズニー・ワールドへ行けばいい。そこにある作り物のコミュニティでは、微笑む店員、ゆっくりとしたペース、古風な趣が、私たちの現実のコミュニティもかつては強い絆で結ばれ、友情が満ちていたことを思い出させてくれる。

しかしディズニーは、将来、郊外の古きよき時代をどのように描くのだろうか？　より本物らしくするために、ハイウェーを走る車、葉っぱを吹き飛ばす送風機、警笛を鳴らすごみトラックといった背景を巧みに組み合わせるのだろうか？「数珠つなぎの車」で交通渋滞を再現し、「次の乗り物には遅れそうだ」と家族に伝えることができるよう、携帯電話をつけておくのだろうか？「ゲーテッド・コミュニティ」のツアーは、「都心のスラム地区」を走る乗り物よりも、乗車券が高いのだろうか？ ディズニーは、ママが家にいない子供たちを代わりにテコンドー教室へ送って行くタクシー・サービス「キッド・シャトル」のようなビジネスもショーに仕立てるのだろうか？ そのほかの自動車を運転できない郊外の人たち——居間のカーテンの向こうから外を覗き見している、老人、身体障害者、低所得者の住人たち——を演じるエキストラも出てくるのだろうか？

〔訳註・ゲーテッド・コミュニティとは、郊外のゲートで囲まれ、ガードマンがいるような住宅だけのコミュニティのこと〕

一人でボウリング

現代のアメリカ社会では、車を運転しない取り残された人々はどこへ行けばいいのだろう？ すぐ近くには活気のあるカフェも、ボウリング場も、酒場もない。社会学者レイ・オルデンバーグの言う、隣近所の人たちが「一緒にいてしかも別々で、お互いの世界に侵入しない」でいることができる場所(1)は身の回りにはないのだ。このような、家庭や職場以外の「すばらしく良い場所」あるいは「第三の場所」は、今では違法——都市区画法違反——となることが多い。ビジネスや行政がこれほど支配的な世界では、「地域生活」という言葉は古風ですたれたものになってしまった。「私たちは、この六〇年間で市民から消費者になった」と、『どこにもない場所の地理（*The Geography of Nowhere*）』の著者ジェイムズ・クンスラーは言う。「消費者になることで問題なのは、消費者というものは仲間の消費者に対し、何の義務も責任も義理も負っていないということです。市民は違います。彼らは、仲間の市民について、そして町の環境や歴史が損なわれないかについて、注意する義務があるのです」(2)

ハーバード大学の政治学者ロバート・パトナムは、コミュニティを結束する人と人との結びつきという「社会資本」の研究をしてきた。彼は投票率、新聞の読者数、合唱団への参加といった活動への関与の程度によって、社会の質が変化することを明らかにした。

彼はあまりに多くのアメリカ人が「一人でボウリングをしている」(一世代前と比べてボウリングをする人の数は増えているが、二人以上でボウリングをする人は減っている)と述べ、大衆の心をとらえた。かつては社交好きな人々の国だったのに、今では孤独好きの人々の国になった。有権者のうち大統領選挙に投票するのは約五〇パーセントだけだ。そして町や学校の行事に関する会合に参加する人は一三パーセントにすぎないと報告されており、ＰＴＡ参加者は一九六四年に一二〇〇万人以上いたのが一九九五年には七〇〇万人に減少した。女性有権者同盟の会員は一九六九年に比べて四二パーセント減少し、ライオンズクラブのような友愛団体は今や絶滅の危機にある。(3)

自ら希望してボーイスカウト活動に参加する人の数は一九七〇年に比べて二六パーセント減り、赤十字にいたっては六一パーセント減である。全体ではボランティア活動をしているアメリカ人の数は一億九〇〇〇万人という記録的な数字になっているが、その多くが一回あたりの時間が比較的短く「急いで」行なうので、実際にはボランティア活動の合計時間は減少した。ボランティア活動における中心的な刺激因子は「面白いかどうか」である。もしそれが面白くなければ、どうでもいい。一九九八年に行なわれたボランティア活動に関する調査では、若者の三〇パーセントが面白いからという理由でボランティア活動をしているのに対し、その内容に共感して奉仕していると答えたのは一一パーセントだった。(4)

パトナムは、シエラ・クラブ〔アメリカ最大の環境保護団体〕やアメリカ退職者協会のような比較的新しい団体では会員が増えたことを認めている。しかしほとんどの会員は一度も会うことさえないと、彼は指摘する——彼らは会費を納め、たいていは会報を読むだけである。インターネットのチャット・グループは便利ではあるが、顔が見えず生身の体がない世界である。「信頼を築くためには、顔と顔をつきあわせた交流の方が明らかに効果的です」と、彼は言う。「自分が話しかけている相手を知り、自分の意見に個人として責任を持つことが、公共の事柄について話し合う場合には不可欠なのです」(5)

大規模チェーン店に乗っ取られるコミュニティ

市民意識減退のもう一つの症状は、コミュニティ組織における従来の市民リーダーの消滅である。U・Sバンクやウォルマート、オフィスマックス〔大規模文具店〕、ホームデポ〔倉庫形態の大規模ホームセンター〕が町にやってくると、コミュニティと長年の結びつきを持っていた銀行頭取や事業主は、廃業に追いやられてコミュニティ・リーダーの地位を退く。そのようなチェーン店がとってかわるとき、私たちは何を得るのだろう? より低い価格、より安い製品。しかし私たちが失うものはコミュニティの価値という、非物質的な価値だが良質の生活にとってはもっと大切なものだ。私たちは個人的なふれ合いを失うのである。

たとえば、小規模ビジネスの方が、大規模で本部が地元にないフランチャイズよりも、総収益に占める慈善団体への寄付額のパーセンテージは大きい。そして、地方の特色や製品の多様性という点で、より多くのものを提供する。地元の人が経営するコーヒーショップで、そこの通りに住んでいる誰かの手工芸品を見かけることもある。その店はあ、な、た、た、ちのコーヒーショップなのだ。また、地元の独立系の書店の方が、小さな出版社が出している、大出版社では出さない幅広い種類の本を見つけられる可能性はずっと大きい。

「アメリカ社会のフランチャイズ化」は、あまりに急速に起こったので、統計の数字をにわかには信じられないほどである。一九七二年、独立系の書店は全書籍販売業者の五八パーセントを占めていたが、一九九七年にはそのシェアは一七パーセントにまで減少し、今なお減少し続けている。ローズ〔ホームデポに次ぐ大規模ホームセンター〕とホームデポは、金物市場の四分の一以上を支配しており、多くの町の「修理屋さん」に、自社のシンボルカラーのエプロンをつけさせている――ただし競合関係にある優秀店は別だが。薬局についても同じような統計があり、ここ最近で一万一〇〇〇軒の非チェーン系の薬局が消え、ビデオ店、コーヒーショップ、文具店も同様である。

全体では、六〇の異なる産業に五〇万以上のフランチャイズ・ビジネスがあり、それらが小売市場の三五パーセントを支配している。(6) 仕入れと流通におけるスケール・メリットをいかし、損をしても市場にとどまることができることで、このような企業の小売店は一年以内、場合によってはもっと短期間で、競争相手を追い出すことができる。(7)

消費者はより良い買い物を、市議会議員は多額の税収を求めて、まず大通り、それから繁華街をチェーン店開発業者に差し出すのだが、彼らは、地元の商店で使われたドルは町や近隣にとどまるのに対し、チェーン店のドルの多くが会社の本部へ電子的に転送されることを忘れている。小規模ビジネスの場合、地元の建築士、設計士、建具師、看板業者、会計士、保険仲介業者、コンピュータ関係のサービス、弁護士、広告代理店を雇うため、地元のドルの価値は何倍にも掛け算となって増幅される。これに対し大規模小売業者の場合、これらのサービスはすべて、全国にわたって下請けに出す。地元の小売業者と流通業者の場合、地元で作った商品を扱う率はチェーン店よりも高く、地元の生産者のために多くの仕事を生み出している。(8) 私たちがチェーン店から買うときは、掛け算の効果でなく、「割り算の」減少効果が生じる。

二一世紀をむかえたわが国の社会的防衛力は低くなっている。物質的なものに惑わされ、社会の健全さのことを考えなくなって、人々はコミュニティのことをただ傍観者として眺めている。仕事へと急いでいるとき、川沿いのいつも目にしている緑地を一群のブルドーザーがならしているのを目にしても、そこがどうなるのかはまだ知らされていない。きっとそこは、ウォルマートかマクドナルド、あるいはスターバックスになるのだ。

アル・ノーマン、大規模出店の退治屋

アル・ノーマンは言う。「出張から戻ると、世界中から一〇〇通もの電子メールが届いています。不安になった市民が、巨大小売店がロードローラーのように自分の町を踏みにじるのをやめさせるにはどうしたらいいか教えてほしいと、私に頼んでくるのです」

ノーマンは、自身の故郷マサチューセッツ州グリーンフィールドで、ウォルマート反対運動の先頭に立ち、勝利した。彼の記事が「タイム」誌、「ニューズウィーク」誌、「ニューヨークタイムズ」紙に出て、CBSテレビの人気報道番組「60ミニッツ」で彼のことが取り上げられると、「う

ちの電話が鳴り始め、止まらないのです。これまでに三六の州に行って、町の地元活動家たちに、どんな手段が使えるか教えてきました」。(9)

ノーマンのウェブサイト「スプロールバスターズ」(Sprawl-Busters)には一〇〇件あまりの成功事例のリストが載っている。そのうちのいくつかは彼の個人的指導によって勝利したものである。しかし彼は、大規模店への敗北とそれに続く社会経済的悪影響についてもよく知っている。

「『アディロンダック・デイリー・エンタープライズ』紙が、ニューヨーク州ティコンデロガで、ウォルマートが町に来てから八カ月の間に、小売業者に何が起こったかについて書いています。ドラッグストア、宝石店、自動車部品の店では、売り上げが少なくとも二〇パーセントは減少しました。そしてこの町の繁華街で唯一の食糧雑貨店『グレートアメリカンマーケット(GAM)』は、まったく勝負になりませんでした。まず彼らは営業時間を短縮して、それから従業員を二七人から一七人に減らしました。しかし今年の一月、この店は完全に閉店しました。GAMで買い物をしていた人々の多くは、車に乗ることができない高齢の低所得者でした」

「私はここに来て二五年になります」と、繁華街にあるスノコのガソリンスタンドのオーナーがノーマンに語った。「去年までは、クリスマス前の週には、この通りでは駐車スペースを探すのが大変でした。今年は、飛行機で着陸することだってできますよ」人々の自動車はみんな、メガモールに停められていた。

ノーマンは、ニューハンプシャー州へンニッカーへ行ったときのことを思い出す。そこでは町をあげて、一万一〇〇〇平方フィート(約一〇〇〇平方メートル)もの大規模ドラッグストア「ライトエイド」の出店に強く反対していた。

「町の境界で一枚の看板を見たとき、勇気がわいてきました。それは、私にとってはすべてを物語るものでした。『ようこそ、地球上でただ一つのヘンニッカーへ』とあったのです。問題は、アメリカ市民のなかには反対の立場の人々もいるということです。彼らは、会合の席で立ち上がり、安い下着やホイップクリームを買う、神に与えられた権利があると主張します。しかし彼らのコミュニティ感覚は、ショッピング・カートほどの大きさもないように思えます」

アメリカの要塞都市

アフルエンザが原因でコミュニティが引き裂かれたり（たとえば企業が町を去り、何百人もの人々が解雇される）、ずさんな計画によってめちゃくちゃになったりすると、何が起こるだろう？人々はどんどん内へ引きこもり、後ろ手に扉を閉めて、「殻に閉じこもる」。

安全対策の施されたアパートの住人、ゲーテッド・コミュニティ（一〇六ページ参照）の住人、そして狂信的な住宅セキュリティー・システムの信奉者、そして刑務所の囚人など、今この国の少なくとも五分の一は囲いの中に住んでいる。「社会的に言って、このような家の要塞化は、〝自己充足的な予言〟、つまり自分で予言してそれに縛られてしまう状態だといえます」と、コミュニティ・デザイナーのピーター・カルソープは言う。「人々は孤立すればするほど、自分とはちがう他人と何かを共有することが少なくなり、より恐れなければならなくなります」(10)

社会学者のエドワード・ブレークリーもこれに賛同するだろう。アメリカ社会は、あらゆる所得レベルおよび人種の人々を結束させることを目標としているが、ゲーテッド・コミュニティは、その対極にあると、彼は著書『ゲーテッド・コミュニティ――米国の要塞都市』（邦訳、集文社）の中で書いている。「この国家は社会的接触が欠如した状態で、その社会契約を果たすことができるのであろうか?」(竹井隆人訳)(11) ゲートをつけて囲むことは、もっと大きなコミュニティからの分離と市民システムからの脱出という決定的行為であり、約九〇〇万人が住む二万のそのようなコミュニティが、すでにそうした状態にある。

なぜそれほど多くの人々が大きなコミュニティから身を引きたいのだろう? 私たちはお互いに信頼していないのだろうか? 一九五八年には、人々の信頼感は非常に強かった。調査に応じたアメリカ人の七三パーセントが、連邦政府は「ほとんどの場合」あるいは「だいたい常に」正しいことを行なうと信じていると答えた。しかし一九九六〜一九九七年には、その割合は三〇パーセント以下に落ち込んだ。個人間の信頼についても同様である。現在、六〇パーセントの人が「他人に対するとき、注意しすぎるということはない」と考えている。(12)

信頼の欠如が結局高いものにつく職場においても同じことである。「自社の従業員あるいは他業者を信頼できなければ、調査設備、監査システム、保険、法律関係のサービス、政府による規制の強化といったことに大金を使わなければならないはめになる」と、ロバート・パトナムは書いている。

あるジャーナリズム学校が行なった二〇〇〇年の全国調査の結果は、アメリカにおける全体的な不安を反映している。自分の家は安全だと感じる人が九六パーセントいるのに対し、二〇パーセントが自宅の近所でも安全と感じないし、三〇パーセントがショッピングモールでは安全だと感じないという。この結果から「外の」世界について人々がいだいている気持ちがわかるだろう。テイクアウトの夕食を持って、通勤区間をなんとか切り抜け、家に帰るだけ。調査では、無作為に抽出された人々に対し、「あなたが住んでいるコミュニティが直面している最も重要な問題は何だと思いますか?」という質問がなされた。予想通り、「犯罪」「暴力」が最も高い得点を得たが、驚いたことに、「開発」「スプロール現象」（六四ページ参照）「交通」「道路」もトップに近かった。いずれも、多くのアメリカ人が「コントロール不能」と感じている問題である。そして再びコントロール能力をとりもどすため、戦うか逃げるかという原始的な反応に戻ることになる。

裁判と刑の執行に関する産業は、アメリカ経済の七パーセントを占めるようになったが、私たちはこれで犯罪と戦おうとしている。近年、犯罪防止のため、警察の制服を着た男女の数が増やされ、本物の警官の三倍の人数の「レンタル警官」が雇われた。そして納税者は、刑務所の囚人一人あたり、ハーバード大学へ子供を通わせるのに匹敵するほどの費用を支払っている。

人口密度が高い地域ならどこでも、安全でないことを知らせる音が聞こえるだろう。自動車は電子ロックのブザーを鳴らして警告し、警察のサイレンは私たちの犯罪防止の努力が役に立たないことを知らせる。一般的な認識と違って現実には、郊外に住む方が都市の内部に住むよりも統計的には危険が多いかもしれない。郊外の住人は、都心部に近い地区の住人に比べて、車を運転する機会が三倍もあり、自動車事故で死ぬ数も三倍だからである。それでもまだ、何百万人もの人々が、郊外の方が安全だと思って群れをなして郊外へ移動し続けている。

行方不明——二〇〇万人の子供たち

もしも「八歳の女の子が六ブロック先の公共図書館まで安全に歩いていける」なら、そのコミュニティは健全であるといっていいだろう。第一に、歩いていくだけの価値のある公共図書館があるということ、そしてそこまで歩いていける歩道があること。しかしもっと重要なのは、互いに気をつけあう近所の人たちがいることだ。近所には、基本となる信頼感を生み出す人間関係、深いつきあい、ネットワークといった社会資本がある。

しかしアメリカの多くの近所づきあいにおいて、〝信頼〟はノスタルジックな思い出になりつつある。子供が遊んでいるのを見ることが、絶滅の危機に瀕した鳥を見かけるのと同じように、珍しいことになろうとしている。子供がいなくなったのは通りや公園からだけでなく、統計データからもいなくなっている。一九九〇年の国勢調査によれば、二〇〇万人の子供が公式に「消えて」いる。これはカンザスシティーあるいはマイアミの人口に匹敵する数の子供を、調査員が見つけられなかったことになる。誕生と死亡の統計値を比較すると、多くの子供の数が説明できないのである。

彼らはどこにいったのか？ 人口統計学者のウィリアム・オヘアによれば、そのうちの五〇万人が里親の世話になっていて、ひとつの家から別の家へと頻繁に移動する。その他は、別れた両親の家の間を行ったり来たりしているか、祖父母か友人のところで生活している。改造したガレージや離れで暮らしていて、国勢調査で数えられなかった場合もある。国勢調査の用紙に記入することができないほどたくさん家族がいる世帯で暮らしている場合もある。オヘアは、「多くの子供が隙間に滑り落ちており、それが改善されているという証拠はまったくない」と結論している。(13)

繁栄の社会的コスト

「アメリカ都市計画学会」によれば、一九五〇年以来、私たちのコミュニティ内で公共の利用にあてられる土地——公園、公民館、学校、教会など——は約五分の一減少しており、その一方で個人の収入のうち住宅ローンや賃貸料の支払額が占める割合は、五分の一から二分の一に増加した。これは、人々が公共エリアへの投資をやめて生活の「民営化」をすすめ、市民的行動や気配りを置き去りにしたことを示す証拠である。今では、あまりに多くのサービスが利益を目的に民間企業によって行なわれており、私たちは互いに面倒を見合うという習慣をやめてしまったようである。

一九九〇年代は、経済面で言えばアメリカ史上最も継続して繁栄した時代だった。しかしフォーダム大学の「社会政策革新研究所」(Institute for Innovation in Social Policy) のマーク・ミリンゴフは、彼の考案した「社会健全性指標」の動向からは、国が危機的状況にあることが示されていると考えている。

ミリンゴフは言う、「一九七七年に社会の健全性は長期にわたる下降を開始しましたが、その一方でGDPは上昇を続けました。そのとき以来、社会の健全性を示す指標が四五パーセント下落したのに対し、GDPは七九パーセント上昇しました」。(14)

たんなる統計データの要約とは違って、彼が述べている傾向は、あなたや私の家庭にいる現実の人々、社会的富やコミュニティの活力に貢献する人々についての話である。毎年三〇〇万人以上の子供たちが虐待を受けていると報告されている――これは子供一〇〇〇人あたり四七件の割合になる。ミリンゴフは問う、「そういった状況から、結婚、育児、教育、雇用がどんな影響を受けるでしょうか?」と。彼はまた、人々の底に潜む不満のはっきりした指標として、若者の自殺をあげている。一五~二四歳の若者における自殺発生率は、一九五〇年には比較的少なくて一〇万人あたり四・五人だった。しかし一九七〇年にはほとんど倍になり、一九九六年には一〇万人あたり一二人と三倍近くになった。ひとつひとつの自殺は――その若者の可能性が失われたということはもちろんだが――個人の家庭をはるかに超えて影響を及ぼし、当事者の友人、同級生、隣人たちの間に重いうつ状態を引き起こしている。(15)

崩壊するコミュニティ

アフルエンザが私たちのコミュニティを冒すと、悪循環が始まる。私たちは人よりも物を選択し始め、その選択は私たちをコミュニティの生活から切り離す。そしてそれがさらに多くの消費を引き起こし、コミュニティとの断絶がますますひどくなる。健康問題の専門家たちは、他者とかかわっている人々は一人だけで生きている人よりも長生きし、隣人の友情や支援を感じている人はあまり医療を必要としないことを立証している。またある研究では、崩壊しそうな地域の住人は、臨床的にみて「社会的」うつ状態になる傾向があり、血液サンプル中のセロトニンの濃度が低い(抗うつ剤はこの分泌を刺激する)ことが明らかになった。

私たちはすでに、他人のことを気にかけることもできないほど、どうしようもない国民になってしまったのだろうか? 小魚を食べる中くらいの魚のように、私たちは家の中で一人チェーン店の商品を消費し、それから大きな魚のようなフランチャイズ企業が私たちの公共の場から、仕事や伝統や緑地を食いちぎっては次々と飲み込んでいくのを、どうすることもできずに眺めている。私たちは誰か自分以外の人が物事の面倒をみるのを当然だと思っている――彼らにお金を払ってさまざまなサービスをしてもらい、おかげで仕事をしてお金を使うことに集中できる。しかし恐ろしいことに、サービス提供業者、小売業者、そして代行業者の多くが、本当は私たちの面倒をみてくれているのではないことに気づく。むしろ、彼らが私たちを消費していると言ったほうが適当かもしれない。

第9章「意味」を求める痛み

人は安い掃除機のみにて生くるものにあらず。
――ウィルヘルム・レプケ（保守派経済学者）

われらはうつろな人間
われらは剥製（はくせい）の人間
――T・S・エリオット「うつろな人間たち」（西脇順三郎・上田保訳）

道は切り立った渓谷を上り、下り、そして回り込みながらジグザグに進む。逆巻く流れを横切って、ワシントン州レーニア山国立公園の中心的観光地である、雪をかぶった巨大な火山を映す湖のそばをうねうねと走る。毎年二〇〇万人の人々がこの道をドライブする。何度も止まって、美しい石積みを感心して眺める。石積みは完璧に自然の背景と調和し、道路のガードレールとなり、また多くの橋の優美なアーチを形作っている。それはすばらしいできばえで、役に立つだけでなく長持ちし、かつ美しく見えるように作られている。これは市民保全部隊（CCC　Civilian Conservation Corps）によって築かれたものである。

一九三〇年代、大恐慌のさなかに、何百人もの若者がレーニア山に来た——普通の失業者で、ほとんどが東部の町からやってきた。彼らはテントやバラックで一緒に暮らし、今では公園を訪れる人々が当然と受け止めているすばらしい施設の多くを建設した。政府は何もちゃんとやらないという考えが支配的な当時にあって、レーニア山ほか多くの国立公園におけるCCCの仕事は、その考えを改めさせるものである。

男たちの仕事は骨が折れるもので、雪やみぞれ、あるいは灼熱の太陽のもとで行なわれ、給料はかろうじて生きていける程度のものだった。宿泊施設は豪華と言うには程遠く、物語を話したりトランプをしたりするほか楽しみはほとんどなかった。たいていの者が、スーツケース一個分の荷物しか持っていなかった。しかし作家のハリー・ボイトは、CCCを引退した人にインタビューして、その当時を人生最良の時として振り返る人が多いことに気づいた。

埃(ほこり)も筋肉の痛みも、蚊にかまれたことも忘れていた彼らだが、いかにもなつかしそうに思い出すことがある。それは仲間意識であり、自分たちは「アメリカを建設」している、まだ生まれていない世代にも楽しんでもらえるような本物の長続きする価値を持つ公共施設を作っているのだという、当時彼らがいだいていた気持ちである。彼らがCCCの業績を誇りとする気持ちは、六〇年後でもまだはっきりと感じることができる。(1)

木を植えた男

ジョン・ビールはボーイング社のエンジニアとして働いていたが、二〇年前、心臓の具合が悪くてしばらく仕事を休まなければならなくなった。彼は健康をとりもどすために頻繁に自宅近くを散歩した。ぶらぶら歩いてハム・クリークと呼ばれる川を過ぎる。これはワシントン州シアトル南西の丘から流れ落ちる細い流れで、ピュージェット湾に注ぎ込むデュワミシュ川に合流する。デュワミシュ川は工業用水路として使われてきたが、かつてはサケの群れがハム・クリークの産卵場までこの川をさかのぼっていたのを、ビールは知っていた。

しかし一九八〇年の時点では、ハム・クリークには魚がまったくいなかった。かつてこの川の土手に立ち並んでいた常緑樹の森は、すべて切り倒されてしまった。工場が廃水をクリークに流し、ゴミが土手を縁取った。そこでジョン・ビールは立ち上がった。彼は、「もしシアトル市で最も汚染された地区にあるハム・クリークをもとに戻すことができれば、どこでもそれが可能なことを証明できる」と思ったのだ。(2)

彼は活発に働いて、企業にハム・クリークを汚染するのをやめさせることに成功し、何トンものゴミをさらった。そしてその後一五年にわたって何千本もの木を植えた。自然の池や滝、そして産卵場所を回復させた。最初は彼一人で働いていたが、そのうち他の人々が手伝い始めた。いくつかの新聞記事や二度のテレビ報道により、さらに人が集まった。ビールは彼らに、川の流域を回復させる方法を教えた。

戻ってくるサケが毎年少しずつ増えて、今では川をさかのぼるサケの群れはほとんど元どおりになっている。ビールは自分の苦労に対し金を受け取ることはなかったが、義援金で出費をカバーした。彼は、ハム・クリークと自分の住むコミュニティを良くすることができたという満足感によって、十分に報酬を得たと言う。「それが私へのほうびであり、私が払ってもらったものなのです」と、ビールは話を結ぶ。

ジョン・ビール、CCCの男たち、そしてそれぞれのコミュニティのために働く無数の人々に共通なのは、有意義な活動はお金よりも大切であり、実は与えられるより与える方がいいと理解していることである。彼らは、そのような努力から満足が得られることを身をもって学んでいる。しかしこの消費社会では、そういった人々は例外になりつつある。

アメリカ人が生活を物で満たせば満たすほど、彼らはますます精神科医、牧師、友人、家族に、心の中が「からっぽ」だと話す。子供たちは、遊ぶおもちゃをたくさん持っていればいるほど、たいくつだと不満を言う。二〇〇〇年前、イエス・キリストは、人々がそのように感じるだろうと予言した。たとえ全世界のものを手に入れることができたとしても、魂を失ったら一体何になるだろうと、キリストは弟子たちに問うた（「マタイによる福音書」一六章二六節）。アフルエンザの時代には、少なくとも公然とは、当然問われるべきこの問いがなされることはほとんどない。

魂の貧困

マザー・テレサがアメリカを訪れ、名誉学位を授与されたとき、「ここは、私が生涯で目にしたなかで最も貧しいところです」と言ったと話すのは、キリスト教系慈善団体「ワールド・ビジョン」の役員ロバート・サイプルである。彼は付け加えて言った。「彼女は、経済や投資信託、ウォール街、購買力について話していたのではありません。魂の貧困について話していたのです」(3)

共和党の選挙参謀リー・アトウォーターは、脳腫瘍で亡くなる直前に次のように打ち明けた。「八〇年代は、あらゆるものを手に入れようとする——富や権力や名声を手に入れようとする時代でした。そう、私はたいていの人より多くの富と権力と名声を手に入れました。しかし、欲しいものをすべて手にすることができても、まだむなしく感じるものです」そして彼は、「アメリカ社会の心臓部に精神の真空部分、魂の腫瘍がある」と警告した。(4)

偉大な宗教の伝統においては例外なく、人生には目的があると教えられている。その本質は、神の創造物と仲間である人間を慈しみ助けることによって、神に仕えることである。仕事や生きるエネルギーをそのような目的に注ぎ、自分の才能を公共の利益のために役立てることができる「天職」あるいは「正しい生き方」を見出す人は幸せである。どんな宗教の伝統においても、単に物や権力や快楽を求めることに——あるいは「ナンバーワンを追求すること」に——人生の目的を見出すべきだと教えてはいない。

しかしもはや、仕事が天職として語られるのを耳にすることはほとんどない。仕事をはかるものさしは「面白く」「創造的」か、それとも面白くなくて退屈かである。そして、その仕事が高い地位をもたらすかどうかが問題であって、仕事の真の価値は無関係である。

私たちの生活では、ゴミ収集人が仕事を中止したときの方が、野球選手が仕事をしないときより、はるかに大きな混乱が生じる。大きな金銭的報酬をもたらす仕事もあれば、かろうじて生活できるだけの収入しかもたらさない仕事もある。しかし仕事の意味や何に役立っているのかが問われることは、ほとんどない。もちろん私たち全員ではないが、大部分の人にとっては、もうかるならそれで十分なのである。なぜ仕事をするのか? 単純なことだ。お金がもらえるからだ。

たとえば、キャロライン・サウェをあれほど動揺させた超暴力的なゲームの広告（九七〜九八ページで述べた）を作っている、かなりの給料をもらっている専門職の人たちのことを考えてみよう。ほとんどの人が自分の仕事のことを、「楽しく」「創造的」で、そのおかげで効果的なプロモーション

（宣伝と昇進の両方の意味で）のための新しいアイデアがたえず考え出せると言うだろう。そういった仕事は機械的な単純作業には程遠い。環境は快適？　きっとそうだろう。時間の融通がきく？　おそらく（長時間労働かもしれないが）。「近所の猫を撃つより面白いよ」なんて、うまいコピーを考えついたものだという、ある種独りよがりの自己満足。彼らに尋ねたら、きっと「この仕事が大好きです」と答えるだろう。

では、ゲームそのもののデザイナーはどうか。やはり同様の満足が得られるのだろうが、さらに高水準の経済的報酬――フェラーリ、ポルシェ、そして大邸宅を買えるほどのいいい――がプラスされる。たしかに、自分が作ってよその子供たちに売っている製品を、けっして自分自身の子供には使わせない（暴力映画の制作者の場合なら、その映画を見せない）と認める人も少数ながらいる。しかしそういったものを作ることをやめるだろうか？　報酬がそのままなら、答えはノーだ。

世界を手に入れて、魂を失う。

このような専門職が、その最終的な価値や結果について少しも良心がとがめることなく自分の仕事を「楽しめる」のは、現代の経済において意味と目的についての問いが巧みに抑圧されている証拠である。彼らは心を痛めない――少なくとも表面的には。あるいはおそらく、道徳的に疑わしい製品を生み出す代償として彼らが受け取る報酬――金銭、刺激、権力、地位――が、どんな後悔の念も鈍らせるモルヒネのような働きをしているのである。

見せかけの笑顔の下で

しかしそうでない何百万人というアメリカ人が、「意味」に飢えている。ユダヤ教のラビ（指導者）であり作家でもあるマイケル・ラーナー博士は、カリフォルニア州オークランドにある働く家族のための「ストレス・クリニック」で仕事をしたときにそのことに気づいた。同僚とともに、ラーナーも初めは「ほとんどのアメリカ人が物質的な私利私欲に突き動かされていると想像していた。だから私たちは、多くの中流アメリカ人が、十分お金を稼いでいないということよりも、意味のない仕事をして人生を無駄にしていると感じることから、大きなストレスを受けていることに驚いた」。(5)

ラーナーらは、さまざまな職種の人々を一緒のグループにして、お互いに自分たちの生活について話し合わせた。「最初は、私たちが話しかけた人々の大部分が、自分は大丈夫だと言いたがった。それは彼らが同僚や友人に、何もかも順調だ、すべてうまく処理できている、ストレスに負けてなどいない、自分の生活はうまくいっていると言っていたのと同じだった」それは世論調査で、人々に生活の満足度について表面的な質問をしたときに返ってくるのと同じ類いの反応だったと、彼は言う。しかしそのうちグループの参加者が、くつろいだ気分になって自分の感情に正直になると、違った反応パターンが出てきた。

「中流所得層の人々は、公共のために役に立ったり、自分の才能やエネルギーを使って何かに貢献したりすることに飢えているのにもかかわらず、実際の仕事ではそうする機会がほとんどないため、大きな不満をいだいていることに私たちは気づいた」と、ラーナーは書いている。「彼らはたいていてい、フラストレーションやむなしさを感じる人生の代償として、より多くのお金を求めるようになる」

「今日仕事とよばれるものの非現実性、不自然さがでてくるのは、おそらく、この用をなさない世界のなかで、じぶんが求められなくなるという恐怖心ゆえである」（中山容他訳）と、スタッズ・ターケルは、ベストセラーとなった著書『仕事！　WORKING』（邦訳、晶文社）の中で書いている。おそらく、ラーナーとターケルが述べたこのような気持ちが、現代アメリカの統計を見て最も困惑させられること――つまりアメリカ合衆国におけるうつ病の発生率が一九四五年以前の一〇倍にもなっているという事実をもたらしているのだろう。何百万人というアメリカ人が、抗うつ剤のプロザックその他の薬で心の痛みをまぎらわせているのである。(6)

アフルエンザの犠牲になるアメリカ人が増えれば、憂うつや不安な気持ち、自尊心の低下がさらに蔓延するだろう。そういった予測は、ティム・カッサーとリチャード・ライアンという二人の心理学教授が最近行なった一連の研究により、科学的な裏づけを得ている。二人は、何よりも経済的なものを求める人々と、社会に奉仕する生活や他の人との強い結びつきを志向する人々を比較した。

二人の結論は明白だった。富を蓄えることが第一の望みである人々は「自己実現や活力のレベルが低く、うつや不安の傾向が強いということがわかった」自分たちの研究は「お金を人生の重要な指針とすることが、有害な結果をもたらすことを証明した」と、二人は書いている。(7)

変わりゆく学生の価値観

カッサーとライアンの研究は、富に心を奪われることを戒める宗教的伝統の智慧を科学的に裏づけている。しかしそのような智慧は、このところ無視されている。元カリフォルニア州議会議員のトム・ヘイドンは、一九六二年に「民主社会学生連盟」（SDS　Students for a Democratic Society）

の設立宣言であるポートヒューロン声明を書いたとき、こう宣言した。「大学にとって他の何よりも重要なことは、学生の倫理的、芸術的、論理的能力を引き出して向上させ」、学生が「人生の精神的意味」を発見する手助けをすることである、と。(8)「寂しさ、疎外、孤立は、今日の人と人との間にある大きな隔たりの表れである」と、ヘイドンは書いた。「この支配的傾向を乗り越えることは、個人的な小手先の改善でも便利な道具の改良によっても不可能であり、人間の愛が、物への偶像崇拝を乗り越えたとき初めて可能になる」

六〇年代には、ヘイドンのように世界に奉仕する有意義な人生を求める呼びかけが、何万人という学生の心を強く動かした（その一部はジョン・F・ケネディの「国家があなたに何をしてくれるかをたずねるのではなく、あなたが国に対して何ができるかを自問してほしい」という大統領就任演説に応えてのものだった）。

歴史の証言者であるスタッズ・ターケルは語る――六〇年代には確かに一部の若者にやりすぎがあった（ドラッグ、下品な言葉、性の乱れ）が、その一〇年について最も記憶に残っているのは、一九六八年にシカゴで開かれた民主党大会の時に起こった象徴的な出来事である。そのときグラントパークやリンカーンパークでは、警官が反戦デモの参加者を追いかけ、警棒で殴り、催涙ガスで攻撃していた。

ターケルは、英国のジャーナリスト、ジェームズ・キャメロンと一緒にデモを見ていた。すると突然、警察が催涙ガスを一発、二人の方へ発射した。「私たちはあわてて涙を流しながら逃げましたが、よろよろしていると、催涙ガスの弾が足もとに落ちてきました」と、ターケルは回想する。「そして私は、長い金髪の巻き毛の、あの小柄で風変わりなヒッピーのことをけっして忘れないでしょう。彼は、その催涙ガス弾をキャメロンと私から遠ざけるため、自分の方へ向けて蹴っていました。自分の方へですよ。私たちをガスから救おうとしているのです！　あの若者の振る舞いこそが、六〇年代とは何だったのかすべてを物語っています。彼らには自分の外に運動の目的がありました。それは市民権であり、ベトナムでした。それが六〇年代というものだったのです」(9)

それから後、大学生の夢は目に見えて変化した。

そう昔のことではないが、著者の一人であるトーマスがデューク大学で教えていたとき、学生たちに自分の目標は何かと尋ねた。何よりも彼らが欲しがっていたのはお金、権力、物――それも別荘、高級外車、ヨット、さらには飛行機などの非常に大きな物――だった。彼らがトーマスのような大学の教官に求めているのは、「お金をもうけてお金を使う機械(マシーン)になる方法を教えてください」ということだった。

デューク大学の学生の会話で最もありふれたものは、「昨日は信じられないくらい飲んじゃったよ」だった。アルコールの飲みすぎ――特に酒を飲んでのどんちゃん騒ぎ――の問題が、アメリカのキャンパスで増加している。アルコール摂取が関係した死亡、けが、依存症が、あたりまえのように発生している。学生は今では年に六〇億ドル近くを飲酒に使い、それは他のすべての飲み物と本代をあわせた出費より多い。(10)

からっぽの魂を満たすには大量のアルコールがいるのは明らかだ。

左と右の意見が一致していたとき

昨今では、消費主義的ライフスタイルのむなしさに対する批判を最もよく行なっているのは、政治的に左翼の人々である。しかし常にそうであったわけではない。レーガン以前は多くの保守派は、まだ完全には自由論者の旗をかかげて自由市場を信奉していたわけではなかった。著名な保守派の哲学者や経済学者が、最も左翼的な学者たちと同じように消費主義に対して批判的であるのはめずらしいことではなく、それは意味のない人生をもたらすと主張していた。

ウィルヘルム・レプケは、伝統的な保守的経済思想の巨人だった。「『ホモ・サピエンス・コンシューメンス（消費するヒト）』は、金銭収入とそれを品物に換えること以外に、人間の幸せを構成するあらゆるものを見失っている」と、一九五七年にレプケは書いている。「隣のジョーンズ一家に負けない」でいようとするライフスタイルに陥る人々は、「シンプルな人間らしい幸せという、純粋で本質的な非物質的条件を欠いている。彼らの存在は空虚で、彼らはそのむなしさをどうにかして埋めようとする」と彼は論じた。(11)

レプケはその著書『人間的な経済――自由市場の社会的枠組み（*A Humane Economy: The Social Framework of the Free Market*）』の中で、消費社会の精神的な傾向について強烈な疑問を投げかけている。

我々は経済世界に生きているのではなく、経済学者R・H・トーニーが言うように「利益追求社会」に生きているのか？　そこではむき出しの欲望を解き放ち、権謀術数をめぐらすビジネス手法を奨励し、実際にそれらがルールとなることを許してしまう。そしてより高邁な動機を、マルクスの『共産主義者宣言』（邦訳、太田出版）のことばを借りるならば「利己的打算という氷のように冷たい水」（金塚貞文訳）の中に沈め、人々に世界を手に入れさせる――それと引き替えに魂を失わせるのだが。お金のことと、それで何が買えるかについていつも考えているという習慣以上に、魂をひからびさせる確かな方法があるだろうか？　我々の経済システムにあまねく広がる商業主義より強力な毒があるだろうか？(12)

レプケは、資本主義社会（保守派として彼はこれを強く支持した）においては、個々人は自らの活動の精神的な価値について自問し、単に市場の流れに流されないことが、ますます重要になっていると指摘した。そのような警戒をしなければ、人生はうつろなものになるだろうと、彼は述べた。「もし我々が、物質的な成功のためだけに仕事をして、自分の使命の中に、単に金を稼ぐことを超えた内なる必要性と意義、すなわち我々の人生に尊厳と強さを与えてくれる意義を見出せなければ、人生は生きるに値しない」(13)

規格化された人々

なぜ物質的目標の追求が、結局は無意味で永久に続く退屈な生活に終わるのかを最もよく説明しているのは、もう一人の保守派の哲学者アーネスト・バン・デン・ハーグだろう。

まず彼は、大量生産が、世界共通の消費主義的なライフスタイルを可能にし、大勢の人々を熟練工や小規模農家のようなより多様な職業から追い出して工場に集めたことを指摘した。工場では、分業によって人々の活動範囲は狭められ、いくつかの作業の繰り返しになる。彼らの仕事は変化がないし、自分でコントロールもできない。

そのうちに生産量が十分になり、労働組合から出される要求が十分功を奏し、労働の物質的成果が分配され始める。しかしそれを可能にする量の製品を供給するためには、大量生産され、そのために規格化された製品を人々は受け入れなければならない。

「大量生産の恩恵は、没個性的な仕事と、同様に没個性的な消費とのつり合いによってしか得られない」と、バン・デン・ハーグは書いている。したがって、「労働時間内か否かにかかわらず、個人のパーソナリティーを押し殺すことに失敗すれば、高くつくことになる。結局のところ、人間がいいいいいいいいいいいいいいいいいいいいい規格化された物を生産しようとすれば、規格化された人間の生産も要求されるのである（傍点引用者）」。(14)

物質的進歩の結果である没個性化によって、人生から意味と本来の面白さの両方が奪われるのは当然である。労働者／消費者は漠然とした不満をいだき、落ち着かず、そして退屈しているが、こういった気分は宣伝によってますます強められる。そして宣伝は、一つのはけ口として新製品を提供することにより、計画的にそういった気分を利用しようとする。

消費財とマスメディア（それ自体、消費財の宣伝によって成り立ってきた）は、「使われていない能力、抑制された個性の悲鳴をまぎらわし」、私たちを「無関心、あるいは永久に落ち着かない気分のままにする」と、バン・デン・ハーグは述べた。商品とメディアは、真に有意義な活動を求める魂の叫びから、私たちの注意をそらすのである。

内なる資質と個性を自ら選んで有意義に表現する機会がない人は、「何か事件が起こることを切望するようになる。外の世界はさまざまな出来事でむなしさを満たしてくれるはずだから。いわゆる『内幕』話、『有名人』の私生活の疑似体験的な共有を大衆が求めるのは、自分には何もないこと、あるいは少なくとも興味を引くような生活はないことにうすうす気づいている人々のもつ、自

分の人生――誰か他の人の人生でもいい――というものへの渇望がその根底にある」と、バン・デン・ハーグは述べた。(15)

退屈した人が本当に求めているものは、有意義な本物の人生である。広告は、そんな人生が製品あるいはパッケージ商品化された疑似体験で手に入るとほのめかす。しかし宗教そして心理学は、それは他者への奉仕、友達や家族との結びつき、自然とのつながり、本質的で精神的な価値がある仕事などの中でこそ発見されると言っている。

アフルエンザ克服後の世界

テクノロジーが進歩した私たちの文化は、本来なら大部分の人が今送っているよりも、ずっと有意義で創造的な生活を送るチャンスを与えてくれるはずだ。驚くほど生産性の高い技術のおかげで、私たちはみんな、給料を増やすかわりに労働時間を減らすことによって、繰り返しばかりの規格化された仕事、あるいは生産される物をあまり誇りにできないような仕事をする時間を少なくすることができるだろう。それによって、自由に選択される自発的な、多くの場合無報酬の仕事をする時間を増やすことができ、人間関係やコミュニティを強化し、私たちがもっと十分に自分の才能や創造性を発揮することができるようになる(たとえば前述のジョン・ビールの環境修復の仕事のように)。

そしてそういった選択により、自然の美と驚異、子供たちの楽しい遊び、あるいは破壊された環境の修復などに、意味と楽しみを発見する時間をもっと多く持つことができるようになる。自分にとって何が本当に重要なのか、自分は残りの人生を本当はどういうふうに過ごしたいのか、といったことについて考える時間が持てるようになる。

第10章　社会の傷跡

今日の、富や金で買える物への手放しの賛美は、公然と「俺は金持ち、おまえはそうじゃない」という態度を生み出し、人々を勝者と敗者、王子と乞食に分類している。

――ジェラルド・セレンティ（トレンド・ウォッチャー）

ブルーミングデール百貨店の四階へ行って、黒いブラを二〇〇〇枚と、ベージュのを二〇〇〇枚、白いのを二〇〇〇枚買うの。そうして、何軒もある自分の家や船にあちこち運んだり移したりしたあげく、たぶん半年で初めからもう一度やりなおし。

――イワナ・トランプ（アメリカの不動産王ドナルド・トランプの元夫人）

タイから来たその数枚の写真を見たアメリカ人はほんの一握りにすぎなかったが（私たちアメリカ人は「外国」のニュースにほとんど関心など持っていないのだ）、それはぞっとするものだった。一九九三年、タイのおもちゃ工場が焼け落ちた。逃げ遅れた何百人もの女性労働者が、炎と煙の中で死んだ。彼女たちの黒焦げになった死体が、建物の焼け跡に横たわっていた。開発途上の国々には、アメリカの子供向けに何百万個ものプラスチックのおもちゃを作っている工場が多数あるが、焼けた建物もそれらと同じように火災の起きやすい建物だった。黒くなったがれきの間、そこかしこにあるのはおもちゃ――たとえばアニメ「シンプソンズ」の人形――だった。

女性労働者の多くは母親で、彼女たちのわずかな収入では、輸出用に作っていたおもちゃを自分の子供に買ってやることさえできなかっただろう。その工場の火事の無残なイメージとその背後にある事実は、アフルエンザの時代にますます拡大している「持てるもの」と「持たざるもの」を分ける深い谷について、多くのことを物語っている。

簡単に理解できる事実がひとつある。たとえ遠く離れた国であっても、拘束も規制もなく、そしてもちろん国家の軍事力および警察力に支援された自由市場ほど、安く消費財を生産できる経済システムはないということだ。たとえば、そのような国では（労働者に組合をつくる自由をほとんど与えていない政治体制に助けられて）子供のおもちゃを非常に安く生産することができるので、おもちゃを地球を半周して運んでもまだマクドナルドやバーガーキングのようなファストフード店で、二ドルの食事と一緒にばらまくことができるのである。

一九八〇年代にロナルド・レーガンのもとで始まったアメリカ経済の規制緩和は、労働組合の影響力の急激な衰退とあいまって、国内の生産性を引き上げた。財貨は分配されるが、その方法はそれ以前に比べてかなり平等性を欠いている。

アメリカ人は長い間、他の社会に比べて自国の社会を、大金持ちやきわめて貧しい市民がほとんどいない「階級のない」社会であると考えてきた。しかしこの「階級のない」アメリカという認識は、常に疑わしいものだった。アフルエンザを検疫し解毒するためのすべての政治的努力が突然放棄された一九八一年でさえ、二二の先進工業国の中で、アメリカ合衆国は所得の平等性において一三番目にランクされていた。

しかし現在、わが国は完全に最下位にある。(1)

アメリカという国の別の側面

アメリカにおけるアフルエンザの上げ潮は、すべての船を持ち上げたわけではなく、一方で多くの夢を溺れさせた。今やアメリカには、金持ちと貧しい人とを隔てる巨大な裂け目がある。「八〇年代以降の大消費ブームを見たとき、一つわかることは、それが中流層の上半分以上に極端に集中していることです」と、ハーバード大学の経済学者ジュリエット・ショアは述べる。(2)

実際、八〇年代には、税込み実質所得の増加分のうち四分の三が、全体のたった一パーセントの最も裕福な世帯で生じ、世帯平均で七七パーセントも所得が増えた。

一方、中間あたりにいる世帯の所得は四パーセントしか増えておらず、下位の四〇パーセントの世帯は実際には所得が減少した。一部の人々は、こういった数値は誇張されたインフレの推定値を反映しており、したがって実際にはすべてのグループが、公式の数字が示しているよりも所得を増やしていると主張している。しかし議論の余地がないのは、所得増分の分配が驚くほど偏っていることである。(3) 大富豪は、八〇年代の間に国民所得に占める取り分を増やすと同時に、いっそうけちになった。彼らが慈善事業に出す金額の所得に占める割合は、以前に比べてずっと少なくなった。一九七九年には、一〇〇万ドル(一九九一年のドル換算で)以上の所得がある人々は、税引き後所得の七パーセントを寄付していた。一二年後、その値は四パーセント以下に減少した。(4) 一方ではこの頃、政府による福祉事業の削減を提唱する人々が、減った部分は民間の慈善事業で補えるだろうと主張していた。

それどころか、驚くにはあたらないが、下降しつつあった貧困世帯率が再び上昇に転じた。（生活保護を受けずに）実際に働いているが、貧困線以下の最低限の給料しか得ていない人々の数は八〇年代の間に二倍になり、その一方で一九七九年から一九九四年の間に子供の貧困率が一八パーセントから二五パーセントに増加した。(5)

スーパーマーケットの棚がいつでも品物でいっぱいの、豊かなアメリカのイメージに反して、毎日一〇〇〇万人のアメリカ人が飢え、その四〇パーセントは子供で、大多数は働く家庭の一員である。さらに、それとは別に二一〇〇万人のアメリカ人が、フードバンクやスープキッチンのような非常給食事業に頻繁に頼ることで、飢えをしのいでいる。毎晩少なくとも七五万人のアメリカ人は寝る家がなく、一年を通すと二〇〇万人近い人が路上生活を経験している。これが悪い知らせ（バッド・ニューズ）である。そして良い知らせ（グッド・ニューズ）はというと、九〇〇万人のアメリカ人が二軒目の家を持っている。アメリカの住宅不足は、本当は分配の問題なのかもしれない。(6)

所得の集中が強まる傾向は、クリントン政権の好況期を通して続いた。今では、アメリカの世帯の上位二〇パーセントが、下位八〇パーセントと同じくらいの所得を得ており、不平等の度合いは記録的なレベルになっている。富の分配はさらにゆがめられている。一九九九年には、アメリカの全金融資産（株、債券、商業的不動産）の九二パーセントが、上位二〇パーセントの世帯に所有されていた（そして株の八三パーセントは上位一〇パーセントに所有されていた）。税金に関しては、金持ちのアメリカ人の多くが抜け道を知っている。「マザー・ジョーンズ」誌（二〇〇〇年一二月号）に掲載された記事「脱税者のパラダイス」には、金持ちがどうやってその金をカリブやそのほかにある海外の口座に避難させ、多額の税金を免れているかが書かれている。

勝者と……

マイクロソフトの株価が下落して純資産が半減する前のある時点では、ビル・ゲイツは約九〇〇億ドルに相当する資産を保有していたが、これはアメリカ国民の下位半分の資産を合わせたものに近い額だった（これは、世界一五六カ国のうち一一九カ国における国民総生産よりも多かった）。現在は、ビルの資産は半分の四五〇億ドル相当にすぎないと推定されているが、その一方で、アメリカ国民の四〇パーセントは資産をまったく持っていない。

大企業から報酬を受け取っている上級管理職ほど、アメリカにおいてアフルエンザがどれほど受け入れられてきたかをよく示しているものはない。「ビジネスウィーク」誌の「貪欲は良いことか？」と題した特集記事もそう考えているようで、その中で、アメリカの大企業の上位三六五社における最高経営責任者（ＣＥＯ）の総報酬の平均は、一九九八年に三六パーセントという増加率を示し、その額は一人あたり一〇六〇万ドルになったと報告されている。これに対し肉体労働者の場合、増加率はたったの二・七パーセントだった。

ＣＥＯの総報酬の平均は、一九九〇年からみると四・四二倍になっている。当時はこの人たちは年間二〇〇万ドルしか得ていなかった。現在では彼らは平均的な労働者が得る額の四〇〇倍以上を稼ぎ出しているが、一九八〇年当時はそれでも四〇倍程度だった。(7) 対照的に日本とドイツのＣＥＯは、最近アメリカのＣＥＯに追いつく必要性を感じ始めたが、それまでは平均的な労働者の約二〇倍しか稼いでいなかった。

そして敗者

一方、コラムニストのデイヴィッド・ブローダーは、「宇宙の支配者たち」(彼はハイテク億万長者をこう呼ぶ)のトイレや仕事場を掃除する人々は、貧困線ぎりぎりの賃金しかもらっていないと、報告している。彼はロサンゼルスで、「二〇〇三年までに年間二万一〇〇〇ドルに」という賃上げ要求をしてピケを張っている清掃作業員たちを見かけた。その賃金水準でも、ロサンゼルスのCEOの一人、ディズニーのマイケル・アイスナーが一九九八年に稼いだ額(五億七五〇〇万ドル)と同じだけ稼ぐには、そんな清掃作業員が二万七三八〇人ほど必要だ。

富める者には、貧しい者が目に入らなくなった。「ひいきにしているレストランの皿洗いから、いつも行く病院の看護助手まで、私たちの生活を楽にする仕事をしている人々が大勢いるが、その人たち自身の生活はどうしようもない貧困のふちにある」と、ブローダーは書いている。「私たちのほとんどは、これらの労働者と一言の言葉も交わすことがない」(8) 目に見えていてもどうでもいいのである。

アメリカ人がかつて「階級のない」社会の証拠としてあげていた一つの事実は、(たとえば南米の富豪に比べて)掃除や家事をさせるための使用人を雇っているアメリカの家庭が少ししかないということだった。しかし、私たちの社会の階級がしだいに二層に分かれていくにつれ、それは変わってきている。中流の上(アッパーミドル)の所得層のアメリカ人は、家事を使用人に大きく頼るようになっている。一九九九年には、アメリカの世帯の一四〜一八パーセントが掃除のために外部の人間を雇ったが、これは一九九五年に比べると五三パーセントの増加である。フルタイムの掃除人や使用人の収入は

一九九八年に一人平均一万二二二〇ドルだったが、これは三人家族の場合の貧困線を一〇九二ドル下回っている。(9)

「この召使い階級の突然の出現は、一部の経済学者がアメリカ経済の『ブラジル化』と呼ぶものと一致している」と、エッセイストで文化評論家のバーバラ・エーレンライクが「ハーパーズ」誌で書いている。「階級の二極化が進むにつれ、古典的な服従の態度がひそかに戻ってきている」とエーレンライクは批判する。彼女は、この件を調査するために時給六ドル六三セントで自ら家政婦の仕事をしてみた。フランチャイズのひとつ「メリー・メイド」は、その家政婦派遣サービスを宣伝するために、パンフレットで「お宅の床を昔ながらの方法で、膝を床につけて一所懸命磨きます」とうたっていると、彼女は指摘している。(10)

エーレンライクは、メイン州ポートランドのマックマンション（五〇ページ参照）に一軒一軒床磨きに行き、「家の掃除をしている間は一杯の水も飲んではならない」という規則のもとで働いた。何軒かの家では、家政婦がちゃんと仕事をしているかを見るため、ビデオカメラが隠されているのを発見した。また、人々がどんなに散らかしっぱなしにしているかを見て驚いた。特に子供はひどく、一人の子供などはエーレンライクを目にして、「見てママ、白人のメイドだよ！」と大声で言うのだった。

家政婦として働き、「特権を与えられすぎた多くのティーンエージャーの部屋を掃除した」ことから、エーレンライクは、「アメリカの上位階級は、たえず手伝ってもらわなければ自分自身の生み出す堆積物の中で窒息してしまうような若者の世代を育てている」と結論した。

それが何を意味するか理解できるほどの教養が彼らにあるかどうか……。

貧乏人は二度支払う——そしてまた支払う

アフルエンザは所得格差を越えてすべてのアメリカ人に影響を及ぼすが、貧しい者の方がより破壊的な影響を受ける。まず、貧しい者は、コスト削減をめざす生産戦略がもたらす環境破壊の最初の犠牲者となることが多い。彼らは、環境汚染や公害の程度が最もひどい地域に住んでいる——たとえば、石油化学工業の会社が恐ろしいほど大量の発がん性物質を空中や水中に放出している、ルイジアナ州の悪名高い「キャンサー・アレイ」などがそうだ。

同時に、「情報経済」という新たな世界での勝者に支払われる給与水準がふくれあがるにつれ、住宅物件の値は競争でつり上げられ、平均的な収入の人たちにさえ払いきれない住居費になる。そして多くの人が、長年住んできたコミュニティを出て行かざるをえなくなる。

そして貧しい者は、テレビ番組やコマーシャルによって翻弄される。平均的なアメリカ人の典型とみなされている消費水準のイメージが、彼らの前にちらつかされるが、彼らがそれを手に入れられる可能性はない——おそらく銀行強盗をするか、宝くじに当選する以外には。

黒人で二人の子供の母親であるフェリシア・エドワーズは、コネティカット州ハートフォードにある公営住宅の小さなアパートに住んでいるが、子供たちが学校で目にする他の子たちが着ているブランド物の服を着られないことで受けるプレッシャーについて心配している。

「このあたりの学校はまるでファッションショーです」と彼女が言う。「友達からの大きなプレッシャーがあると、犯罪につながるかもしれません。学校では、子供たちが一足のスニーカーをめぐって他の子供たちを殺したこともあります。親たちは、自分の子供に服を着せてやるために二〜三種類もかけもちで仕事をしています」フェリシア自身の子供は、物をねだって彼女を困らせることはめったにないが、一番上の息子が、一足一二〇ドルのスニーカーが九〇ドルの安売りになっているのを見て彼女に哀願したときには、最初は買うお金がないと言ったものの、寛大になることにした。「私と、息子の叔母で、半分ずつ出すことにしました。こうして息子はスニーカーを手に入れることができたのです」(11)

今最も貧しいレベルのコミュニティでは、喪失感がひどくなっている。トレンド・ウォッチャーのジェラルド・セレンティは、非行少年グループ更正の仕事をしている男性と話したときのことをこう語る。「私は彼に、『これら多くの問題の原因と考えられるものを一つあげるとすれば、それは何でしょう?』と尋ねました。すかさず彼は答えました、『貪欲と物質主義です。子供たちは、市場で一番よく売れている商品を手にしなければ、自分の人生は何の価値もないというふうに感じています』と」(12)

サンフランシスコにある青少年支援組織「オメガ・ボーイズ・クラブ」の共同代表であるマーガレット・ノリスも同じ意見である。彼女によれば、彼女が相手にしている低所得層の若者たちの間にある倫理的価値観は、「なんじの金を手に入れよ」つまり、何が何でもそれが必要だ、というものだという。そのような強烈な欲求が、しばしば犯罪につながる。

「気にするな、そんな奴らは刑務所に入れてしまえばいいじゃないか」というのが、この状況に対する社会の反応のようである。九〇年代末の二〜三年で全体の犯罪発生率は下落し、その傾向は、現在の好景気に沸く経済で雇用状況がよくなったことが原因だといえる。しかしアメリカではすでに二〇〇万人の人々が刑務所の格子の向こうに閉じ込められており、これは世界のどの国に比べても最も率が高く、ほとんどの工業国のそれに比べて一〇倍にもなる。現在カリフォルニア州だけでも、フランス、ドイツ、英国、日本、シンガポール、オランダの囚人を合わせたよりも多くの囚人がいる。オハイオ州ヤングスタウンのようないくつかの死にかけた「斜陽地帯」の工業都市は、刑務所が最大の雇用の場となった。今では民間企業が、無数に立ち並ぶ拘留設備を作っている。頭のいいウォール街のブローカーたちは、新しく民営化された刑務所産業に多くの投資をして、「ドルの地下牢(ダンジョン)ゲーム」をしている。(13)

地球規模の感染

ますます多くの文化がアメリカのライフスタイルをコピーしており、アフルエンザが残す社会の傷跡は、今では世界中で複製されている。テレビは毎日、発展途上国の何百万という人々に西欧の消費者のライフスタイルを(その欠点を示すことなく)見せ、彼らは自分たちもそうなりたいと切望する。

『グローバル経済という怪物――人間不在の世界から市民社会の復権へ』(邦訳、シュプリンガー・フェアラーク東京)の著者デビッド・コーテンはかつて、彼らにもそれが可能であり、そうなるべきだと考えていた。コーテンはスタンフォード大学とハーバード大学で経営学を教えた後、ハーバード・ビジネス・スクール、フォード財団、アメリカ合衆国の国際開発庁のために、アフリカとアジアと南米で働いた。

コーテンは今、こう語る。「私の仕事は、世界中の国々でわが国の高度消費経済と同等のものをつくるため、事業経営者を訓練することを主眼としていました。グローバル化が進む中で、企業のシステムはますます、あらゆる国を消費社会へ移行させつつあります。そこで非常に強調されているのが、子供に目を向け、彼らの価値観をつくりかえて、ごく早いうちから、進歩とは彼らが消費するものによってはかられるのだと信じこませることの重要性です」(14)

コーテンは今では、発展途上国に消費者的価値観を押しつけることにより、自分は実際にはアフルエンザ・ウイルスを広めていたのだと考えている。彼が「開発」の現場で仕事を続けるにつれ、ウイルスによる症状がますますはっきりしてきた。彼はしだいに、自分の努力が、良いことよりも多くの弊害をもたらしていることに気づくようになった。

「私が進めていたことが役に立たないということ、そして役に立つはずもなかったということを知るようになりました」と彼は回想する。「多くの人の生活が、実際には悪くなりました。私たちは、環境がめちゃくちゃにされ、文化や社会構造が崩壊するのを目のあたりにしました」

抑えのきかない消費主義の病気であるアフルエンザが世界中に広まれば、金持ちと貧乏人の格差はさらに大きくなり、アメリカではまだいくぶん隠れている社会の傷跡が膿み、別の場所で傷口を開く。リオのぞっとするようなスラム街が、コパカバーナやイパネマの金色の砂に向かって押し寄せていく。マニラの豪華なショッピングモールが立っているすぐそばに「スモーキー・マウンテン」がある。そこは巨大な廃棄物集積場で、何千人もの人々がゴミの中に住んで、そこで集めることのできるゴミに頼って生きている。〔訳註・「スモーキー・マウンテン」は現在閉鎖されたが、ゴミ集積場は別の地区に移り「スモーキー・バレー」と呼ばれている〕

ウイルスはシェラトン・ホテルからスラムへ簡単に移動する。

世界の五分の一の人々、一〇億の人間が、赤貧の暮らしをして、飢えと病気でゆっくりと死んでいる。そうでない人も大勢が、切実にもっと多くのモノを欲しがっている。しかし、もし彼らが私たちと同じように消費し始めれば、その結果、環境は破局を迎えるだろう。

私たちが世界のために別の模範を示していくことが、絶対に必要である。それも急いで。

第11章　資源の枯渇

くずかごを買ってビニール袋に入れて家に持って帰る。それからくずかごを袋から出して、袋をくずかごへ捨てる。

——リリー・トムリン（コメディアン）

最近うけている話——

●ワシントンDC発——ＥＰＡ（環境保護局）が、地球規模の開発による影響に関する国連の特別研究チームと協力して実施した調査によれば、今や消費財の多様性は生物多様性を凌駕（りょうが）している。研究結果によれば、史上初めて、ショッピングモールやスーパーマーケットで手に入る豊富な消費財の種類が、この惑星に生きている生物種の数を上回ったという。

「昨年、カロライナ・タフティッド・ヘン（鳥の一種）が絶滅したすぐ後に『デンティーン・アイス・シナミント・ガム』が発売されたことで、商品の多様性が初めてトップの座についた」と、調査委員長のドナルド・ハーグローブは発表した。「今では、プロクターアンドギャンブル亜門だけでも、昆虫の二倍の数の種類がある」消費財の多様性の急激な上昇――一九九三年以降、二億を超える新しい購買の選択肢が生じた――のニュースは、動植物の種の減少に動揺していた人々にとって、耳寄りなニュースとして歓迎されている。

「植物相と動物相は縮小しているが、消費者が手に入れることができる品物の範囲は、地球史上どの時代よりも広くなっている。これは、私たち全員にとって喜ばしいことである」と、ハーグローブは述べた。

シカゴ大学の生物学者ジョナサン・グローガンは次のように語った。「アマゾンの熱帯雨林であろうが『モール・オブ・アメリカ』であろうが、複雑なシステムはどれも、それが存続するには、種あるいは商品の種類が豊富であることが必要だ。したがって、地球上の生態系が崩壊しつつあることを考慮すれば、できるだけ広範囲の消費物資を購入して地球規模での市場の多様化を進めることが、ますます重要になっている」

＊　＊　＊

これはもちろんパロディである。しかしこの匿名のインターネット・ジョークは、驚くほど真実に近い。私たちがたくさん買えば買うほど、急速に自然界の種が消える。そしてそのダメージは刻一刻と加速する。読者の方々がいまこの章を読んでいる間にも、まだ盛んな郊外の「成り金の城」への需要を満たすため、少なくとも三〇エーカー（約一二ヘクタール）の農地や緑地がブルドーザーでならされている。これらの住宅一軒が普通一エーカー（約〇・四ヘクタール）分の木を必要とするほか、コンクリート、鉄そのほかの建築材料となる鉱物を供給するために、その家と同じぐらいの大きさの穴を掘ることも必要である。

建物、燃料、消費財への需要を満たすため、巨大な掘削機、コンバイン、チェーンソー、ブルドーザー、石油掘削装置が、汚れのない原野へ何の配慮もなく送り込まれる。

「アメリカの平均的中流家庭一世帯が一年間に必要とするものを生産するために、企業が、運搬、発掘、採取、かき除き、燃焼、廃棄、汲み上げ、処理する資源の量は四〇〇〇万ポンド〔約一八一四トン〕にも達する」（小幡すぎ子訳）と、ポール・ホーケン、エイモリ・B・ロビンス、L・ハンター・ロビンスは『自然資本の経済――「成長の限界」を突破する新産業革命』（邦訳、日本経済新聞社）の中で書いている。(1) 国連環境計画によれば、アメリカ人がゴミ袋に支出する額は、世界二一〇カ国のうち九〇カ国がすべてのものに支出する額よりも多い！　アメリカ人は平均すると一生で一人あたり、貯水池一つ分の水（個人、工業、農業利用を含めて四三〇〇万ガロン〔約一億六〇〇〇万リットル〕）(2)と、小型タンカーいっぱいの石油（二五〇〇バレル〔約四〇万リットル〕）を消費する。(3) アメリカ地質調査所の専門家は、世界の石油生産量は一〇～二〇年以内にピークを迎え、その後減少に転じそれが最後になると予測している。

ますます憂うつになっただろうか？　このような事実は、真夜中にかかってくる緊急の電話のように、私たちをぎくりとさせる。母なる自然は全然健康そうに見えない。メディアはほとんど伝えないが、人間でいえば危険なほど体温が上昇して胸の傷から血を流し、救急処置室に収容された状態だ。数時間後、母なる自然の遠い親戚（私たち典型的アメリカ人）は、寒いほど冷房のよく効いた部屋で、彼女の容態に関するニュース（と、人気テレビ番組の再放送）を待っている。しかしその間に、軽食をとり、タバコを吸い、テレビゲームをしないではいられないし、自分がアフルエンザの保菌者であることを忘れがちである――それは一ダースものハリケーンの襲来のように、自然に打撃を与える人間の病気なのに。

自然の豊かさ

たいていの一週間程度のバックパック旅行では、結局はそれぞれが担いでいる荷物の重さ比べをすることになる。カナダ・バンクーバー島のウェストコースト・トレイルを歩く六〇マイル（約九六・五キロメートル）のハイキングで、本書の著者デイヴの一六歳になる息子のコリンは、自分の荷物が父親のより重いと不平を言った。というのも、彼の荷物の方に二人の共通の食糧がたくさん入っていたからである。デイヴは、テントと地面に敷くシート、料理用コンロが入っている荷物を担ぐ者が一番大変なのだと主張した。自分の荷物の総重量が背中にかかるとき、それぞれの物について、損得の分析をしたくなるものである。

つり橋を渡りコケに覆われた丸太を越えてゆっくりとバンクーバー島の海岸を登る間、彼らは、物の相対的な価値について何度も議論した。「こんなにたくさんスナックを持ってくるんじゃなかった」と、コリンはうるさく言った（それぞれが自分の固形食、粉末の飲み物、ナッツを持っていた）。デイヴが言い返す、「ハイカーのこんな言い合いを解決できるように、公園側が道のそばに秤を置いておくなんてのはどうだい？　そうしたら、誰がしっかり働いているかわかるってもんだ」。「じゃあ次のときには秤も入れておくよ」とコリンは言って、肩をすくめた。

しかしそのハイキングは、父と息子にとってきわめて重要な経験になった。二人は、売り物でない手つかずのままの自然にそなわっている価値、特に生きているという感覚を――呼吸を通して、そして五感で――「体得」した。「すでにここにあるものの価値を本当に認めているなら、そんなにたくさんの物は必要ない」という教訓を二人は改めて学び、デイヴはこの本の執筆に向かい、コリンは初めて立ち止まってじっくり考えた。二人の頭の曇りが晴れると、金銭以外の豊かさの形がはっきりと見えてきた。彼らの周りにある、雨林と海とに生きる生物の豊かさ、バンクーバー島に太古の昔から生きてきた人々の社会的・文化的豊かさ、そしてあらゆるもののうちで最も価値のある富に違いない「健やかさ」。

もともとは難破した船乗りの避難ルートとしてつくられたウェストコースト・トレイルからは、鮮やかな青い海と打ち寄せては砕ける白い波の壮観な眺めが、日陰になった雨林の暗いシルエットの向こうに見える。ヒトデやカニでいっぱいの潮だまり、頭上を静かに舞っているハクトウワシの家族、そして何百頭ものザトウクジラが噴き上げる潮、それらがみな自然の豊かさを物語っている。

浜には枯れたトウヒやモミの丸太が散乱していたが、それはこの島の自然の資源の多くを不毛の地に変えた製材業から逃れて川に運ばれてきたものだ。この旅行で撮った写真の一枚に、小さな舞台ほどの切り株の上にコリンが立っているものがある。まさにこのバイオリージョン（生命地域）から、自分たちが家で消費している製品の多くが、そして世界の新聞紙の一〇パーセントが生まれることを、彼と父親は目のあたりにした。

もしその週にバンクーバー島のすばらしい点は何かと質問されたら、二人はきっと高揚した気持ちで「それは自然だ。再生させなければ」と答えただろう。しかし、もしトレーラーで直径八〇フィート（約二・五メートル）の丸太を三本ほど運んでいる伐採業者が同じ質問をされたら、「木材だ。切らせてくれ」と言うだろう。これは単純な問題ではない。なにしろ、アメリカ人が世界の森林の三分の一を消費しているのだから。カナダでの旅行から戻った後、デイヴは物書きとしての仕事ゆえ、平均より多い紙の消費を再開した。一方、父親でもある先の伐採業者は、きっと子供たちを連れて行く楽しくて便利な場所をほかに探しただろう。

製材業者は被害が見えないように道路に沿って木のカーテンを残すが、デイヴとコリンには、点々とむきだしになった土地が午後の陽ざしを浴びているのが、木々の間からチラリと見えた。しかしもっと見えにくかったのは、このようなやり方が、社会の人々にもっと熱心に働くよう強いているという事実である。直接たどっていくのは難しいが、伐採による堆積物が飲料水を供給している川を汚染すれば、水道料金が上がる。大規模伐採されたところを流れ下る洪水によって道路や橋が押し流されれば、税金が上がる。会社が、自社のやり方がどんなに「グリーン」であるかを宣伝すれば、木材や紙の価格が上がる。要するに、私たち一人一人がお金を払い、余分な時間働いて、「目に見えなければかまわない」というずさんなやり方をとりつくろっているのである。

目には見えないが……

中世の頃は、疫病は悪臭によって起こると信じられていたため、人々は疫病を防ごうとお香を燃やして持ち運んだ。それから七〇〇年後の今もまだ、自分が消費しているものと世界で起こっていることの間に重大な関連性があることを、私たちは理解してはいない。プランテーションで栽培されたコーヒーを買うが、そのコーヒー農園では、コーヒー一杯ごとにまた一羽、渡り鳥が殺虫剤にさらされて命を奪われるかもしれないことを、私たちは意識していない。『沈黙の春』（邦訳、新潮社）の著者レイチェル・カーソンと同様、私たちもう自宅の裏庭で小鳥のさえずりを聞くことはできないが、コーヒーを一口飲むときにその関連性を考えたりはしない。渡り鳥が毎年中南米から何千マイルも飛んで私たちの家の裏庭にやってくることがもうないのは、死んでしまったからだ。生き残って帰ってきたとしても、彼らのすみかは、道路、家、ゴルフ練習場、駐車場で覆われている可能性が高い。

コンピュータを買うとき、私たちはそれに世界中の鉱山、油田、化学工場から集められた七〇〇以上の異なる材料が詰め込まれていることを頭に浮かべはしない。それぞれの机の上でかすかなうなり声をあげている、こぎれいでカラフルなマシンは、その製造過程で一台あたり一四〇ポンド(約六三・五キログラム)の有害固形廃棄物を、七〇〇〇ガロン(約二万六五〇〇リットル)の廃水とともに生み出し、その使用期間中の全消費エネルギーの約四分の一に相当するエネルギーをすでに消費している。毎年、一二〇〇万台以上のコンピューター――総重量三〇万トン以上の電子ゴミ――が捨てられる。(4) 問題なのは、目に見えなければかまわないと思っていても、コンピュータを買えばそれらのものがすべてついてくることである。

ジャンクメール(ダイレクトメールなどゴミ箱行きの郵便物)はどうか? そのほとんどは営利的な広告であるが、これに関しては非営利的なものも非難すべきである。環境学者ドネラ・H・メドウズによれば、ある団体では、一五〇〇人の会員を集めるために一五万通のダイレクトメールを出した。

「これはつまり、一四万八五〇〇通はただの公害だということである。木から作られ、燃料を消費する機械でインクを使って印刷され、別の機械で丁合い、宛名書き、仕分けがされ、汚染物質を吐き出すトラックに積み込まれ、郵便受けに配達され、捨てられてまた別の乗り物に乗せられてリサイクル・ステーション（二〇パーセント）か埋め立て処分場（八〇パーセント）に向かう」。(5)私たちが文句も言わずにダイレクトメールを一通ただポイと投げ捨てれば、それはジャンクメールを助長することになる。

ファストフードのハンバーガーを一個食べるたび、それには目に見えない六〇〇ガロン（約二二七〇リットル）の水タンクがついている。牛が飲んだ水と、その牛が食べる飼料作物が吸収した水を合わせると、そうなるのである。(6) また、キラキラ光る金の結婚指輪が入った小さな宝石箱をおごそかに開ければ、目には見えないがその指輪には、六トンものくすんだ色の鉱石がつながっている――それはもとの鉱山で選鉱くずの山の中にあったもので、しばしば川を汚染する。(7)

本当の値段

こうした目に見えない影響と隠れたコストを生み出す顕著な例は、自動車である。あなたの新しいSUVの値段に、工場出荷価格だけでなく、車の環境的・社会的コストがすべて含まれていたとしたら、値段のステッカーを見て自分がどんなにショックを受けるか想像してみてほしい。隠れたコストを一覧表のステッカーにすると、そのステッカーは車のウィンドウをほとんど覆ってしまうことになるが、ここには要約版を載せる。

●あなたの輝く新しい小型トラックの本当のコスト

おめでとうございます！　あなた様には、完済までに一三万ドル支払っていただくことになる車をご購入いただいたところです（実際には、もしあなた様が二〇代であれば、これからの生涯、五年ごとにこれと似た新車に買い替えるため、利息も含め五〇万ドル以上を支払うことになります)。まことに恐れ入ります。平均的アメリカ人であれば、移動の八二パーセントに車を使うでしょう。これに対し、ドイツ人は四八パーセント、フランス人は四七パーセント、英国人は四五パーセントです。

この車で三〇マイル(約四八キロメートル)を往復する通勤にかかる費用は、ガソリン価格が現在の水準のままだとすれば、一日あたり約一五ドルになります。その割合でいけば、仕事への行き帰りで毎年平均三五〇〇ドルの支出になります。保険料、車代のお支払い、メンテナンス代、登録料、燃料代その他の費用を加えると、この車を一日あたり二二時間駐車して二時間だけ運転するために、年に八〇〇〇ドル以上を使うことになります。

この車は、製造過程で七〇〇ポンド(約三一七・五キログラム)の大気汚染物質と四トンの炭素を発生させました。そして毎年少なくとも四五〇ガロン(約一七〇〇リットル)のガソリンを燃やし、三五回以上ガソリンスタンドで満タンにしなければなりません。室内掃除、ボディの艶出し、車の窓磨きのために一年のうちまる三日をあて、オートショップで心配しながらそれを待つことでしょう。運転距離数を車の購入とメンテナンスにかかる時間で割ると、一時間あたり五マイル(約八キロメートル)になります。ロサンゼルスのラッシュアワーよりも遅いですね。

あなた様の新車は、次にあげる国全体のコストにかなりの割合で寄与することでしょう。

*毎年燃やされるガソリン――一五五〇億ガロン(五八六七億リットル)

＊中東の原油供給を確保するために毎年支出される額、六〇〇億ドル
＊年間四万件の自動車死亡事故、そして六〇〇〇人の歩行者の死亡
＊一九〇五年以降、自動車事故で障害を負ったり、怪我をしたのはのべ二億五〇〇〇万人で、アメリカ史上のすべての戦争よりも多くの人が死亡
＊自動車によって殺される動物は年間五〇〇〇万頭で、そのうち少なくとも二五万頭は「家族同様」のネコ、イヌ、ウマ
＊安眠を妨害し、喘息、肺気腫、心臓病、気管支の感染症の急激な増加の原因となる車の騒音と大気汚染
＊干ばつ、ハリケーン、不作の増加をもたらすアメリカの温室効果ガスの四分の一は自動車から発生
＊再利用されないスクラップと廃棄物が年間七〇億ポンド（約三二〇万トン）
＊道路の建設と維持、除雪、駐車場への補助金、公衆衛生関係の支出のために使われる税金と、その他直接支払う出費が、年間二〇〇〇億ドル以上
＊自動車にかかる一年の社会的コストは総計一兆ドル以上

〈出典〉
・ポール・ホーケン、エイモリ・B・ロビンス、L・ハンター・ロビンス著『自然資本の経済』（邦訳、日本経済新聞社）
・消費者組合（Consumers Union）ウェブサイト「あなたが楽しんでいるマシンはどれくらいグリーン

か（How Green Is Your Pleasure Machine?）」一九九九年九月一七日
・クリフォード・W・コッブ著、リディファイニング・プログレス『道路はただではない（*The Roads Aren't Free*）』

では、楽しいドライブを！

贅沢な生活のコスト

「ノースウェスト環境ウォッチ」（Northwest Environment Watch）のアラン・ダーニングは、「私たちが日常生活で使っているあらゆるものが生態学的な航跡をつくり、波紋がこの惑星の生態系じゅうに広がっていく」と述べている。ダーニングと共同研究者のジョン・ライアンは、『物——ありふれた品々の秘密の一生（*Stuff: The Secret Lives of Everyday Things*）』という本の中で、日常的に使っている製品の影響を追跡している。たとえばコーヒーはコロンビアの高原から来るが、そこでは一杯あたり一〇〇粒のコーヒー豆が摘み取られる。豆は一三〇ポンド（約五九キログラム）ずつ袋詰めにされて巨大な貨物船に積み込まれ、焙煎工場、問屋、スーパーマーケット、そしてコーヒーカップへと運ばれる。各段階でエネルギーと物質が使われて、朝のコーヒーに価値が付加される。この流れの初めの段階は、とりわけ問題が多い。

コロンビアの森林は、生物学的に非常に大きなパワーを持っている。この国は地球上の地表の一パーセントにも満たないが、世界の植物種の一八パーセントが自生しており、世界一多くの種類の鳥が生息している。（……）

一九八〇年代末に農場主たちは、コーヒーの木を取り囲んで日陰をつくっていた木のほとんどを切り倒して収量の多いコーヒー品種を植え、収穫量を増やしたが、同時に土壌の浸食と鳥の死亡率も増加した。このような日が当たる新しいコーヒー園では、従来の日陰のコーヒー園に比べて、鳥の種類数が五パーセントしか認められないと、生物学者は報告している。鳥やその他の昆虫捕食者の棲みかがなくなったため、害虫が繁殖し、栽培者たちは殺虫剤の使用を増やした。彼らが散布する化学物質の一部は農場労働者の肺に入り、あとは洗い流されるか吹き飛ばされて、植物や動物に吸収されることになる。（……）コーヒー豆一ポンド（約四五〇グラム）につき、不要となる果肉が約二ポンド（約九〇〇グラム）川に捨てられた。果肉が分解するとき、川の中で魚が必要とする酸素を消費した。(8)

ダーニングは言う、「私が初めて物にかかる真のコストに目を向け始めたとき、ある友人が私の原稿を読んで言いました。『ああ、わかったよ、君が言っているのは楽しい買い物でなく罪悪感にふけることについてなんだね』と。しかし、本当は罪悪感について言っているのではありません。あまり多くの物を必要とせず、しかも今よりもさらに幸せになれるライフスタイルをつくりだすことについて書いているのです。たとえば殺虫剤の使用量が少ない、日陰で栽培されるコーヒーを買うというような、単純なことです。何をあきらめるかではなくて、何を手に入れるかについて考えることが必要です」(9)

日常生活に必要な物資を自給している人はほとんどいないので、ジャガイモから石油、鉛筆まで、消費するほとんどすべてのものがどこかよそから来ている。「問題なのは、それらの『どこかよそ』の資源を使い果たしつつあることです。とりわけ開発途上国が西欧型の生活を手に入れようとしているときには問題です」と、「リディファイニング・プログレス（進歩の再定義）」の元スタッフでエンジニアのマティース・ワケナゲル（現・「グローバル・フットプリント・ネットワーク」最高責任者）は言う。(10) 地球上にある生物学的に生産力のある陸地と海を人間の数で割ると、一人あたり五・五エーカー（約二・二ヘクタール）になることを、ワケナゲルと共同研究者のウィリアム・リースは発見した。そしてそれは、地球上の人間以外のすべての種に「まったく何も」分けてやらない場合の話である。

「これに対し、世界の平均的な市民が一九九六年に使った面積は七エーカー（約二・八ヘクタール）です──これが、私たちが『エコロジカル・フットプリント』（生態系への足跡）と呼んでいるものです」と、ワケナゲルは語る。

「これは、自然の再生能力を三〇パーセントも上回っています。言いかえれば、人間が一年に使うものを再生するために一年三カ月かかるということです」そして彼は続ける、「もし全人類が、平均的なアメリカ人のように三〇エーカー（約一二ヘクタール）の面積を踏みつけて生活すれば、地球のような惑星があと五つほど必要です」

ワケナゲルは主張する。「我々は一〇〇〇万以上いる種のうちのたった一つの種にすぎないのですから、この惑星の資源をすべて使うことはできません。かといって、もし生物学的キャパシティーの半分を他の種のために残そうとするなら（あるいは人間の人口が二倍になったら）、人間は必要とするものを一人あたり三エーカー（約一・二ヘクタール）にも満たないところから得なければならず、これは現在アメリカ人が使っている面積の約一〇分の一にしかなりません」
解決策は？　わけないいさ、モールに出かけていって、もう五個ほど地球型惑星を買えばいい。

逆向きのダーウィン

アフルエンザに助長されたこの惑星での略奪が続くにつれ、資源の供給量が自然での憩いや美を味わうチャンスとともに減少していくだけでも十分に悪い知らせだ。しかしさらに悲しむべきことは、生息地が消えるにつれ、地球上の生物の多様性がずっと小さくなることである。生態系から重要な生物種が消えるのは、スーパーマーケットの陳列棚から取ってはいけないメロンを引き抜くようなものである。メロンがなだれをなして床にゴロゴロと落ちる。それは、一個一個のメロンが他のメロンによって支えられていたからである。

一つだけ例をあげれば、大規模伐採によって土手に沿った自然の日陰がなくなったために、太陽の光で谷川の水が温められると、それはマスの個体群にとっては大虐殺を意味する。なぜなら、マスは冷たい水の中でしか繁殖できない魚だからである。そしてむきだしの地面から川に押し流された堆積物が、稚魚のかくれがにするために岩の間につくられたスペースを埋めてしまう。そして次に、マスを餌のひとつとしている哺乳類が重要なタンパク源を失い、それらの哺乳類が提供する生態学的な恩恵も減少する……。

生態系をつくりあげる仕事にかかったはかりしれない年月が、たちまち無に帰す。憂慮すべき事実は、毎日何百もの「メロンのなだれ」が、資源採取の戦場で起こっていることだ。これは断じて熱帯雨林だけの現象ではなく、私たちの目と鼻の先で、生息地の破壊とそれに付随する絶滅が起こっている。「静かな大量絶滅が、アメリカの湖や川で起こっている」と、生物学者のアンソニー・リッチャルディは言う。(11) 彼の研究によれば、巻き貝から魚、両生類まで、淡水種の生物は地上の種より五倍も速く死滅しつつある。これは一般に地球上で最も危険にさらされていると考えられている熱帯雨林と同じくらい速い。アメリカの湿地の半分、そして草丈の高いプレーリーの大草原の九九パーセントが消えた。これらの生態系が開発、農業、その他の利用のために破壊されている一方で、アメリカの九三五の種(動物三五六、植物五七九)が生きるために苦闘している。(12)

こうして気がつかないうちに自然の健康状態が悪化し始める以前は、私たちは商品がどうやって自分たちの手元に届き、それが何を伴っているか考えることはほとんどなく、ただそれを消費し、残り物を捨てていた。私たちは、資源が掘り出されるときに追い出されたり損なわれたりする植物や動物について、そして人間の文化についてさえ、考えていなかった。今では、ノーマン・マイヤーズやE・O・ウィルソンのような生物学者たちが、私たちは六五〇〇万年前の恐竜の絶滅以来、最もひどい絶滅のさなかにいるのかもしれないと言っても、多くの人々はもはや否定しないだろう。私たちは、自然の絶滅スピードより一〇〇〇倍も速く生物種を失っている。

◎絶滅の危機にある種◎

*植物——世界の植物の四分の一が二〇一〇年までに絶滅するおそれがある。
*両生類——アメリカ合衆国に生息する両生類の三八パーセント以上が絶滅の危機にある。
*鳥類——鳥の全種の四分の三が減少している。一一パーセントが絶滅のおそれがある。

絶滅の急増

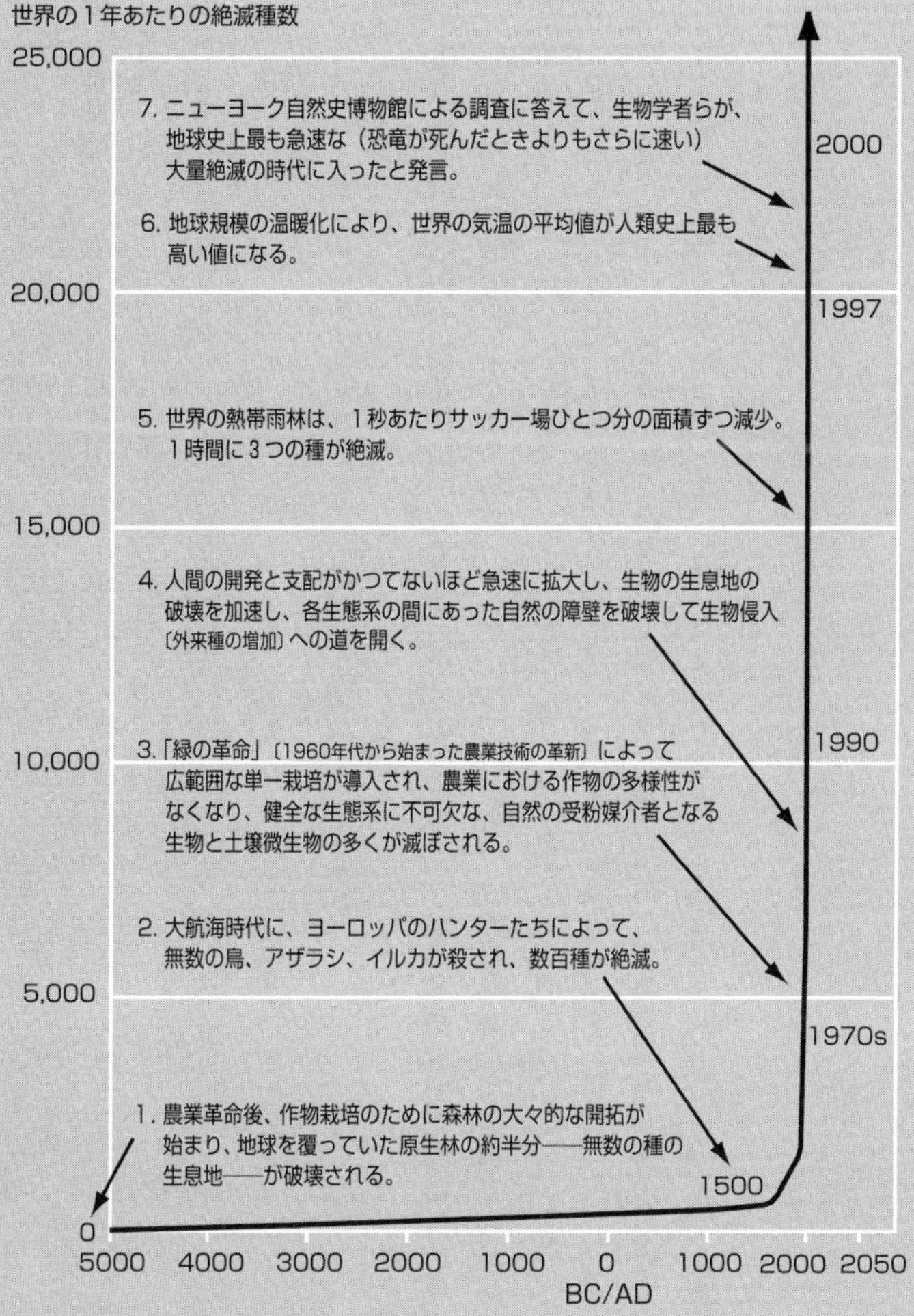

世界の１年あたりの絶滅種数
25,000
20,000
15,000
10,000
5,000
0
7. ニューヨーク自然史博物館による調査に答えて、生物学者らが、地球史上最も急速な（恐竜が死んだときよりもさらに速い）大量絶滅の時代に入ったと発言。
6. 地球規模の温暖化により、世界の気温の平均値が人類史上最も高い値になる。
5. 世界の熱帯雨林は、１秒あたりサッカー場ひとつ分の面積ずつ減少。１時間に３つの種が絶滅。
4. 人間の開発と支配がかつてないほど急速に拡大し、生物の生息地の破壊を加速し、各生態系の間にあった自然の障壁を破壊して生物侵入〔外来種の増加〕への道を開く。
3.「緑の革命」〔1960年代から始まった農業技術の革新〕によって広範囲な単一栽培が導入され、農業における作物の多様性がなくなり、健全な生態系に不可欠な、自然の受粉媒介者となる生物と土壌微生物の多くが滅ぼされる。
2. 大航海時代に、ヨーロッパのハンターたちによって、無数の鳥、アザラシ、イルカが殺され、数百種が絶滅。
1. 農業革命後、作物栽培のために森林の大々的な開拓が始まり、地球を覆っていた原生林の約半分——無数の種の生息地——が破壊される。
2000
1997
1990
1970s
1500
5000
4000
3000
2000
1000
0
1000
2000
2050
BC/AD

エド・エアーズ『神の最後の賜物（*God's Last Offer*）』より。

＊肉食動物――ネコ科とクマ科のほとんどすべての種で数が減少している。
＊魚類――米の淡水魚の三分の一が希少になっているか絶滅の危機にある。
＊無脊椎動物――森林伐採により、毎日約一〇〇種が失われている。
＊哺乳類――二五パーセントの種が絶滅のおそれがある。
＊爬虫類――その四〇パーセント以上の種の生存がおびやかされ、二〇パーセントが絶滅の危機にある。

〈出典〉『ハッチンソン百科事典 *Hutchinson Encyclopedia*』（一九九九年）

遠い未来の文明は、私たちの時代について何と言うだろうか？　種の多様性が悲惨なほど減少した原因をなんとかして推論しようとするだろうか？　それとも、今の科学者たちが過去の絶滅について思案するときのように、肩をすくめるだけだろうか（すくめる肩を持っていればだが）？　未来の科学者たちは「原因は地球規模の温暖化だった」と、結論づけるかもしれないし、「土地の非効率的な利用」だという仮説を立てるかもしれない。しかし私たちの文明の名誉のために、私たちがとりつかれたように安いコーヒー、ガソリン、下着を求めたということの恥ずべき証拠を、誰も暴くことがないように願い祈ろうではないか。

第12章　産業の下痢

DDTは私の味方！

——一九五〇年代のコマーシャル

化学万能時代の申し子である製品、制度、文化を維持するためには、合成化学物質はなくてはならない存在なのである。（長尾力訳）

——シーア・コルボーンほか、『奪われし未来』（邦訳、翔泳社）

野球の試合——広告のオールスター勢ぞろいだ——で、バックネット裏の最前列の席に一緒に座って、双眼鏡でみんなを観察していると想像してほしい。

マールボロ・マンとジョー・キャメルがいて、サインをしてはタバコを子供たちに配っている。エバレディは、有毒物質入りの乾電池を手でつかんでは群衆の中に投げ込んでいる。一方ロナルド・マクドナルドは、現在ビッグマック中の牛肉への残留が検出されている合成ホルモン、抗生物質、農薬について、環境保護論者を相手に議論しているが、防戦一方である。グリーンジャイアント〔冷凍野菜の会社の宣伝キャラクター〕が駐車場からゲームを見下ろし、地元チームが得点するたびに叫び声をあげる。大量の農薬が巨人の緑色の体からはがれ落ちるが、誰もそんな大男とかかわりあいになろうとする者はいない。

彼らはみなあまりにも無害に――あまりにアメリカ的に見えないだろうか？　私たちはこういった連中とともに育ったのであり、彼らの楽観主義、間の抜けたところ、かっこいいところが大好きだ。私たちのそういった製品に対する需要によって、確かにアメリカ経済は熱に浮かされたように目もくらむスピードで回転し続け、アメリカ製のキラキラした品物は生活を明るく輝かせ便利に思えるようにした。しかし、こういった物があたりまえになっている私たちは、環境と自分の健康に重大な害を及ぼす危険を冒している。私たちが買う商品の多くが、ちょっと見ただけではわからない、危険な化学物質などの有害な「悪者」を含んでいるのだが、どうしたわけか、私たちはそのことを信じたがらない。

驚きの世代

人々はこんなことは信じたがらない――タバコが現在、年間四三万人以上のアメリカ人を死に追いやり、毎年、生きる可能性があった五〇〇万年分の人生を一掃していること。原子力発電所からの放射線（かつては「微量すぎて計測に値しない」と考えられていた）が、実際にはＤＮＡを破壊し、がんを引き起こし、いくつかのバイオリージョン（生命地域）を効果的かつ永久に消し去ったこと。ダイオキシンの小さな分子一個がちょうど悪いときに胎児に送り込まれると、まだ生まれていない子供の生殖器系が永久に障害を受ける可能性があること。一九四〇年から一九九五年の間に、合成化学物質の生産量は六〇〇倍にも増え、現在、年間一人あたり一六〇〇ポンド（約七〇〇キログラム）生産されていること。そして、アメリカ人の五人に二人は一生のうちのどこかで必ずがんにかかり、その発病率は子供においても増加していること。(1)

「アメリカ人には、製造業者を信用する伝統があります」と、EPA（環境保護局）デンバー支局の毒物学者スザンヌ・ワースル博士は述べる。「製粉所、小さな皮なめし会社、かじ屋の時代から、製品は有罪が証明されるまでは当然潔白であるとみなされてきました――しかしこれはあるべき姿とはまったく反対です。私たちアメリカ人は『許容範囲内の危険』戦略の中でやってきました。業界のスタンスは、『死体を見せてみろ。さもなければ、うちの製品はこっちのやりたいように作らせろ』です。災難が起きると、業界は対応を始めますが、ときにはそうなっても何もしないことさえあります」

ワースルが指摘するように、合成化学物質のたどった道は、不快な驚きで満ちている。「核物質の放射線やフロン類から、さまざまな有機塩素系殺虫剤まで、私たちはいつも、手遅れになってから健康や環境への影響を知っては巻き返しを図ります。つい最近驚いたことは、遺伝子操作をした生物が、それが植物の細胞の中へ組み込まれた場合でさえ、環境中へ移動することができるということです。たとえば、遺伝子操作をされたトウモロコシの花粉は、トウワタのような植物へ移動し、昆虫の世界の『バンビ』――オオカバマダラ蝶――を殺すことが明らかになりました。それに企業や政府の科学者たちが驚くなどということはあってはならないのですが――遺伝子組み換えトウモロコシがすでに何十万エーカーも植えられているのですから――実際そうなりました」(2)

私たちはふつう、誰か世の中に管理する人がいて、これらすべての化学物質が安全であることを確かめていると思いこんでいる。しかし実際には、現在一般の商業利用がなされている七万五〇〇〇の化学物質のうち一二〇〇〜一五〇〇ぐらいしか、発がん性のテストはなされていない。生物学者サンドラ・スタイングラーバー博士は、著書『がんと環境――患者として、科学者として、女性として』（邦訳、藤原書店）の中で次のように書いている。「合成化学物質の大部分は一九七九年より以前に既に市場に出回っていたものである。この年、連邦法の『毒物管理法（ＴＳＣＡ）』が新規物質の事前調査（レビュー）を義務づけた。というわけで、既に出回っている多くの物質、発がん性があるかもしれない物質は、試験もされず、環境測定もされず、規制もされていない」(3)

自らも膀胱がんの犠牲者であるスタイングラーバーは、第二次世界大戦において海外でアメリカ兵をマラリアや他の病気から守り、勝ち誇って国に戻ってきた製品であるＤＤＴの大掛かりな宣伝作戦を回想する。「ある画面では、プールで子供たちが水しぶきを上げている傍らで、ＤＤＴが水面に散布されている。（……）エプロンを掛け、ハイヒールを履き、精巧なヘルメットをつけた主婦がスプレー・ガンで二匹のゴキブリを狙っている。説明には、『家の中の前線における戦闘継続のための超強力弾薬』とある」(4)（以上、松崎早苗訳）

これらの広告が現れる頃までに、生物学者たちはすでに、この化学物質が鳥や魚を殺し、実験動物の生殖器系に障害を発生させ、新たな耐性を発達させた害虫の爆発的増加をもたらし、はっきりした発がん性の兆候を示すことを報告していたのだが、それにもかかわらずＤＤＴは無害な味方とみなされていた。一九五一年には、ＤＤＴは人間の母乳を汚染し、母親から子供へとその害が受け渡されることが知られるようになった。

しかし、レイチェル・カーソンが著書『沈黙の春』で、楡（にれ）の木の下でけいれんし苦しみもだえながら死んでいく鳥たちにスポットライトをあてるまでは、ＤＤＴは「特効薬」とみなされ続けた。

このようにＤＤＴの広告がなされた時代以降、がんはゆっくりと流行病になっていった。脳、肝臓、乳房、腎臓、前立腺、食道、皮膚、骨髄、リンパのがんすべてが過去五〇年で急増し、がんの発病率は五〇パーセント以上増加した。

ＤＤＴのような化学物質の使用は、最初は正しいことのように思えた。結局、ＤＤＴや他の殺虫剤の使用が、アメリカ人が支払う食物の価格を安くする役割を果たした（所得に対する割合で言えば、アメリカの食べ物は世界で最も安い）。しかし、私たちはどんな隠れたコストを支払うのだろう？

偶然の調合

錬金術の時代からずっと、化学の分野は、悲劇的欠陥――すなわち生物学の分野から隔てられていることの弊害を被ってきた。人類は、何が病気を引き起こすのかや、生物がどのような相互関係を持っているのかを理解するずっと以前から、テクノロジーを利用してきた。

アイザック・ニュートン卿は〝重力〟を発見したかもしれないが、実験に使っている重金属で自分が死ぬ可能性もあるということは知らなかったようである。一六九二年に仲間のジョン・ロックにあてた手紙の中で彼は、不眠症、うつ、消化不良、健忘症、妄想を、「あまり頻繁に火のそばで居眠りをしすぎる」せいにした。三〇〇年後になって、一族の家宝として伝えられていたニュートンの一房の髪を科学者たちが分析し、本当は違っていたことを明らかにした。その髪の毛は、彼が錬金術の実験に用いた鉛、ヒ素、アンチモン、水銀の分子でいっぱいだった。彼の日誌に詳細に記録されていたのは、ひとつひとつの化学物質の味についての説明だった。彼は、重力ならぬ自分の行動の〝重さ〟についてはほとんど知らなかったのである。

毒物の因果関係が明らかになったときでさえ、私たちの祖先はしばしば「許容範囲内の危険」の考え方を採用した。水銀は紀元前四〇〇年という昔にスペインで、慢性的な歯茎からの出血、痴呆、最後には死といった重大な健康への影響があるにもかかわらず、採掘された。この場合、危険が許容されたのは、採鉱に従事していたのが受刑者や奴隷だったからである。

利益はその製品を売ったり使用したりする人々にのみ生じるのに、危険はしばしば集団全体に広がる。化学物質は、それが利益を生む場合には、憂慮すべき証拠により有罪であると証明されるまでは、無罪とみなされる。たとえばある殺虫剤工場の労働者たちは、昼食のテーブルを囲んで座り、みんな共通に子供ができないということを話すまで、自分たちが製造している殺虫にさらされていることが不妊の原因だと気づかなかった。

化学物質のおかげでよりよい生活が送れる?

アメリカ経済が人類史上経験したことのない速度で成長した間に、無数の化学物質が世の中にもたらされた。それらの大部分はすぐには利用されなかったが、一世紀もの間いじくりまわされて、この世界は招かれざる客のような残留性分子のただよう、混沌としたスープになった。それらの物質の多くは、洗剤、ニス、プラスチック、マニキュアの除光液、殺虫剤、医薬品のような見慣れた製品のほか、油分除去剤や可塑剤のような工業の舞台裏で使われる製品に加えられる。

労働時間九秒につき一つ新しい化学物質が発見されている。それはディズニーの「ファンタジア」で、魔法使いの弟子を演じるミッキーマウスの指図で行進するホウキの群れのように、「市場の見えざる手」が化学物質の軍隊を呼び出し続けているかのようだ。この軍隊に命令して去らせることは不可能になり、結果として、私たちは私たち自身の廃棄物の海の中で生活しているのである。科学者たちはそれらをPBT（Persistent Bioaccumulative Toxins 残留性・生物蓄積性毒物）と呼んでいる。私たちは、消費財を通して職場でも化学物質にさらされている。そして、水、屋内の空気、体内の組織へ流入する目に見えない粒子によっても攻撃されている。

地球上にはもはや、外に逃げ出した化学物質の分子を含まない場所はない。「九〇か所以上の場所（熱帯および温帯にある途上国数か国を含む）で採取された木の表皮サンプルの中には、それがいかに人里離れた場所であろうと、DDTやクロルデン、ディルドリンが含まれていた」と、「ワールドウォッチ研究所」（Worldwatch Institute）の主任研究員アン・プラット・マギンは『地球白書2000―01』（浜中裕徳監訳、ダイヤモンド社、引用は邦訳より）に書いている。(5)

もし私たちが顕微鏡並みの視力を持っていたとしたら、自分の家の中で恐ろしいものを見て、逃げ出してもう少し人里離れたところ――もっと空気がきれいな場所――へ逃げ出していくかもしれない。プラスチック、カーペットの繊維、殺虫剤の微小な粒子が家族の鼻孔の奥に消えていくのが見えるだろう。そして二度と戻ってこないのだ！　私たちが日常使う製品の中に含まれるあらゆる化学物質による室内の汚染レベルは、特に現代の家庭は省エネ対策や空調のためによりしっかりと密閉されているため、戸外で認められるレベルより二〜一〇〇倍高くなることもある。

逃げるところはどこにもない

デイヴィッド・ピンカートンとメアリー・ピンカートン夫妻は、人を疑わないたちだった。そんな彼らがミズーリ州で「夢の家（ドリーム・ハウス）」を購入した。彼らは仕事が終わると建築現場を歩き回って、自分たちの家がだんだん形をとってくるのを見るのが楽しみだった。引っ越す直前に訪れたとき、デイヴィッドは、新居の下張りの床材に印刷されている健康上の注意書きに気がついた。「合板中の化学物質が原因で、目と上部呼吸器系に炎症が生じる恐れがあります」しかしデイヴィッドは、建築業者を信頼した。「彼は人が住む建物を作ってるんだ。そんなところに人を病気にするようなものを使いはしないだろう」と。

『有毒な欺瞞（*Toxic Deception*）』の著者でジャーナリストのダン・ファギンとマリアン・ラベルは書いている。「新居に越してから一カ月たたないうちに、この夫妻と三人の娘はすっかり具合が悪くなっていた。デイヴィッドは、夕食の支度ができるまで、ふかふかの椅子にずっと座っているしかなく、食後はすぐに寝るのが常だった。（……）ある夜、メアリーが夕食の支度をしようとしていたときのこと、デイヴィッドは彼女が小鍋を手にしたまま壁に寄りかかっているのを目にした。（……）五人とも嘔吐と下痢の発作に襲われ、ほとんど一晩中眠れなかった。娘のブレンダは、バレエが『何より大事なこと』だったのに、もう教室にも行きたがらなくなったと、メアリーは回想する」(6)

ピンカートン一家が引っ越してきて半年もたたないうちに、家を出て行かざるをえなくなった後、州の環境検査官が、家の中のホルムアルデヒドの濃度が基準より何倍も高い一〇ｐｐｍであることを明らかにした。

アメリカ肺協会によれば、四〇〇〇万人ものアメリカ人が、自分の家が原因と思われるアレルギーになっているという。塗料、家庭用洗浄剤、合板、プラスチック、接着剤、壁紙、化粧品、その他一〇〇種類もの二一世紀においてはありふれた製品の攻勢にあって、過去五年間に一五〇〇万の人々がアレルギーになった。

デッドゾーン

顕微鏡並みの視力がなくても、科学者たちは微細なものを見る手段を持っており、最新の装置を使えば、今ではどこを見ても有害な化学物質が見つかる。平均的なアメリカ人の体内には、五〇〇種類もの化学物質が残留している。街の排水溝では、アメリカ人のライフスタイルゆえに流れ出る風変わりな物質が見つかる。鎮痛剤、抗生物質、避妊薬、香水、コデイン、制酸剤（胃腸薬）、コレステロール低減剤、抗うつ薬、エストロゲン代替剤、がんなどの化学療法の薬剤、日焼け止めローション、何種類もの家畜用飼料に由来する合成ホルモンといったものが、ごく微量だが見つかる。これらの化学物質は、汚水処理における微生物、曝気（ばっき）〔訳註・汚水を空気にさらし微生物に酸素を与えて浄化作用を促すこと〕、塩素処理の攻撃に耐え、最終的には、突然前ぶれなしに飲料水の中に出現する。

殺虫剤、鉛その他の工業用合成化学物質に関する記事は全国で新聞の第一面を飾っており、一九七七年から一九九七年の間に、瓶詰めの水の一人あたり消費量が九倍というとほうもない率で増加したのは無理もないことである。しかし、水道料金の一〇〇〇倍もする瓶詰めの水は、高価なだけでなくいくぶん疑わしいと、「天然資源保護協議会」（ＮＲＤＣ National Resources Defense Council）が警告している。市場に出回っている瓶詰めの水の、少なくとも三分の一は水道水を詰めただけであり、それとは別に二五パーセントはごく微量ではあるが化学物質による汚染が認められる。

「昔は、死亡や発がんのように即時に影響が現れる、明らかに有害な作用物質を探していました。現在では、効力がもっと微妙で容易に検出できない化合物を、より詳しく調査し始めました」と、「米国地質調査所」の化学者エドワード・ファーロングは語った。(7) ファーロングは、彼が「スターバックス効果」と呼ぶ、カフェインが水生生物に不要な雑音を与えていることを示す指標を発見して驚いた。カフェインは、アメリカ人の生活を動かしている基本的な燃料であることに加え（年間一人あたり二四ガロン〔約九一リットル〕）、非常に分解しにくく、自然界でもよく検出される物質である。眠ろうとするときにカフェインが血流中に長く残っていることがよくあるように、この物質は河川の中でもなかなか消えない。しかしこういった発見は、私たちの豊かでしばしば忘れっぽい文明が生み出した、水に関する数々の難問のうち最も最近のものにすぎない。

飲料水の十分な供給なしに、経済の活況をどれだけ長く維持することができるだろう？

一〇年以上前、漁師たちがメキシコ湾の「デッドゾーン」（死の海）についての話を伝え始めた。そこでは、網には何もかからず、釣り糸にはあたりがまったくなかった。ミシシッピ川はメキシコ湾に達するまでに、ニュージャージー州の大きさの水域を害するのに十分な量の殺虫剤、（侵食された農地土壌から）流亡した栄養分、石油化学製品を含むようになる。湾内を航行する豪華客船が、未処理の汚水その他の廃棄物を海面に投棄して、それでなくてもひどく痛めつけられた海に追い打ちをかける。規制に抜け穴があるため、客船は合法的に「グレーウォーター」（人間の排泄物を含まない使用ずみの水）をどこででも放出でき、また海岸から三マイル（約四・八キロメートル）以上離れていれば、人間の排泄物や粉砕した食物を投棄することができる。三〇〇〇人の乗客と乗員が乗った典型的なクルーズの客船は、一週間程度の航海で八トンのゴミ、一〇〇〇万ガロン

（約三八〇万リットル）のグレーウォーター、二万五〇〇〇ガロン（約九万五〇〇〇リットル）の油を含んだ水、二〇万ガロン（約七六万リットル）の汚水を出す。(8)
誰かここでスキューバダイビングをするかい？

命取りのものまね

こうした驚くべき事態は今もまさに進行中であり、そのいくつかは別のデッドゾーンである五大湖や北極圏、そしておそらくヒトの子宮でも起こっている。身の毛もよだつような犯罪事件の証拠のように、次々と現れるデータは、私たちが本当に知りたいと思っている以上のことを語ってくれる。科学者でありノンフィクション作家であるシーア・コルボーンは、三〇年にわたって蓄積された多数のデータを取りまとめた。このデータは、自然界における混乱と機能障害を伝えている。生殖器官に発育障害が起こった雄のアリゲーター、鳴かない雄鶏、若鳥の世話をするための巣を作らないワシ、雄が興味を持たないために雌同士で営巣（えいそう）する「同性愛」のカモメ、雄と雌の両方の生殖器官を備えたクジラ、その他の「性的混乱」である。

コルボーンは、化学物質がこの事件の中心的な物証であることは理解していたが、このメカニズムを推論することができたのは、（毒物学における標準的な病気である）がんの発症以外の視点を持ち始めてからである。彼女と共同研究者たちは、ＰＣＢ類、ＤＤＴ、ダイオキシンその他の残留性化学物質が、ヒトの体内に入ってそこで脂肪組織に蓄積され、自然界の被捕食者から捕食者へ、そして母親から授乳されている赤ん坊へと受け渡されていくのを追跡した。鍵となった発見は、これらの残留性化学物質が内分泌系にもぐりこみ、エストロゲンやアンドロゲン、つまり女性ホルモンや男性ホルモンのまねをすることだった。これは「誤った伝達」という致命的な問題である。体内の化学伝達物質であるホルモンが、不適当なときに不適当な量放出されたり抑制されたりすれば、私たちは生命をうまく維持することができなくなる。

たとえば、カナダの環境毒物学者ピエール・ベランは、九〇年代初期にセントローレンス川の岸に打ち上げられたクジラの死骸の調査を始めたが、ときにはあまりに毒性が強すぎて有害廃棄物として処分できないこともあった。解剖するとたいてい、乳房の腫瘍、胃の腫瘍、嚢胞（のうほう）といったもの――すべて工業生産がどれほど狂ったことをしでかしているかを示す指標――が恐ろしいほど混在していた。

内分泌機能の崩壊が人間ではなくこの惑星の野生生物の命を奪っているだけでも、十分痛ましいことだ。しかし現在では研究により、一部の科学者たちが何年もの間疑ってきたことが明らかにされつつある。それは、内分泌系の機能は動物界全体にわたって類似しているため、ヒトもけっして免れることはできないということである。ある研究で、妊娠期間中にＰＣＢに汚染された魚を食べた母親から生まれた子供の健康状態が調査された。胎内でＰＣＢにさらされた二〇〇人の子供は、そうでない子供たちに比べて、平均して早産で体重が軽く、ＩＱが低かった。(9)

バイアグラを食べさせるしかない？

別の研究で明らかになったことだが、めったに検出されないある種の合成樹脂の分子が予想していないときに実験用の容器から染み出て、エストロゲンそっくりの作用をしたため、ヒトの乳がん細胞を使った実験においてがん細胞の異常増殖を起こした。また、最も驚かされるのは、一九九二年に行なわれた二〇カ国一万五〇〇〇人の男性の精子に関する調査で、一九三八年以降、ヒトの造精能力が五〇パーセントも減少したことがわかったことだろう。

「ここで合成化学物質が、精子数を激減させているのと同じように、人類の知能にも知らず知らずのうちに悪影響を及ぼしているとしたら、社会は一体どうなるだろう?」(長尾力訳、『奪われし未来』邦訳、翔泳社)(10)と、『奪われし未来』の著者であるシーア・コルボーンたちは書き、多動や攻撃性あるいはうつ病——いずれの行動もホルモンによって調節される——の発生率の増加と化学物質との関連性についても推測している。

こうした「産業の下痢」を引き起こす製品は、表面的には十分無害に見える。合成樹脂の包装材、おもちゃ、自動車、コンピュータの基盤。しかし、危険な化学物質をその源、そして終点まで追っていくと、途中のどの段階でもぬかるみの中を泥水をはね上げながら歩くことになる。いつも食べている皿の上のベーコンも、ジャーナリストのウエブスター・ドノバンが以下に述べているように、まさに「産業の下痢」をもたらす。

養豚業はかつて、ノースカロライナ州のある積極的な農家がそれをビッグビジネスにするまでは、家族経営で行なわれていた。しかしこの急拡大した全国民的産業は、ひとつの歓迎されざる副産物を大量に生み出している。——それは、水と空気を汚す、何百万ガロンもの豚の排泄物である。

最初に襲ってくるのはその臭いだ。ハンマーのように鼻の神経にガツンと一撃を加え、それから頭の中へ入り込み、脳をガタガタ揺さぶる。こんな想像をするといい——じめじめした日に汚い犬が走っている。密閉したビニール袋に、長いこと洗っていないおむつが入っている。夏真っ盛りの太陽の下で、車ではねられた動物の死体が膨らんでいく。これがその臭い。屋外便所と麝香（じゃこう）を半々、そして歯を食いしばって気つけの一杯、アンモニアを加える。

近年、この鼻をつくアンモニアと、腐った肉のようなケトンと、いたんだ卵のような硫化水素との強力な混合物が、アメリカの田舎じゅう、何万軒もの家——そして何百万エーカーもの土地——に侵入している。その蒸気は目に見えないまま漂い、ときには上昇し数時間あるいは数週間ほど消えていることもあるが、近所の人が葉っぱをかき集めたり、フロントガラスから氷をかき落としたり、家族で野外料理のテーブルをセットしていたりする間に戻ってくる。(11)

そろそろ産業革命——最初から廃棄物の下痢に苦しんでいた——にさよならを言い、新しいエコロジカルな計画と慎重さの時代に入るときではないだろうか？

第13章　アフルエンザ・ウイルスがもたらす中毒

買い物への衝動が津波のように彼らに押し寄せる。彼らは一種のトランス状態、中毒性のハイな状態に入り、何を買っているかはほとんどどうでもよくなる。

——オリビア・メラン（心理療法家）

私の家では、お金が愛情表現のかわりになっていました。それで、私は後になって、自分への愛情を示すためにお金を使うようになったのです。

——匿名債務者の会への参加者

あなたの他に少なくとも三五〇〇万人はいるコーヒー依存症者（一日に四～五杯）にとってはコーヒーが人生であり、残りの人たちもいずれそうなるだろう。

しかし、コーヒー依存症はけっして「最悪」のものではない。一四〇〇万人のアメリカ人がドラッグに手を染め、一二〇〇万人のアメリカ人がアルコール依存、そして六〇〇〇万人がニコチン依存になっている。五〇〇〇万人のアメリカ人がギャンブルに収入や貯金をつぎ込むのをやめることができない。

そして少なくとも一〇〇〇万人が、次から次へと物を買うのをやめることができない——長期的にはこの買い物中毒が、すべてのうちで最も破壊的な中毒かもしれない。(1)

ニューヨーク市内のデパートの宣伝係であるリアンは、買い物客としては問題がある。彼女は毎年、店の服やアクセサリーを二万ドル以上も従業員割引で買う。ボーイフレンドと別れて、自分の荷物を彼のアパートから持ち出すとき、ついに自分は買い物依存症かもしれないと思った。

「一部の女性は、自分のところとボーイフレンドのところの二つのアパートで生活しているため、たくさん買い物をする傾向があります」と彼女は話す。「その場合、自分の洋服ダンスを一つのものとしてながめることはしません。でも私は、自分がどれほどたくさん同じ物を持っているか見たとき、自分はおかしくなっているのかもしれないと思い始めました」(2)

物への依存症は簡単には理解できない。それは不安、孤独、自尊心の低下などが入り混じった煮えたぎる大釜である。「私は、他の人と同じように見えるのがいやで買い物をしているのだと思いたいのです」と、リアンは本名をふせて打ち明ける。「でも本当は、自分自身のとおりに見えるのがいやだからなんです。何か新しい物を買って自分へのイメージが気分的によくなる方が、自分自身を変えるより簡単です」

依存症者は、再びいい気分になるために、より多くのものを求める必要がある。中毒性の物質あるいは行動は、日常生活の不快な感情を取り除き、渇望からくる凝り固まった緊張も解放する。その目的は、パワーを感じることができて心配のない気ままな状態になることである。大酒飲みは突然解き放たれて抑制されない状態になるが、きっと世界で最も愉快な人間だ。ギャンブラーは、スリルと期待で意気揚々とした気分になり、幸運の女神に微笑んでもらえるよう、ありったけを賭ける。買い物依存症の人は、数日前にドレスを買ったときに感じた高揚感を求める。そのドレスをまだ箱から出してもいないというのに。

ミネソタ大学のロナルド・フェイバー博士によれば、強迫的に買い物をする人は、しばしば買い物をしているときに感覚の高まりをおぼえるという。色や手触りがより強烈に感じられ、極度に高い集中力が得られることが多い――これは通常の意識状態とはいえない。極端な買い物依存症者のなかには、自分のハイな状態をドラッグでの経験になぞらえたり、買う瞬間をオルガスムにたとえる人もいる。(3)

「私はスエードの匂い、シルクの滑らかな手触り、包装紙のサラサラという音に病みつきになっています」と、ある買い物依存症者は認めた。彼女はまた、無理やり店員の注意を引くことが大好きである。彼女のクレジットカードは常に使える状態になっているから、望むときにいつでも買い物をすることができる。自分にはパワーがあると感じることができるのである。

「これで十分」ということはない

だがショッピングのわくわくする感じは、物への中毒の一面でしかない。多くのアメリカ人が、買ったものによって「個人の要塞」を築くことにも夢中になっている。それが新しいゴルフクラブのセットであろうと、セーターや靴でいっぱいの大きなクローゼットであろうと、申し分のない物を持って周りに恥ずかしくないサインを送り続けることは、買い物依存症の人をある程度安心させる。問題は、世の中のサインは変化し続けており、このため当人はけっして満足することがないということである。コンピュータはメモリが十分となることも、理想の速度に達することもけっしてない。衛星にリンクしたカーナビを搭載していないSUVなんて、自分がどこにいるかどうやって知るのだ？　電話はキャッチホンとナンバー・ディスプレイ機能がなければ時代遅れだ。氷が自動的につくれない冷蔵庫。居間の壁より六フィート（約一八〇センチ）も狭い大画面テレビ。アフルエンザにかかり始めると、このような不足は受け入れがたくなる。

経済学者はこれを「限界効用逓減（ていげん）の法則」と呼ぶが、この専門用語の意味するところは、「そこにとどまるだけのためにより速く走らなければならない」ということである。社会心理学者のデイヴィッド・マイヤーズは、これを「二切れ目のパイも、二度目に手にする一〇万ドルも、けっして最初のときほどおいしくない」と表現している。(4)

しかし、このように見返りが少なくなっていくことがはっきりしているにもかかわらず、アフルエンザの犠牲者は「もっともっとモード」のままで、いつ止まるのかもどうやって止めればいいのかもわからない。パイを食べても結局満足しないとき、私たちは満足するためにもっとパイが必要だと考える。この時点ですでに、アフルエンザ・ウイルスは中毒を引き起こしている。「消費が病的になるのは、その重要性が満足の減少に反比例してどんどん大きくなるからです」と経済学者のハーマン・デイリーは述べている。(5)

この中毒性のウイルスの引きがねを引く社会的要因は、第一に供給サイドの「ヤクの売人（ばいにん）」によるところが大きい。たとえば、私たちの車社会にとって中毒的存在となっているハイウェーが詰まると、供給側はさらにハイウェーを作って利用させ、それもたちまち詰まってしまう。私たちが一定レベルの性的に露骨な広告に慣れると、売人はさらにもう一段階、そしてまたさらにと押し進め、ついには全国放送のコマーシャルで、一〇歳かそこらの子供が思わせぶりな下着姿を見せることになる。

レストラン、ファストフードのチェーン店、映画館でも同じことが起こり、一人分が大きく、そして巨大になっていく。食べ物の皿は大皿になり、巨大バーガーは超巨大バーガーになり、ポップコーンの箱はバケツになる。次は何だろう。台車が必要なほど大きな樽だろうか？　私たちの胃袋は多くなった分量に合わせて拡大し、すぐにその分量を正常とみなすようになる（しかし、六四オンス〔約二リットル〕のソフトドリンクが正常だろうか?!）。

ときには、もっと多くもっと大きくなるだけでは足りない。私たちは、見慣れた製品や行動で消費の高揚感を維持することができないときは、新しい高揚感を探し求める。スポーツは極端なもの、あるいは空想のものになり、スリルを求める人々は高層建築物からバンジージャンプをしたり、インターネットの仮想スポーツ・リーグで賭けをしたりする。とほうもない報酬をもらっている現実のプロスポーツ選手でさえ、それで十分ということはない。輝かしい有望な若い野球選手が年に一〇〇〇万ドルでサインすると、七〇〇万ドルしか稼いでいないベテランが突然不満を感じる。これがアフルエンザ中毒の状態であり、多すぎるくらいあってもけっして十分ということはないのである。

むなしさを埋めるためのショッピング

さまざまな依存症の類似性には驚かされる。病的な状態が普通になると、依存症者は習慣を続けるために必要なことは何でもするだろう。ギャンブラーと浪費家は同じように小切手が不渡りになり、友人から金を借り、自分の習慣を続けるために借金にはまり込んでいき、しばしば自分のやっていることで家族や恋人に嘘をつく。

中毒的な行動パターンと、私たちの文化と環境にあいた巨大な穴との間に関連性を見出すのは難しくない。ちょうどギャンブラーが賭け事を続けるために家族の財産を売るように、中毒的になった消費者は、値段のつけようもないほど大切な自然や心の満足、伝統を犠牲にして、間断のない買い物の流れを維持しようとする。

心理学者は、病的な買い物は普通、より認められ受け入れられることの追求、怒りの表現、あるいは幻想への逃避（これらはすべて不安定な自己イメージにつながっている）と関連していると述べている。ロナルド・フェイバー博士はこんな話を書いている。


一人の駆り立てられたような買い物客が極端に高価なステレオとテレビを買ったが、好きな音楽や番組の種類について聞いてもほとんど興味を示さなかった。やがて明らかになったのは、近所の人たちが彼を電気機器のエキスパートだと思いこみ、買い物をするときにアドバイスを求めてやってくることが、彼の買い物の動機の中心になっているということだった。(6)


フェイバー博士は、怒りはしばしば病的な買い物に形を変えると報告している――たとえば借金が、その人の配偶者あるいは親に仕返しするためのメカニズムになる。別のケースでは、極端なショッピングが現実からのつかの間の逃避となっていることもある。

買い物は、個人が重要とみなされ尊敬される幻想の世界に逃避する道を開く。クレジットカードを持ち、それを使用することにより、自分にはパワーがあると感じることができると言う人々がいる。また、販売員に注意を向けられ、高級な店で名前を知られることで、重要で地位のある人物になったような気持ちになる人々もいる。(7)

人々の頭の中は?

もし、地元最大のショッピングモールで忙しく一心不乱に買い物をしているお客の頭の中を読むことができたら、あきれはてるのではないだろうか。「癒し」の真っ最中の買い物客でモールがいっぱいになっているのを見て、きっと、自分は少しはましだと感じるだろう(私たちはみんなまともじゃない!)。少なくとも一〇人中三人は、家のことや仕事が手におえなくなると、ショッピングモールへ逃げ出す。特に何かを買おうというわけでもなくやってきて、人々の近くにいて少しでも寂しさをまぎらわせたいと思っているだけの人もいる。

ある女性は、最近自分の財布からお金をくすねた息子のために怒りながらプレゼントを買っている。何人かのティーンエージャーが、新しい服でその夜のデートがうまくいくことを懸命に願っている。買い物客の少なくとも一〇人中六人は、そこで受けるあらゆる刺激から幸福感を感じているが、それは不安の裏返しの幸福感である。それら一人一人の買い物客は、罪悪感、恥、混乱といった消費への後悔の念が、店を出るとすぐに待ち伏せていることを、過去の経験から知っている。

それでも彼らが何度もやって来るのは、重い依存症になっているからである。

トーマス・モナハンがしたように、すべてを食いつくす病原菌を退治する方法を見つけない限り、そのような状態になる。一九九一年、このドミノピザの創業者は、突然、自分の見事な財産の多くを売却し始めた。それには天才建築家フランク・ロイド・ライトが設計した三軒の家と、三〇台のクラシックカーが含まれ、そのうちの一台は八〇〇万ドルのブガッティ・ロワイヤルだった。数百万ドルの家の建設が中止され、「過度のプライドの源」にすぎないからと、野球チームのデトロイト・タイガースさえも売却された。「私が買った物は何も――本気で「何も」と言っているのだが――私を本当に幸せにはしてくれなかった」と彼は語ったという。(8)

第14章　不満は保証されている

私たちが考えつく満足感にひたる唯一可能な方法は、今持っているものをもっと多く手に入れることです。しかし今持っているものでは、誰もが不満です。だから、それがもっとたくさんあったからといってどうなるのでしょう――今より満足するのでしょうか、それとももっと不満になるのでしょうか？

――ジェレミー・シーブルック（心理学者）、インタビューに答えて

私たちにあるのはますます多くの、大きな家と崩壊した家庭、高収入と低い意欲、保証された権利と衰退した礼儀である。私たちは生計を立てることには秀でているが、人生を生きることにはしばしば失敗する。自分の成功を祝うが、目的を切望する。自由を求めるが、人とのつながりも求める。豊かさの時代に、私たちは精神的な飢えを感じている。

――デイヴィッド・マイヤー（心理学者）

部屋に入って、何のためにそこに来たのか忘れているようなものだが、私たちの場合、忘れているのは文化全体のことである。私たちは、「何のための経済なのか？」と問うのを忘れているのだ。

アメリカの新たな黄金時代への途上で、私たちは回り道をしたようだ。一つ一つの行動がすべて商取引になると同時に、値札とバーコードが私たちの生活をあまねく覆い始めた。食べること、娯楽、人との交わり、健康、そして宗教さえ、すべてが売買できる商品になった。眠るため、あるいは精力をよみがえらせるために薬を飲む。食べるために、何かファストフードをわしづかみにするか、ケータリング業者に三品料理の配達を頼む。運動するためにヘルスクラブに入る。面白半分にインターネットで電子商品を買う。タバコをやめるためにニコチン・パッチ〔禁煙補助剤〕を買うか、医者に笑気ガスを吸わせてくれと頼む（けっして冗談ではない）。

生きるために私たちはあらゆるものを買う。しかしそうした生き方を持続するのは不可能だ。信託財産から引き出せる金（あるいは地下から掘り出せる化石燃料や地下水）は限られている。車を（それが高価なレースカーでも）走らせることができる距離も限られている。

アメリカのカーレース的なライフスタイルは、急速に燃え尽きようとしている。それはこのライフスタイルが、生命と天然資源と健康を大量に消耗させる、長くストレスに満ちた労働時間を必要とするからである。このライフスタイルでは、私たちは市民としての活動と人との交流の両方を、消費で代用するようにプログラミングされている。そして、このライフスタイルは非物質的なニーズに物質的な品物で応えようとするが、それは勝ち目のない戦いである。

ゲーム・オーバー

心理学者のリチャード・ライアンは、物質的豊かさが幸福を生み出さないことを明らかにしたいくつかの調査記録――なかでも彼自身のもの――を提示する。「私たちは、内面からしか得ること

のできないはずの満足を、自己の外に求め続けているのです」と、彼は説明する。(1)

人類は、愛を与え、またそれを受け取るというような本質的な目標に達することで、幸福を得ることができる。金銭的な富、名声、外見のような外的な目標は代用の目標であるが、しばしば人々はそれを求めて、「裏返しの」報酬で自らを満たそうとする。「外的な目標を持つ人々は、外の世界を征服するために自我を研ぎすますのですが、内面の世界はどうやって旅していけばいいのかわからないのです」と、ライアンは語る。

そして、「私たちは、しばしば不幸と不安が富の追求を始めるきっかけになることを立証しました」と、彼は続ける。依存症はしばしば子供時代の虐待が原因だとする証拠もあることを考えれば、これは意外なことではないだろう。ライアンと共同研究者のティム・カッセルは、一四〇人の若者について三回にわたり調査を行なった。その結果、富と名声を得たいという願望を持つ若者は、自己受容、家族や友人、そしてコミュニティ意識に願望が向けられている若者に比べて、うつ状態になりやすく自尊心が低いことが明らかになった。

「富を追求する人々はまた、頭痛、胃痛、鼻炎の発生率が高かった」とライアンは言う。人間は本来的に好奇心、自律的な動機づけ、陽気さをそなえて生まれるが、これらの特性が、自律的な動機づけによる選択や目標よりもむしろ外部から与えられる「期限、規制、脅威、命令、押しつけられた価値観、課せられた目標」によって押しつぶされると、ライアンは考えている。外的な目標の起源について興味をいだいた彼らは、家族からの影響に目を向けた。

「支配的で冷たい母親を持つ人は、金銭のような外的なものに自己の価値と安心の基礎を置こうとする傾向が強いといえます」

ライアンらの発見は、金持ちはいつも不幸だと証明しているわけではない（不幸な人もいればそうでない人もいて、それはどのように金を使うかによる）。しかし彼らは、外的な目標を求めることによって、人、自然、コミュニティとの強いつながりが絶たれることがあり、それが私たちを不幸にすると指摘する。

機能障害と他者との断絶は、今日では、金持ちでも貧乏人でも同じようにみんなの人生を遠回りさせている。環境学者ドネラ・H・メドウズは、『限界を超えて――生きるための選択』（邦訳、ダイヤモンド社）の中で、その核心をついている。

人は巨大な自動車を必要としているのではない。彼らが必要としているのは尊敬である。またクローゼットに入りきらないほどの洋服を必要としているわけでもない。彼らが必要としているのは、自分を魅力的だと感じること、わくわくする気分、多様性、美しさなのである。人は電子機器による娯楽を必要としているわけではない。日常の中で何かやる価値のあることを必要としているのだ。例をあげればきりがないが、人が必要としているのは、アイデンティティ、コミュニティ（共同体）、挑戦、社会的受容、愛、喜びといったものである。こうしたニーズを物質によって満たそうとしても、けっして満たされることはない。それでも人は、この真の問題に対する解決法を誤った方向に際限なく求め続ける。結果として生じる心の虚しさこそ、物質的成長を求めさせる大きな要因の一つである。（松橋隆治・村井昌子訳）(2)

調査によれば、アメリカ人は満足の「本当の源」との結びつきをとりもどすことを切望しているが、どんちゃん騒ぎ、壊れて動かなくなった機械類、クレジットカードの請求書といったものすべてをくぐり抜けてそこへ戻る道を見つけることができないでいる。「どれくらい良いか」ではなく「値段はいくらか」としか考えない人は、アフルエンザへの抵抗力が弱いことが臨床的に証明されているが、私たちはこうした思考パターンが身についているのである。その避けられない結果として、不満しか残らないことは保証ずみだ。「量」は「質」のように満足をもたらすことはできないし、仮想現実を無限に供給したところで、けっして本当の現実にはならない。

豊かさのもう一つの見方

友人、技能、知識、手つかずの自然、そして午後のうたた寝といった本物の富を持てば持つほど、幸福になるために必要なお金は少なくてすむ。堺屋太一が著書『知価革命——工業社会が終わる　知価社会が始まる』（ＰＨＰ研究所）で書いているように、歴史を通じ、すでに多くの文明がこの真実を発見している。レバノンの杉と北アフリカの表土がなくなったとき、これらの地域の人々はやっと気がついて、物質的な物の代わりに知識、遊び、儀礼、コミュニティの価値を選び直した。そして彼らの文化はさらに豊かになった。状況が変わり、人々は「幸福はより多くの物を消費することから生まれる」という原理から離れた。単により多くの物を生産し消費するだけのためにへとへとになるまで働くのは、すべきことではない。本当に上流のライフスタイルは、人の心と魂を豊かにする自由な時間が許されるものだった——そしてこれが宗教への関心の大きなうねりにつながった。中世の人々は、共有されたビジョンへの忠誠と信頼を重要視した。(3)

日本の文化は、資源の乏しい時代に、剣術、柔術、茶道、華道、碁、その他多くの洗練された文化を発展させた。堺屋によれば、彼らの文化は〔江戸時代に〕高度に発達し、鉄砲は紛争を解決する方法としてあまりにも野蛮で破壊的であるとして禁止された。

人間主義の心理学者アブラハム・マズローは、一九三〇年代にカナダのブラックフット・インディアンの文化を観察し、彼もまた、豊かさの概念は社会が築いたものであり、一部は本能に、一部は平等、多様性、さまざまな能力、社会的に称賛に値する目標の追求にその基盤があることを発見した。

「部族の豊かな男たちは、毛布、食料、さまざまな物の包み、そしてときには一箱のペプシコーラなどの物を山ほどためる。（……）私は、サンダンス〔訳註・北米先住民が行なう太陽と結びついた宗教儀式で、さまざまな舞踏からなる〕の儀式で一人の男がもったいぶって歩き、悪びれもせず、自分の手柄を自慢したのを覚えている。（……）そしてそれから彼は、なんらの屈辱も感じていないような、誇り高く堂々とした様子で、自分の富の山を寡婦（かふ）や孤児、そして目の見えない者や病人に分け与えた。儀式が終わるときには、彼はすべての財産を失って、着ている服以外には何も持たずに立っていた」(4)

マズローは、富に対するこのような考え方は、物質的満足よりも高い価値観に基づいていると主張している。

階段の下の方？

誰でも、健康で、賢く、陽気でリラックスしていて、自然で、気前がよく、偏見がなく、愛情あふれたユニークな人――普通は老人――を一人や二人は知っている。自分のことより周りの問題に注目し、何がまっとうなことで何がそうでないかをはっきりと判断できる人だ。彼らの場合、仕事より「生きること」が意図的に優先される。彼らにとって仕事は遊びであり、それは自分の好きな仕事を選択しているからである。

アブラハム・マズローは、このような人々を「自己実現した」人と呼んだ。彼は、人としての基本的な必要性を満たし、そして自分自身の導くところに従って、欲求の階段を充足へと向かって上っていく人間の可能性に信頼を寄せた。マズローは、一九六九年に亡くなる前に、大部分のアメリカ人は基本的な肉体的欲求と安全の欲求をすでに満たしており、少なくとも「愛と帰属」の段階にまで進んでいると結論した。多くの人々はそれよりも高いところに達していた。

しかしアメリカ人はアフルエンザによって弱くなり、この三〇年で階段を滑り落ちたのではないかという疑問がわく。マズローの階段は、漫画の中に出てくるように、つるつる滑る油で覆われてしまったのだろうか？　世論調査によれば、私たちは今、以前よりも怯えをいだいている。犯罪、失業の可能性、悲劇的な病気についての不安が増している。毎年五万人以上のアメリカ人が医療過誤で死亡しており、このため私たちはみな自分の健康についてますます不安になっている。

スプロール現象（六四ページ参照）が人々の間に距離を生じさせている現在、どうすればコミュニティの本質的な欲求を満たすことができるのだろう？　私たちのコミュニティの美しい緑地が、新しいショッピングモールやどの家も同じような住宅地をつくるために平らにならされていくのに、どうすれば美と安全とバランスを感じることができるのだろう？（自分の新しい家を探す唯一の方法が、ガレージの扉を開ける「家発見装置（ハウスファインダー）」のボタンを押して、どの家の扉が開くかチェックすることだったりする。）自分の仕事が環境破壊、社会の不平等、生き物たちからの切り離しを助長し

マズローの欲求の階層構造

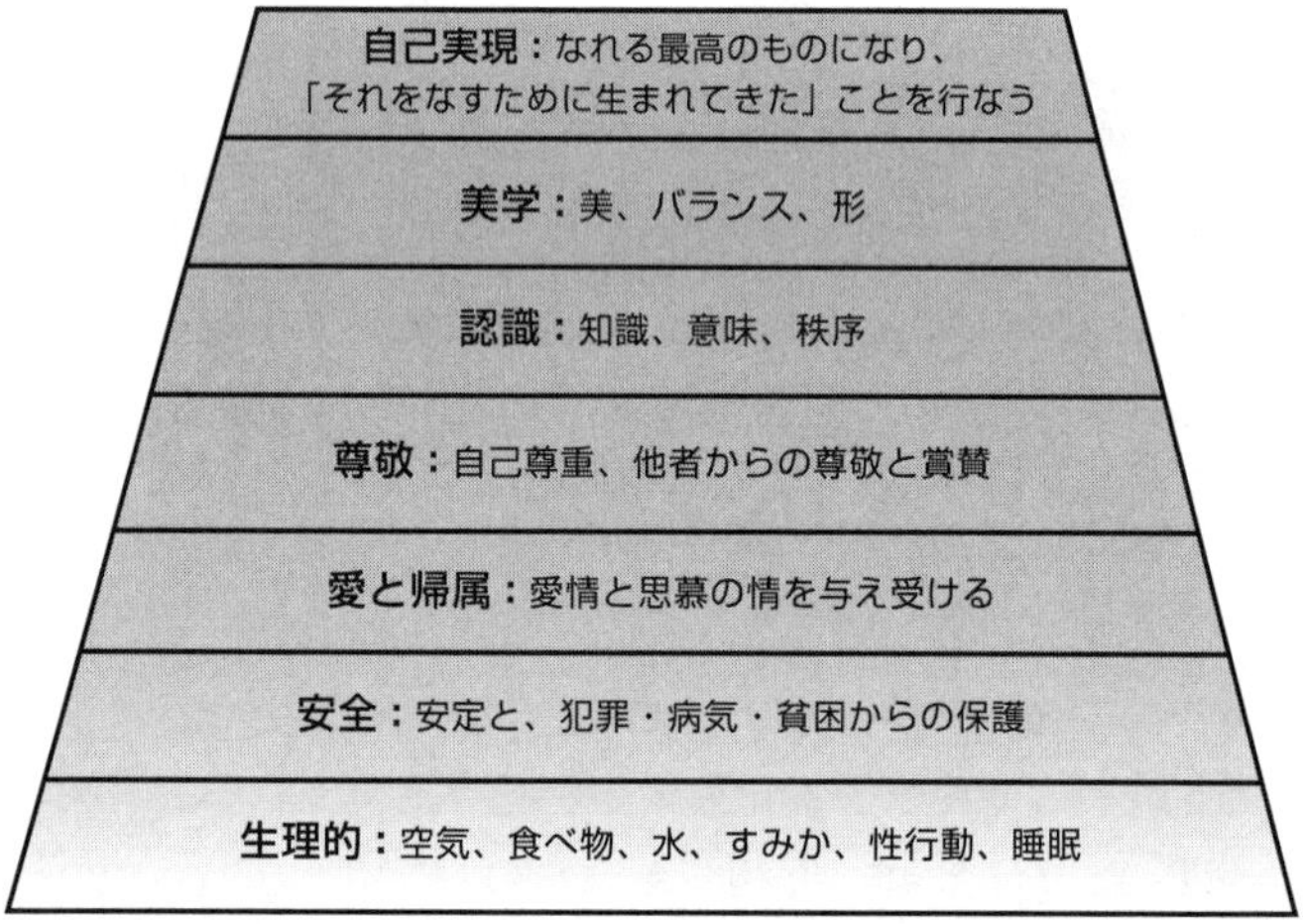
自己実現：なれる最高のものになり、
「それをなすために生まれてきた」ことを行なう
美学：美、バランス、形
認識：知識、意味、秩序
尊敬：自己尊重、他者からの尊敬と賞賛
愛と帰属：愛情と思慕の情を与え受ける
安全：安定と、犯罪・病気・貧困からの保護
生理的：空気、食べ物、水、すみか、性行動、睡眠

ている場合、どうすれば仕事の中で自尊心を保つことができるのだろう？（心臓発作の発生率が最も高いのは月曜日の朝で、明らかに仕事へ行くより死んだ方がましだという人もいるようである）

アメリカがオートメーションでできた製品を一方的に消費させられる人々の国になって以来、今ではもう、仕事の中で自分の手を使ったり工芸的センスを生かしたりすることができる人は少なくなっている。その結果、創造的な満足は知識、意味、美、バランス――すべてマズローの階段の上の方にある――とともに、混乱のうちに失われる。

心理学者、人類学者、芸術家、そして私たち自身の頭の中でかすかに聞こえる声が、アメリカは本当は富についての新たな定義づけを望んでいるし、急いでそれを行なう必要があると言っている。もし私たちが自分の非物質的な富の源泉を豊かにすれば、必要なお金（そして労働）がどれほど少なくてすむことだろうか。もし私たちが自分自身で楽しみを「生産」すれば、私たちが経済的に必要とするものはかなり減るだろう。たとえば音楽を勉強する、庭師や木工の技術を修得する、博識で話し上手になる、チケットを買ってスポーツを観るのではなく、自らプレーヤーになるといったことだ。仕事場、店、レクリエーションの場に近いところに住んで、必要な移動手段（そして運動）の一部を徒歩にすれば、平均的な人が車のために一年間に使う七〇〇〇ドルのうち、かなりの部分を節約することができる。

十分な食事、満足のいく仕事、定期的な運動は、私たちがショッピング・カートに入れる高価で不必要な薬からくる副作用と縁を切らせてくれるだろう。アメリカでは薬の副作用で年間三万人が死んでいるのだ。健康的な食材を使って料理すれば、私たちの舌にある味蕾（みらい）、神経細胞、白血球は元気になり、健康保険にかかる出費を減らすことができる。エネルギー効率のいい家に住めば、公共料金の支払いを少なくとも三〇〇ドルは削減でき、家もより快適になる。こうした変更は、何かを失うことなしに生活の豊かさを増し、請求書の額とストレスと無駄を減らすことである。質は、量よりも深い満足をもたらすのだ。

マズローは、基本的な肉体的欲求を「欠乏の欲求」と呼び、食べさえすれば、食べ物の欲求は満たされると考えた。また、(道端ではなく)家あるいはアパートに住んでいるなら、すみかの欲求は満たされているとみなした。しかし、こうした彼の欠乏の概念では、食物やすみかの「質」、あるいはその欲求が、それを満たしてくれるシステム(農場、森林、漁業など)を損なわないやり方で供給されているかどうかは、問題にされなかった。個々の満足は、最終的にはそのシステムの安定性に依存するのだが。

マズローは、「もう十分にあること」や、基本的欲求による過剰な消費の意味することを考慮していなかった。また彼は、欲求を満たす効率――生産と利用のテクノロジーと道筋――に本当に踏み込むこともしなかった。もしテクノロジーに無駄が多く破壊的であれば、それは自然に傷跡を残すので、結局満足を届けることはできない。

私たちの自由市場では、無駄自体が重要な商品になったが、それを誇りに思うのは難しい。銀行や政府が出す貸付金や奨励金は、私たちを無駄の多い計画やアプローチに導き、さらには自己実現の追求を挫折させる。要するに、私たちの経済システムは、不満に向かうようプログラムされているのだ!

「フォークがあなたと共にあらんことを」

欠点はあるもののマズローの考えた欲求の段階説は、人間や文化の成長を探るための道具として、今でも広く使われている。ここではそれを使って、アフルエンザがどれほど満足の障害になっているか見てみよう。スーパーマーケットから、ふくれあがった買い物袋を自動車へ運んでいるところを想像してほしい。その袋にはどんな「価値」が入っているだろう？　その食料でどんな健康が得られるだろう？

一九五〇年から二〇〇〇年の間に、所得に対するパーセンテージでみれば、アメリカは食料一単位あたりの費用が世界最低になったが、一方、一人あたりの医療費は最高になった。どんな関係があるのだろう？　スーパーの買い物袋の中の品物も、私たちの習慣、そして産業の習慣も無害とはいえないのだろうか？

アメリカでは、飢えよりも肥満の方が健康を脅かす大きな問題となっている。通常の食事は脂肪分と糖が多すぎ、精製されていないゆっくりと消化される炭水化物が少なすぎるため、アメリカ人の七一パーセントが平均一〇ポンド（約四・五キログラム）ほど太りすぎている。毎年推定三〇万人のアメリカ人が、不健康な食事と慢性的な運動不足によって死亡している。少なくとも一五〇〇億ドルが肥満の防止と、肥満に関連した病気の治療のために使われており、ＧＤＰは私たちの胴回りに比例してふくらんでいる。私たちががつがつ食べ続けている間に、買い物袋の中身が、糖尿病、胆嚢（たんのう）の疾患、高血圧、がんをもたらし、卒中の危険性を高めている。

アメリカ人がやせようとしては失敗しているうちに、肥満防止と医療関係の産業は特に大きく成長している。買い物袋は、色とりどりに包装されたフラストレーションの素でいっぱいだ！　平均すると私たちは毎年およそ五五ガロン（約二〇八リットル）のドラム缶一本分のソフトドリンクをがぶ飲みし、年間二五〇ポンド（約一一三キログラム）の脂っこい肉を食べ、毎日ティースプーン五三杯分に相当する糖分を摂取している。

私たちの食事の不満の多くは、加工食品が与えてくれる生命力が乏しいことからきている。食品の選択について支配権を失ったことも不満につながっている。砂糖がよい例である。一九九七年には、アメリカ人の一人あたり砂糖消費量は、生産された砂糖の大部分が直接家庭に届けられていた一〇〇年前に比べて、四分の三ほど多くなった。当時の人々は食事をほとんど自分で用意し、その中に入れる砂糖の量を決めていた。今の世の中では、私たちは多くの点で支配力を失った！　現在では、生産される砂糖の四分の三以上が、買い物袋の中の加工調理ずみ食品の中に入っている。

高タンパクの食事は、不適切なやり方で欲求を満たす例の最たるものである。アメリカで生産される穀物の七〇パーセントを家畜が食べるが、もし人間がもっと多くの穀物を直接食べれば、私たちの食事は一ポンドあたり七～八倍効率がよくなるはずである。そうすれば、水路を汚染する牛、豚、鶏の糞の山を減らし、穀物のエネルギーも無駄にしなくてすむのである。

日本と中国が西欧の食事を採り入れるようになってから、それに伴って動脈硬化や冠状動脈疾患など以前はまれだった西洋病が発生するようになったと、自然医学の第一人者アンドルー・ワイルは述べている。「伝統食をたべている日本人女性は世界でもっとも乳がんの罹患率が低いグループに属するが、その人たちがアメリカに移住してアメリカ食をたべはじめると、乳がんの罹患率は急上昇する」（上野圭一訳、『ワイル博士の医食同源』邦訳、角川書店）(5)

ワイル博士は、食事という行為には、消費者からの食品の見方（それは油っこいか、サクサクしているか、甘いか、塩辛いか？）よりずっと大きな意味があると書いている。食事は重要な社交の場だったと、彼は説明する。「コンパニオン（仲間）」という言葉は、もともとは「パン（食事）を共にする」という意味である。質の良い食べ物は満足と充足感をもたらすが、質の悪い食べ物は、不健康、イライラ、残留殺虫剤、がん、農場の土壌浸食をもたらし、巨大アグリビジネス〔訳註・農産物の生産から加工、流通、情報サービスまでを同一企業が一貫して行なう形態〕が進出してくると農村のコミュニティは失われる。ジャンクフードは、私たちがマズローのいう欲求の階段の頂上に達する可能性を小さくする。悲しいことに、過剰な食事によって、可能性の頂上へ向かって登るエネルギーとやる気を欠く無気力な人間や、異常に活動的な人間があまりに多く生み出されている。

目的はセックス？

自己実現のための必要条件は、金銭的な富ではなく、信頼できる生き生きとした人間関係である。私たちの文化においては、セックスは、自己実現への足がかりとなるよりむしろ障害になることがある肉体的欲求の一つである。セックスは本能的に非常に抗し難いものなので、アフルエンザの最も毒性の強いキャリアの一つになった。セックスは売れる。しかし食べ物と同様、これは本来、人と人との基本的な絆でもある。

精神分析学者エーリッヒ・フロムは次のように書いている。

「分かち合う経験は、二人の個人の間の関係に生命を与え、またその生命を維持する。（……）自然は性行為において、楽しみを分かち合うことのいわば原型――あるいはシンボル――を創案したが、経験的には、性行為は必ずしも分かち合った楽しみではない。行為者たちはしばしばあまりにもナルシシズム的で、自己中心的で、所有欲が強いので、ただ同時的快楽とは言えても、分かち合

った快楽とは言えない」(佐野哲郎訳、『生きるということ』邦訳、紀伊國屋書店)(6)

孤独と非現実から新しく生まれた偶像である「サイバーセックス」は、普通のセックスに比べて、非常に自己陶酔的なものである。健康問題のコラムニスト、ジェーン・ブロディは「ニューヨークタイムズ」でこう書いている。「インターネットの費用の手ごろさ、アクセスしやすさ、匿名性が、コンピュータで性的刺激を求める男女の間に新たな心理的混乱を巻き起こした。これら中毒者の中には、オンラインポルノの画像を見てマスターベーションをしたり、一度も見たことも、聞いたことも、触れたことも、感触を確かめたことも、匂いを嗅いだこともない誰かとオンラインセックスをしたりして、日に何時間も過ごす者もいる」(7)

サイバーセックスを喜びと呼ぶことはできるかもしれないが、けっして満足と称することはできない。それは、どこにも行きつくことのない快楽である。こういった男女は、ウッディ・アレンのジョークに出てくる息子を思い出させる。母親が、空想のセックスにふける息子を見つける。「そんなことしちゃいけません。目がつぶれますよ!」と母親が金切り声を上げる。そして息子の次の返事の中に、中毒になった消費者の文化の本質が表現されている。すなわち息子は、「視力が落ちないあいだは、してもいいだろ?」と哀願するのである。

文化の危機

太平洋の島の住民についてのこんな古い話があるが、これはアフルエンザの時代においては真実の響きを持つ。

ある健康で意欲的な住民が、海辺の小屋の前で穏やかに揺れるハンモックの中でくつろぎ、家族や自分のために木の笛を吹いている。夕食のためにエキゾチックな果物を摘み、銛（もり）で生きのいいマンボウをつく。彼は喜びを感じ、生きていてよかったと思う（考えてみれば、彼はほとんどの時間、「休暇」中のようなものだ！）。

突然、前ぶれもなしに島にアフルエンザが侵入する。反グローバリズムの活動家ジェリー・マンダーが書いている。「一人の商人が島へやってきて、すべての土地を買い上げ、樹木を切り倒して工場を建てた。男は原住民をこの工場で働かせるため金で雇い、働けば、彼らはいつか大陸からの果物や魚のカン詰を買うことができるようになるし、また、浜辺にコンクリートブロックで作った快適で小さな家を建て、週末を楽しむこともできるといった」（鈴木みどり訳、『テレビ・危険なメディア――ある広告マンの告発』邦訳、時事通信社）(8)

この太平洋の島の住民のように、私たちは、必要なものの大部分を多国籍企業のおかげでもたらされる製品で満たすよう、まるめこまれてしまった。「お持ち帰り（テイクアウト）」の満足と呼んでもいいかもしれない。ジャーナリストのエリック・シュローサーは、「アメリカの生活のほとんどあらゆる面が、今ではチェーン化されている」と述べている。「コロンビアHCA病院の産婦人科病棟から、ヒューストンに本部を置く『サービス・コーポレーション・インターナショナル』が所有する死体の防腐処理室（そこでは現在、アメリカ人の九人に一人の遺体を処理している）まで」。(9)

〔訳註・コロンビアHCAは全米最大の巨大医療チェーン〕

アメリカにとっていいことは世界にとってもいいことだ――CEO（最高経営責任者）たちはいつもそう言っている。現代の驚異の一つ、マクドナルドの「ゴールデン・アーチ」つまり黄色のMのマークは、今では一一四カ国の二万五〇〇〇店舗に燦然（さんぜん）と輝き、日の沈むことのない帝国となっている。本書の著者デイヴの友人が最近中国から帰ってきたが、彼はそこでゴールデン・アーチの下での文化の衝突を目撃した。「マクドナルドの伝道師は、量が多くて廉価なファストフードの福音を広めているが、中国人は本当はそんなものなど欲しくはないようだ――彼らは『アメリカのハンバーガー』に興味をそそられているだけのようだ。彼らは座ってゆっくりとお茶を飲むのを好み、急がなければならないと思っていない。そして自転車で来ているから、店を出て行って車の中で座って食べるということができない」(10)

もはや万里の長城は征服される兆候を見せているが、タージマハルもそれに続き、インドの聖なる牛も聖なるハンバーガーになるのだろうか?

文化の破壊者たちは、すでにスペインでシエスタ(昼寝)の習慣を除去する外科手術を行ない大きな成功を収めた。ナチュラリストで作家のテリー・テンペスト・ウィリアムズは、その美しい著書『飛躍(*Leap*)』の中で、プロクターアンドギャンブル社の重役と飛行機の中でかわした会話を書いている。それはスペインのシエスタを無理やり奪うという自分の役割を自慢するものだ。

千年以上もの間スペイン人は、一ペセタもかからない贅沢な昼休みで、生活の質を高めていた。しかし、商業主義の目には、この習慣は完全に時間の無駄と映った。世の中が求めているのは、もっと生産し、もっと消費し、くつろぎを減らし、金を増やすことである。起きろ、そして金持ちになれ! イギリス人の友人が伝えるところでは、英国のアフタヌーン・ティーの習慣も、伝統的な席を並べての晩餐とともに、消滅しつつあるという。

しかし何といっても、これまでに商業主義による文化への一撃で最も成功したものは、かつて豊かだったアメリカ精神のフロンティアで行なわれたものである。

一六〇〇年代の北アメリカについての報告によれば、あまりにも森が広大なため、リスがバージニア州からイリノイ州まで「地面にまったく触れることなく」移動できたという。現在では、メディアをやたらと使いたがる自由市場のおかげで、人々は、操作的なメッセージによって歪められていない独創的な考えをすることなしに、毎週毎週すごしていくことが可能かもしれない！　私たちの頭の中の多くの部分が、今では商業的に「植民地化」されてしまった。問題は、もし自分自身の頭から追い出されたら、私たちは何者になるのか、ということである。

「持っていること」が重要

あなたの肉体的欲求、安全の欲求、安心の欲求、そして愛を与え、受けるマズローの「より高次の」欲求がある程度は満たされているとしよう。そしてジャンクフード、医療産業の不注意、愛と帰属の欲求を妨げる病んだ人間関係の戦場もどうにか回避した。だが気をつけなさい。もう一つ上の「尊敬の欲求」の段は、ウイルスであふれているのだから。

「尊敬」のはしごにたどり着いたら、すべり止めの手袋をはめた方がいい。私たちの消費行動のどれほど多くが、自尊心と仲間から認めてもらえることへの欲求によって縛られていることか。このような欲求の充足を求めて、私たちは自分をあるがままの人間ではなく、やたらと行動する人間にねじまげてしまうことが多い。

私たちは自分の外に承認を求めて、自分が何を「知っている」とか何を「信じている」かではなく、何を「持っている」かについてばかり大声で話す。欲しいものを求めることよりも、欲しいものをすでに持っていることが重要な目標になる。私たちが自分のことを、社会的な生物種である

「消費者」そのものとみなすとき、私たちの自信は、まったくコントロールできない物に依存するようになる。そして、経済的な潮の満ち干とともに、私たちの気分も揺れ動くことになる。

これを書いている時点では、わが国の「消費者の自信」は記録的なレベルになっている（「私たちは金持ちだ！」）。しかし、この本物だか偽物だかわからない好景気はいつまで続くのだろう？消費者の自信がかつてないほど高いレベルであることを報告する新聞が、その同じ号に「なぜ知らない方が幸せなのか」を説明する記事を掲載していた。(11)

コーネル大学の心理学教授であるデイヴィッド・ダニングによれば、物事をうまくできない人々は普通、うまく行なう人々よりも過大な確信と自信を持っていることを明らかにした。「彼らは誤った結論に達するだけでなく、不幸な選択をする。しかし彼らの無能さが、それに気づく力を彼らから奪っている」この研究では、論理学、英文法、ユーモアのテストを受けた被験者のうち最低点の人が、どのくらい自分ができたかについて最も過大評価する傾向があることが立証された。

私たちはおめでたいほど無知な文化に生きているのだろうか？　私たちは、物質的な物の中に仲間からの承認と、自尊心と意味を見出せるという誤った確信を持っているのだろうか？

第2部■アフルエンザの原因

CAUSES

第15章　物への欲求という原罪

なぜならば、わたしたちは、何も持たずに世に生まれ、世を去るときは何も持って行くことができないからです。食べる物と着る物があれば、わたしたちはそれで満足すべきです。金持ちになろうとする者は、誘惑、罠、無分別で有害なさまざまの欲望に陥ります。その欲望が、人を滅亡と破滅に陥れます。金銭の欲は、すべての悪の根です。

——「テモテへの手紙　一」六章七〜一〇節（『聖書』日本聖書協会、新共同訳）

これまで、アフルエンザとそのさまざまな症状の紹介をしてきたが、それではどのようにして私たちは今日あるような姿になったのだろうと、あなたは疑問に思っているかもしれない。アフルエンザの起源は何だったのか？　それは人間の本性の一部として、常に存在してきた欠陥にすぎないのだろうか？　それとも文化的に条件づけられたものなのだろうか？　あるいは先天的なものと環境的因子の両方から生まれたのだろうか？

これらが、本書の以降の章で答えようとしている問いである。この病気の封じ込め、あるいは隔離をしようとしていた初期の努力について見ていき、時がたつうちに歴史の進展に応じて、どのようにウイルスが変化し毒性が強くなったかを知っていただきたいと思う。

アフルエンザとの効果的な戦いを始めるためには、アフルエンザという伝染病の歴史を理解する必要があると私たち著者は考えている。この観点から問題を調査していくうち、私たち著者は、アフルエンザはけっして新しい病気ではないと確信するようになった。しかしこの半世紀の間に、かつてはそれを抑えこんでいた文化的価値観が、現代の商業主義的圧力と技術革新のもとでむしばまれるにつれ、この病気はかつてないほど急速に広がってきたのである。

患者第一号を探す

伝染病学者が病気の拡大を検証するとき、その病気に初めてかかった人間をつきとめ、その人に「患者第一号」の不名誉なレッテルをはる。たとえばエイズ流行の公式の患者第一号は、一九五九年に死亡した南アフリカの男性だった（ただし、この病気自体は一九二〇年代という早い時期に始まったのではないかと疑われている）。

では、アフルエンザの患者第一号は誰か？　ユダヤ教／キリスト教／イスラム教の言い伝えでは、それはアダムとイブの二人だったということになる。エデンの園には彼らが必要とする物はすべてあったのに、二人は神の戒めを破って禁断のリンゴを食べた。だから、聖書における第一の教訓は、必要以上に欲しがることに対する警告である。すなわち、貪欲さは原罪なのである。

進化生物学者の中には、原始時代の生活の不確実さの結果として、物を蓄えることが人間の本性の一部になったと考えている者もいる。食べ物がたくさんあるときに蓄えた人々は、乏しいときにそれで食いつないだ。そういった者たちは生き残り、物を蓄える遺伝子を子孫に伝えていった。

それゆえ、物をためこむことは、きわめて人間的なことだといえる。

しかし一方でこういう問題があった。私たちホモ・サピエンスは、地球上に現れて以来九九パーセントの期間、狩猟採集生活を送ってきた。だが住んでいる地域からは、果物、木の実、動物その他、食べられるものがすぐになくなってしまう。そのため人々は、その地域の食糧源が回復できるように、頻繁に移動しなければならなかった。移動することは、原始時代の生活には欠かせないことだった。そして移動すれば、人はたくさんの荷物を運ぶことが許されなかった。このため、よりシンプルで物のない生活が、生き残るための必要条件だった。物を蓄える遺伝的傾向はまったくの命取りになったはずである。

原初の豊かさ

狩猟採集生活は、野生動物、事故、病気、そしてときおり遭遇する敵など危険に満ちていた。幼児の死亡率は高く、病気の発生率も高かった。骨折は完全には治らなかった。現代の医薬があったとしたら、天の賜物だっただろう。

しかし石器時代は、おおかたの人々が考えているほど悲惨ではなかった。現代に残る「石器時代」文化を観察した何人かの人類学者は、その文化は「原初の豊かな社会」だと語る。(1) カラハリ砂漠のクン族すなわちブッシュマンと呼ばれる集団の研究によれば、(近代化によって狭い区域に閉じ込められ、彼らが生活の糧を得ていた生物の生息環境が破壊される以前は) この狩猟採集民は一日に三〜四時間という短い労働時間で基本的に必要な物を得ることができたという。いわゆる「石器時代」の生活には、今の私たちが有しているよりも多くの余暇があったようである。

UCLAの人類学者アレン・ジョンソンとその家族は、二年間マチグエンガと呼ばれる狩猟採集民の部族とともに生活した。マチグエンガは最低限の農業も行ない、居住地はペルーのアマゾン上流の熱帯雨林地域に限られている。ジョンソンは、持ち物がいっぱい詰まった大きなトランクをかかえてマチグエンガの地にやってきた。「わずか二～三カ月の間に私たちが学んだ教訓は、実は、私たちの持ち物のほとんどはなくてもすむということでした」と、ジョンソンは回想する。(2)「しばらくすると、私たちにとってこの最小限の物でする生活はかなり快適になり、これらすべての持ち物は完全に不要だと感じ始めました。私はマチグエンガから、もっとずっと簡素な生活をすることで快適でいられることを学びました」

ジョンソンは、マチグエンガが本来、必ずしも四時間の労働時間でやっていけるほど豊かではないことを発見した。しかし彼は言う、「人類学者たちは、狩猟採集生活をするのがどれほど容易かを強調しすぎたかもしれませんが、マチグエンガが六～八時間の労働で必要をすべて満たすことができるのは確かです。そしてたくさん時間が残ります。私はマチグエンガから、いつも十分時間がある人々という印象を受けました。彼らは急ぐということがありません」

ジョンソンは、彼らの穏やかなやり方と互いに親切に接する様子、彼らが周囲を静かに観察して楽しみを見つけ、けっして退屈したりしないように見えることをすばらしいと思うようになった。ジョンソンは語る。「彼らは自分たちがすることすべてに、満足しているようです。彼らが働いているとき、そこにあるのはただ楽しみだけです。彼らは落ち着いていて、肉体的にも心地良さそうな様子をしています。彼らは縫い物や織物をしたり、箱や弓矢を作ったりします。そして、私たちが趣味や手工芸を楽しむように、そういった仕事を楽しむ感覚が彼らにはあります。時間のプレッシャーはありません」
「日が暮れて彼らがすることの一つは、くつろいで座り、物語を語ることです。夕方、マチグエンガの家のそばを通ると、家の壁板の隙間から、それが見えるでしょう。火が輝くのが見え、優しく物語を語る人々の声が聞こえるでしょう。男が狩りから帰ってきたら、その光景と音と匂いの話をします。彼らは民話も語ります。私はその多くを翻訳しましたが、それらはきわめて美しく、本物の文学といえます」

アメリカに帰って

いわゆる「低開発」あるいは「原始的な」文化のところでしばらく過ごしてから帰ってきた多くの旅行者と同様、ジョンソンは、ペースが速く所有物をたくさん抱えたアメリカの生活に戻るのに苦労した。カルチャーショックを受けた彼は、一面ケーキ・ミックスで覆われたスーパーマーケットの通路を歩いて、「どこに豊かさがあるんだ？　これが本当に進歩なのか？」と疑問に思った。

帰ってきた当初は、ジョンソンにはロサンゼルスでの生活が妙に現実離れして見えた。子供たちは、する事やおもちゃが山ほどあるにもかかわらず、退屈だとたえず不満を言った。彼が会った人々はいつも忙しそうだが、自分の生活に満足しておらず、「何かの穴、あるいは空虚」を満たしているかのように夢中になって働いて消費していた。それは、マチグエンガの間ではけっして見られない心の状態だった。

ジョンソンは、マチグエンガの生活をロマンチックに描くことはしない。彼らはジャングルの病気の犠牲となることが多く、平均寿命も短かった。しかし彼らにアフルエンザの兆候はなかった。

したがって、アフルエンザは「人間の本性」ではない。しかし、農業によって長期の定住、階級分化、都市生活の開始を可能にするのに十分な余剰を手に入れた社会においては、初期の感染の証拠を容易に発見できる。そのような社会では、政治的・経済的な階層構造が花開き、人々はより多くの富を得ようとがむしゃらになり、上の階層に属する人間が貧しいものを虐げ、隣人を服従させる。洋の東西を問わずあらゆる文明において、予言的な言い伝えは、アフルエンザに冒された尊大な仲間を非難するものであった。「貪欲の行ないをせぬよう注意しなさい。それは悪しき不治の病である」と、古代エジプトのことわざは警告した。(3) ブッダは、欲を苦の原因と考え、それを減らすことに、幸福と悟りに至る道があると教えた。

精神の解毒剤

ユダヤの預言者たちは、貧しいものや弱いものを苦しめることによって蓄財した金持ちを非難した。節度が重要だった。旧約聖書の「箴言」三〇章には、「貧しくもせず、金持ちにもせず　わたしのために定められたパンで　わたしを養ってください」(『聖書』日本聖書協会、新共同訳)とある。週に一日の安息日には金儲けをまったくしないことになっており、それによって神聖さが保たれる。偉大なユダヤ人学者ラビ・アブラハム・ヘシェルが、安息日について書いている。「その日の神聖さに加わりたい者は、まず、けたたましい商売をする不敬をやめなければならない（……）そしてむやみにものを欲しがることも」(4)

紀元前七〇〇年頃に書かれた旧約聖書の「申命記」も、ものを無駄にすること、その自然ななりゆきとしての物質的欲望の生活を戒めている。ラビ・ダニエル・シュワルツはそれを、「創造物を無駄にするなら、それは神に向かってつばを吐きかけるようなものです」(5)と表現している。

古代ギリシャも、アフルエンザに対し警告を発した。「簡素な暮らしは古代の、さらには原始の理想である」と、『シンプルライフ――もうひとつのアメリカ精神史』(邦訳、勁草書房)の著者で、現在サウスカロライナ・ファーマン大学の学長である、歴史学者のデイヴィット・E・シャイは言う。彼によれば、「ギリシャ人は、贅沢と困窮の中間である『中道』を語った」という。(6)

アリストテレスは、「愚かにも使い切れないほどたくさんの外的な財貨を手に入れ、魂の財産を欠いている」人々に対し警告した。それとは対照的に、幸福は「自分の人格と精神を最高度に磨き、外的な財貨の獲得を節度ある限界の範囲内におさめた人々」のところにやってくると、彼は考えた。「アリストテレスは、金銭の限界効用の逓減(一七八ページ参照)を初めて主張した人物だった」と、哲学者ジェローム・シーガルは書いている。「彼が考えていたのは、金銭が増すごとに所有者が受ける恩恵はしだいに減っていき、ある点を越えると、それ以上多くを所有しても価値はなく、害を及ぼすことさえあるということだった」(7)

「無制限の富は大きな貧困である」とアリストテレスは書いている。ギリシャの非体制順応主義の二派であるストア学派とキニク学派は、さらに物質主義に対して批判的だった。キリスト誕生の時代までに、彼らの思想は広く行きわたった。ローマ時代の哲学者でストア学派のセネカは、自らの属する文化を非難して、「かつて草葺(くさぶき)屋根の下には自由な人々がいたが、今や、大理石と金の下に奴隷が住んでいる」(8)と述べた。

新約聖書学者であるバートン・マックによれば、初期のキリスト教の教義は、エピクテトス、ディオゲネスその他、ギリシャのキニク学派の信奉者たちによって支持されたものに非常によく似ていたという。キニク学派は質素な生活をして、当時の豊かな貴族の習慣文化をばかにした。今から二〇〇〇年前に、彼らの思想は地中海地域のいたるところで広く知られていた。

しかし、初期のアフルエンザに対する最も強い非難は、イエス・キリスト自身によるものだった。イエスは富の危険性についてたえず警告し、それは天国へ入るためには大きな障害であると断言した。金持ちが神の王国に入るよりは、ラクダが針の孔(あな)を通り抜ける方がまだやさしいと、イエスは弟子たちに説いた。イエスの弟子になることを望んだ金持ちは、まず、自分の財産を売り払い、その金を貧しい人たちに与えなければならないと言われた。「青年はこの言葉を聞き、悲しみながら立ち去った。たくさんの財産を持っていたからである」（『聖書』日本聖書協会、新共同訳）(9)

地上に富を積んではならないと、キリストは命じた。むしろ何も持たない鳥や花のようになりなさい。神は彼らを気にかけ、彼らの美しさには、栄華を極めたソロモン王でさえ太刀打ちできない。イエスの最も初期の弟子と信者たちは、質素な共同生活をして、すべてのものを共有し、「金を愛することは諸悪の根源である」と説いた。

「新約聖書の中で最も引きつけられる一節は、キリストがマモンについて注意をするところだと私は思う。マモンとは、富の力、金の力のことである」と、広く福音派の教会で講演をしている医師、リチャード・スウェンソン博士は述べている。「キリストは、神とマモンの両方に仕えることはできないと言った。キリストは、それが辛いとも、難しいとも、慎重を要するとも言わなかった。それは不可能だと言ったのである」(10)

イエスが最後に公衆の前で行なったことのひとつは、すでに当時の社会に浸透し始めていたアフルエンザに対する厳しい非難だった。神殿から金貸しを追い出して彼らの台をひっくり返し、最も神聖な場所にまでも忍び込んだ不敬な商業主義に対し、物理的に挑戦した（乱暴と言う人さえいるかもしれないが）。

キリスト教神学者（そして環境科学者でもある）カルビン・デ・ウィットは、私たちの現在の消費哲学は、聖書の教義にまったく反していると述べている。

「もっと消費しなさい。そうすれば幸せになれる。あらゆることに不満なままで、もっともっと手に入れようと奮闘を続けるのだ。それが、私たちに聞こえてくるメッセージである。しかし聖書の教えでは、持っているもので満足し、神をたたえ、〔神の〕創造物を保護し、飢えた者にパンを与えよ、そうすれば奉仕の副産物として喜びがやってくるという。これらの教えを理解し、その正反対を書きさえすれば、現在の消費社会を描写したことになる」(11)

文化の衝突

一八七七年の春、ある狩猟採集民の部族の有名なリーダーが、サウスダコタ州の平原で、彼の周りに集まった部族会議のメンバーに話しかけた。ラコタ・スー族の酋長タタンカ・イヨタケ（シッティング・ブル）は、季節の変化と、大地が惜しげもなく与えてくれる恵みに感謝した。しかし彼は部族の人々に、「我々の父たちが最初に出会ったときは小さく弱々しかったが、今では大きく威張っている、別の人種」について警告した。

彼が言っているのは、大地を掘り耕すためにやってきた、青白い顔の男女のことだった。彼らは、すべての人々の間の兄弟愛と平和と親切を訴え、貧しい者を大切にし、現世の財産という邪魔者から解放された生き方を説く一人の男の言葉をたずさえてきた（そしてインディアンを改宗させようとした）。

その翻訳には、明らかに何かが抜け落ちていた。というのは、シッティング・ブルがこう語ったからである。「これらの人々は、金持ちは破るが貧乏人は破らない多くの決まりをつくった。彼らは、支配する金持ちを助けるために、貧しい者や弱い者から十分の一税〔訳註・教会および聖職者の生活維持のための物納・金納〕をとっている。彼らは、この我々の母である大地を、自分たちのものであると主張し、囲いをめぐらして隣人を遠ざける。彼らは建物とゴミで大地を汚す。彼らの国は、土手を越えてすべてを破壊しながら流れる春の洪水に似ている。我々は共に住むことはできない」(12)

白い侵入者たちについて確かなことが一つあると、シッティング・ブルは言った。「持ち物への愛は、彼らに取りついた病気である」今だったら、彼はその病気を「アフルエンザ」と呼んだかもしれない。当時すでにシッティング・ブルは気がついていたのだろう。白人たちの中にさえ、自分たちの間に存在するこのウイルスについて、彼と同じ恐怖を感じている人々が多くいることに。

第16章　アフルエンザの予防

事物世界の価値増大にぴったり比例して、人間世界の価値低下がひどくなる。

――カール・マルクス、一八四四年の『経済学・哲学草稿』（城塚登・田中吉六訳）

アフルエンザに対する不安は、はっきりとそのように認識されていたわけではないが、ヨーロッパから最初の入植者の一部が到着して以来ずっと、アメリカの伝統の一部となってきた。入植者たちは、命と暮らしを危険にさらし、小さな木の船で大西洋を渡った雑多な人々の集団だった。最初の人々は富を求めてやってきた。スペイン人は黄金を、フランス人は毛皮を欲しがった。オランダ人は、伝説のインド諸島へ行く新しい貿易ルートを探した。

しかし、初期にイギリスからやってきた人々の中には、ヨーロッパに急速に根づきつつあった、「神なき物質主義」と彼らがみなすようになったものから逃げ出そうとする亡命者たちもいた。「清教徒(ピューリタン)たちが新世界に到着したとき、彼らの大前提の一つは、簡素な生活を実践するキリスト教徒の社会をつくりたいという願望でした」と、歴史学者のデイヴィット・E・シャイは説明する。(1)

マサチューセッツ湾入植地では、清教徒たちは奢侈(しゃし)取締令として知られるものを施行し、富をひけらかすことを禁じた。たとえば、入植者は質素な衣服を着なければならなかった。しかしこの取締令はけっして公平に適用されたわけではなかったので、ヨーロッパから新世界にやってくる贅沢品の取引の拡大をくい止めることはできなかった。比較的豊かで政治的権力を持つ清教徒たちは、奢侈取締令をうまく免れて、何でも好きなものを着ることができた。その一方で、彼らの貧しい同胞たちは、服装の決まりに違反したかどで罰せられた。結局、奢侈取締令は目に見える階級差をひどくしただけだった。

ペンシルベニア州では、ジョン・ウルマンの指導の下、クエーカー教徒がアフルエンザを水際で食い止めようと努力し、もっと成果をあげていた。「親愛なる友よ、真の智慧の帰結である簡素を、質素と倹約を実行しなさい」とウルマンは説いた。(2) 哲学者のジェローム・シーガルは次のように書いている。「クエーカー教徒の間では、見せびらかすことや消費することに対する規制が、さらに広く適用されるようになった。最も重要なことは贅沢品の消費の追求が、さまざまな不正と社会問題、たとえばアルコール依存、貧困、奴隷制、インディアンへの虐待と結びつけられたことである」(3)

ヤンキーは伊達男――ではない！

いくつかの点で、アメリカの独立戦争自体が、アフルエンザに対する反乱だった。英国の植民地支配者たちは、退廃的傾向がすすむ贅沢な生活を支えるため、アメリカの植民地から搾取した。イギリス貴族は一日の半分を身支度に費やし、その大半はますます手の込んだものになるかぶりものに費やされた（これが「ビッグウィッグ」〔訳註・「大物」という意味〕の語源である）。それから彼らは、何時間もかかるディナーでたらふく食べた。

その一方でアメリカの入植者たちは、英国の金庫を満たしておくために彼らに課せられた税金に対し、怒りをふくらませていった。しかし同時に植民地のリーダーたちは、一部の同国人たちによる無軌道な富の追求に悩まされた。「愛する妻よ、倹約が我々の助かる道に違いない」と、革命の間にジョン・アダムズ〔訳註・のちに第二代大統領となる〕が妻のアビゲイルに書いている。「ご婦人たちが毎日自分の装飾を減らすこと、そして紳士たちも同様であることを私は望む。不当な支配に追従するより、水を飲みジャガイモを食べようではないか」(4)

一八世紀末には、アメリカ独立戦争とフランス革命の勝利に伴い、世界が政治的に変化し、経済的にも変わりつつあった。産業革命の「暗い悪魔のような工場」(ウィリアム・ブレイク)が、蒸気機関と流れ作業方式をもたらし、それまで必要とされていた時間に比べればほんのわずかな時間で、織物その他の品物を生産することが可能になった。ベンジャミン・フランクリンは、人間に代えてそのような生産手段を用いれば、生活の「必需品」をすべて生産するために要する労働時間は一日三~四時間に減らすことが可能だと主張した。(5)

しかし実際には反対のことが起こった。初期の産業革命の間に、労働時間は減るどころかおよそ二倍になった。中世の労働時間は夏は長く冬は短いが、平均すると約九時間だったと、現代の学者たちは推定している。(6) さらに、仕事のペースがきわめてゆっくりで、頻繁に休憩がはさまれた。そしてヨーロッパの一部の地域では、労働者は年間一五〇日近い宗教的祝日を享受し、彼らはその日はまったく働かなかった。農夫たちがダンスをしたり、ごちそうを食べたり、午後の小麦畑で昼寝をしたりしている、一六世紀のペーター・ブリューゲルの絵画は、彼が目撃した生活を正確に描写したものだった。

「聖月曜日」の精神

しかし産業革命が起こると、工場労働者たちは――かつて彼らが耕作していた土地は羊の飼育のために囲い込まれ、ディッケンズの小説に出てくるような荒涼とした工業都市へ追いやられた――一日に一四時間、一六時間、さらには一八時間も働いた。一八一二年、イングランドのリーズのある工場主が慈悲深く進歩的と評されたが、それは彼が一〇歳未満の子供を雇わず、子供の労働時間を一日一六時間までに制限したからである。

しかし工場労働者は、新しい工業の規律にすぐに従ったわけではなかった。昔ながらの宗教的祝日を奪われた彼らは、新しい祝日である「聖月曜日」を発明した。彼らは、日曜の夜に居酒屋で飲んで二日酔いになり、寝坊したり、まったく仕事に現れなかったりした。労働者への支払いは出来高払いで、最初は彼らは生きていくのに必要なだけしか働かなかった。雇い主が、もっと働かせるための刺激策として彼らへの支払いを増やしても、すぐにその作戦が裏目に出ることが判明した。マックス・ウェーバーはそれを、「より多く稼げるチャンスは、より働かなくてすむチャンスほど魅力的ではない」(7)と表現した。

これは明らかにアフルエンザが蔓延する以前の状態である。

結果として、カール・マルクスが繰り返し指摘したように、雇い主は、労働者が生活を維持するだけのために長時間働き続けなければならないよう、賃金を可能な限り低く抑えようとした。しかし、そのようなけちなやり方は、一人一人の雇い主にとっては道理にかなった行動であっても、資本主義産業を全体として弱体化させるものだった。労働者が購買力を持たないことが生産過剰による恐慌をもたらし、それが周期的に産業全体を破壊した。

マルクスとエンゲルスは、『共産主義者宣言』（一八四八年）の中で次のように書いている。

「商業恐慌にあっては、生産された生産物ばかりではなく、すでに作り出された生産力さえも、その大部分が決まって破壊される。（……）社会が突然、一瞬のあいだ未開状態に逆戻りしたかのようになる。（……）ブルジョア階級は恐慌を、どうやって克服するか？　一方では、大量の生産力を無理に破壊することによって、他方では、新しい市場の獲得と、古い市場のさらに徹底的な搾取によって」（金塚貞文訳）(8)

マルクスとアフルエンザ

ではこの「さらに徹底的な搾取」は、一体どのようにして成し遂げられるのか？　要するに、自分の潜在的顧客をアフルエンザにさらすことによってである。もちろんマルクスはそのような言葉は使わなかったが、そのプロセスを説明している、一八四四年の『経済学・哲学草稿』（邦訳、岩波書店）にある見事な一節は、長いが引用する価値がある。マルクスは、「際限のなさ」と「節度のなさ」とが経済の「真の尺度」となるとし、次のように書いている。

> 生産物や欲求の拡大が非人間的ですれからしの、そして不自然で妄想的な欲望の奴隷、ぬけめがなくてつねに打算的な奴隷になるというかたちで現われる。（……）（あらゆる生産物は、他人の本質すなわち他人の貨幣を自分の手もとにおびきよせるための餌であり、一切の現実的な

あるいは可能的な欲求は、蠅がもち竿におびきよせられる弱みである。（……）（……）〔生産者は〕隣人のもっとも卑しい出来心に便乗し、隣人とその欲求との間の取りもち役を演じ、彼のなかに病的な欲望をおこさせて、彼の弱みをすべて探知した上で、このような親切にたいして手付金を請求するのである。（城塚登・田中吉六訳）(9)

約一六〇年前に書かれたこの一節は、現代の宣伝の多くの部分を正確に表現している。それは実際、「妄想的な欲望」を刺激し、商品を売るために一貫して性的欲望を利用し、そして「狙われる子供たち」の章で書いたテレビゲームの宣伝のようなケースでは、確かに「もっとも卑しい出来心に便乗」しているのである。

しかし最終的にマルクスは、市場の拡大は常に不十分で、生産過剰による恐慌を防ぐことができるのは、労働者自身が工場の所有権を獲得して全員の利益のために機械を使ったときだけであると考えた。それは単に、永久に拡大する物質的な生産のパイをより公平に分配することを意味したのではない。マルクスが目標としたのは、けっして物質主義的なものではなかった。実際、彼は、単に労働者の購買力を増やしても、それは「奴隷の報酬改善以外のなにものでもないだろうし、労働者にとっても、労働にとっても、その人間的な規定や品位をかちとったことにはならないであろう」（城塚登・田中吉六訳、『経済学・哲学草稿』）(10)と強調した。

「自由に使える時間」という富

社会主義政権によって「強制的な給料の平等」が法制化されても、幸福にはつながらないだろう。幸福は他人とのかかわりあいや、創造的な表現能力の発展の中に見出されるものである。そうマルクスは考えた。彼はこう書いている。「ゆたかな人間は、同時に人間的な生命発現の総体を必要としている人間である。すなわち、自分自身の実現ということが内的必然性として、必須のものとして彼のうちに存する人間である」そして彼はまた、「あまりに多くの有用物品の生産が、あまりに多くの無用な人口を生産する」（以上、城塚登・田中吉六訳、『経済学・哲学草稿』）と述べた。(11)

もちろんマルクスは、人間は健康的な食べ物、見苦しくないすみか、体を保護する衣服を十分に持っていなければならないということを理解していた。大量生産は、誰もがそれらのものを手に入れることを可能にしたと、彼は考えた。そしてそのためには、各人は最低限の量だけは、繰り返しが多く非創造的な労働を行なわなければならない。マルクスとエンゲルスは、この時間を一日四時間にまで短くすることができる（一八〇〇年代半ばにおいてさえ）と推定し、マルクスはこれを「必然の国」と呼んだ。

本当の物質的必要性を満たすために必要な労働時間は、生産性の向上によってさらに短くすることができる。彼は『資本論』の中でこう書いている、「だがこれはやはりまだ必然の国なのである。この国の彼方に自己目的としての人間の力の発展が、真の自由の国がはじまるわけである」。そしてそこでは自らが選んだ行動が優先される。

この「自由の国」についてマルクスは、「労働日の短縮がその根本条件である」と付け加えている。（以上、訳文は『世界の名著五五　マルクス・エンゲルス　II　資本論第三巻』〔邦訳、中央公論社、鈴木鴻一郎編〕より引用）

「一国は、（……）一二時間ではなく六時間だけ労働がなされるとき、はじめて真に富裕である」とマルクスは書き、一八二一年に書かれたある英国人の匿名記事に賛同し、これを引用している。

「富とは自由――休養を求める自由――生活を享楽する自由――精神を向上させる自由――であり、富とは自由に利用できる時間であって、それ以外のなにものでもない」(12)

(以上、訳文は『経済学批判(一八六一 - 一八六三草稿)』〔邦訳、大月書店、資本論草稿集翻訳委員会訳〕より引用)

ソローの唱えた「簡素さ」

一方、大西洋を渡ったアメリカでも、産業化とそれがもたらした貪欲に対し、同様の批判運動が起こっていた。自らを超越主義者と呼ぶ人々が、自然に近い簡素な生活を理想とし、その主義に基づいてブルックファームやフルーツランドのような意図的な共同体生活を始めた(いずれもそれほど長く続く運命にはなかったが)。

同様に短期間のものであったにしても、もっとよく記憶されているのが、一八四五年にヘンリー・デイヴィッド・ソローが、ボストンに近いウォールデン湖畔に部屋が一つきりの小屋を自分で建て、そこに一時期滞在していたことである。「簡素、簡素、簡素」と、ソローは『森の生活(ウォールデン)』に書いた。「贅沢品とか、生活の慰みと呼ばれているものの多くは、単に不必要であるばかりか、かえって人類の向上をさまたげている」(以上、訳文は『森の生活(ウォールデン)』〔邦訳、岩波書店、飯田実訳〕より引用)(13)

エッセイ「無原則な生活」の中でソローは、すでにアフルエンザへの免疫力がなくなった欲の深い産業的な人間を、もっとひどく非難している。マルクスと同様ソローも、真の豊かさとは自発的な創造的活動ができる十分な自由時間のことを意味すると考え、本当の物質的必需品を手に入れるためには、半日の仕事で十分であると述べた。「もしぼくが、たいていの人はしているらしいのだが、午前と午後の両方を社会に売ってしまえば、ぼくにとって生きる価値のあるものが残らなくなってしまうと確信している」（木村晴子訳、「無原則な生活」）と、ソローは書いている。

ぼくたちの人生の送りかたを考えてみよう。

この世は実業の場である。それは何という果てしない空騒ぎだろう。（……）安息日などというものはない。人類が一度だけでものんびりしているのを見られたら、すばらしいことだろう。ところが、仕事、仕事、仕事、に次ぐ仕事だけなのだ。ぼくは、意見を書きこむための白紙ノートを、簡単に手に入れることができない。帳面には、たいていドルとセントのための罫が引かれているのだ。（……）ぼくは、この絶え間のない実業は何よりも詩や哲学、そうだ、人生全体に反していると思う。犯罪のほうがまだましだ。（木村晴子訳、「無原則な生活」）(14)

「ある男が、森を愛するために毎日の半分を森で散歩して暮らしたら、彼はのらくら者と見なされる危険がある。しかし、彼がまる一日をこれらの森を刈り込み、土壌を若はげにする相場師として暮らしたら、彼は勤勉で企業心に富んだ市民だと重んじられるのだ」（木村晴子訳、「無原則な生活」）(15)とも、ソローは書いている。「パシフィック・ランバー・カンパニー」のチャールズ・ハーウィッツのような企業の相場師たちが、ジャンクボンド〔訳註・格付けが低く危険が大きいが利回りの大きな社債〕の支払いのためにアメリカ杉の原生林をまるごと切り倒していることを考えれば、ソローの言葉はすべて、むしろ現代によくあてはまるのである。

マルクスやソローといった、よく引用されるが無視されることの方が多い、一九世紀中頃の哲学者たちにとって、産業発展を正当化できるのは、それによって単調でつまらない仕事に費やす時間が短縮され、人々が自ら選んだ活動に使える余暇ができるかもしれないという理由からだけであった。

より多くの時間とより多くの金のどちらかを選択するとすれば、これらの哲学者たちは前者を選択した。ソローのウォールデンでの隠遁からちょうど一世紀の間、次章で触れるように、アメリカ人はこの選択に関する議論に巻き込まれることになる。そして突然、決着がつく——より多くのお金の方が選ばれるのである。しかしその議論が忘れられることはない。

第17章　行かなかった道

私たちはパンが欲しいのですが、バラも欲しいのです（そして、その匂いをかぐ時間も）。

――マサチューセッツ州ローレンスの織物工場の女性労働者たち、一九一二年

南北戦争の惨事が終わると、アメリカに新たな、もっと静かだが最終的にはその影響は強烈なものとなる衝突が起こった。ロバート・フロストがその美しい詩「行かなかった道」で表現したように、アメリカ人の前に二つの道が現れ、どっちつかずの状態が一世紀近く続いた後、そのうちの一つが選ばれ、「それがすべてを違ったものにした」のである。

一九世紀のアメリカ人はまだ、金遣いの荒い人より倹約家に敬意を払っていたし、当時は「コンサンプション（消費）」という言葉がいくらか違った意味を持っていた。

経済学者ジェレミー・リフキンによれば、「〔一八世紀末の〕サミュエル・ジョンソンの英語辞典に立ち返ってみれば、コンシューム（消費する）は、使い尽くす、略奪する、荒廃させる、破壊するという意味でした。実際、我々の祖父の世代でさえ、結核のことを『コンサンプション』と呼びます。したがって、今世紀に至るまで、コンシューマー（消費者）であることは良いことではなく、

悪いこととみなされたのです」。(1)

しかし工場システムは、製品の生産に要する時間に関し、驚くほど高い効率を実現した。そしてこれが新たな衝突のもととなった。その時間で何をすればいいのか？　一方はもっと物を作ろうと思った。もう一方は仕事を減らすべきだと考えた。贅沢か簡素か。お金か時間か。

怠ける権利

大西洋の向こうでも同じような議論が起こっていた。一八八三年、フランスの刑務所で、カール・マルクスの義理の息子であるポール・ラファルグが、より多く作りより多く所有する倫理的価値観を批判して、『怠ける権利』（邦訳、人文書院）という本を書いた。ラファルグは、「太陽の下で遊び暮らす幸せな国民の間に入り込み」、そして「鉄道を敷いて、工場を建て、労働という災いを持ち込む」(2) 産業主義者たちをばかにした。

ラファルグは怠惰を「芸術と気高い美徳の母」と考え、当時にあってさえ、工場は非常に生産性が高いので、本当に必要なものを満たすために要する労働時間は一日三時間にすぎないと主張した。マルクスと同様に彼も、カトリック教会の法により聖人を称える多くの祭日が労働者に与えられ、その日は労働が禁止されていることを指摘した。「地上での祭日を廃止するために天国の聖者を退位させた」プロテスタント主義（とその労働倫理）を産業主義者が好んだのは意外なことではないと、彼は述べた。

同じ頃イングランドでは、詩人であり、芸術家であり、随筆家であり、そして有名な日用品デザイナーでもあったウィリアム・モリスが、「膨大な数の人間が、愚かさと貪欲さに屈服して、有害で役に立たないものを作っている」と主張した。「莫大な労働」が、「あきれるような、あるいは不必要な、ショーウィンドウの中のあらゆる物」を作ることに浪費されていると、モリスは書いた。

この恥ずべきガラクタにかかわる仕事をしている膨大な数の人間のことを考えてみたまえ。それを作るための機械を作らなければならなかった技術者から、卸売りの取引が行なわれる不快な穴蔵に、くる年もくる年も一日中座っている不幸な事務員まで。そして自分の魂を自分自身のものだとはとても言えないような店員がそれを売る。（……）そして、欲しくもないのに買い、飽きてうんざりする怠惰な大衆。(3)

「未来の良い暮らし」は、当時の金持ちの暮らしとはまったく異なるものになるだろうと、モリスは言った。「自由な人間は、簡素な暮らしをして、簡素な楽しみを持つはずである」と、彼は主張した。モリスはちゃんとした豊かな生活には、「健康な体、活発な精神、そして健康な体と活発な精神に合った職業、住処（すみか）としての美しい世界」が必要とされると述べた。

シンプルライフ

再びアメリカに目を向けると、デパートのような新しい施設が、派手な消費生活を促進させる役割を果たした。歴史学者であるスーザン・ストラッサーは、「一八八〇年代には都会的なデパートが出現し、人々がそこへ行って自分を失い、その間に金を使うような場所を生み出したのです」(4)と説明する。一八九〇年代には、裕福なアメリカ人が誇らしげに自分の成功の物質的なあかしを見せびらかし、アフルエンザにかかっていることをあからさまにしていたと言ってもいいだろう。しかし、みんなが感心していたわけではない。

「一九世紀末には、アメリカ人の簡素な生活への関心が大々的に復活した」と、歴史学者のデイヴィット・E・シャイは語る。「第二六代大統領セオドア・ルーズヴェルトは、その時期のアメリカ人に、より簡素な生活をまっ先に提案した一人です。ルーズヴェルトは、アメリカの資本主義を支持するにもかかわらず、もしそれが解き放たれて大きくなることが許されれば、最後には堕落した文明を生み出すことになるのを恐れると、きわめて率直に述べました」(5) シャイは、そのすばらしい著書『シンプルライフ――もうひとつのアメリカ精神史』の中で、この世紀の変わり目に起こった簡素さへの関心について、ほかにも例もあげている。アメリカで最もよく売れていた雑誌「レディーズ・ホーム・ジャーナル」さえ、この時代には簡素な生活の普及をすすめた。

労働時間短縮運動

労働組合も当時はまだ、「良い生活（グッド・ライフ）」とは「物の多い生活（グッズ・ライフ）」であり、物を作ることが進歩のバロメーターであるという定義を、受け入れていなかった。実際、半世紀以上の間、労働運動の最重要課題は時間短縮の要求だった。一八八六年、何十万人もの労働者がアメリカの都市を埋めつくし、八時間労働をアメリカの法定標準労働時間とするよう要求した。ようやくそれが実現したのは、全国労働関係法（ワーグナー法）によって一日八時間、週四〇時間が国の法律として定められる一九三五年だが、その頃には、労働界のリーダーたちは六時間労働を要求して闘っていた。彼らは、経済的理由と同じくらい精神的な理由から、それが必要だと主張した。

「自由時間の持つ人間的価値は、その経済的意義よりもさらに大きい」と、アメリカ労働総同盟の議長、ウィリアム・グリーンは一九二六年に書いている。グリーンは、現代の労働は、「無意味で、繰り返しが多く、退屈」で、「知的欲求の満足をまったく」与えないものであり、労働時間の短縮は、「精神的・知的な力のより高度な発達のために」必要であると主張した。副議長であるマシュー・ウォールは、現代の工業生産は「人生のもっと繊細な内容」を無視しており、「不幸なことに、産業化が高度に進んだ我々の生活では、生産活動の物質主義的な意味［アフルエンザ？］」が優位を占め、人間の体、人間の心、あるいは人生の意味にはほとんど注意を向けていない」(6) と非難した。

国際婦人服労働組合の教育部長ジュリエット・スチュアート・ポインツは、労働者が何よりも欲しがっているものは、「人間らしくすごす時間」であると断言した。「労働者は、いかなる代価をもらっても、自分たちの生活とは交換しないことを宣言した」と、彼女は述べた。「賃金は、どんなに高くても」、労働者が必要とする時間ほどには重要でなかった。(7)

神を知る時間

彼らの次には、アイオワ大学のベンジャミン・ハニカット教授が著書『果てしない労働（*Work Without End*）』の中で、労働者が思索と精神的な事柄のための時間、いわば「神を知るための時間」を持っていないことを心配する著名な宗教的指導者たちを挙げている。たとえばユダヤ人の指導者が、安息日の戒を犯しているとして土曜日の仕事に反対し、これは週五日労働を求める闘いにつながった。カトリックの指導者たちは、教皇レオ一三世による「最低生活賃金」あるいは「家族賃金」の要求（一八九一年の回勅「レルム・ノヴァルム（労働条件に関して）」）を支持した。それは労働者家庭の中の稼ぎ手に「質素な楽しみ」のある生活をするに十分な収入を保証するというものだ。しかしそれ以上に彼らは、より多くの金よりより多くの時間の方が労働者にとって大切だと信じた。

一九二〇年代には、『カトリック・チャリティーズ・レビュー（*Catholic Charities Review*）』の編者である聖職者ジョン・ライアンが、自然法は生活の最低水準はもちろん生活の「最高」水準も要求するという、聖アウグスティヌスの主張を示した。「真のそして道理にかなった教義とは、人は十分な量の必需品と適度な楽しみを生産したとき、残った時間を自分の知性と意思の育成、より気高い人生の追求に使うべきだとするものである」そして人は「人生とは何のためにあるのか？と問う」べきであるとライアンは述べた。(8)

ユダヤ人学者フェリックス・コーエンは、聖書の言い伝えの中では、労働はエデンの園の罪を犯したアダムにかけられた呪いとされていることを指摘し、浪費的で不必要な生産を廃止すれば、すぐに週の労働時間を一〇時間（！）にまで減らすことが可能だとしている。(9)

消費の福音

しかし一九二〇年代の産業界のリーダーたちは、「消費の福音」とでも言うべき彼ら自身の宗教を持っていた。労働時間の短縮は、資本主義システム全体の屈服につながることになるかもしれないと、彼らは考えた。ハーバードの経済学者トーマス・ニクソン・カーバーは、余暇の増加はビジネスにとってよくないと警告した。

余暇が増えれば商品への欲求も増えると考える理由はない。余暇を、人生における芸術や美意識の育成、博物館や図書館や美術館へ行くこと、あるいはハイキングやゲームや金のかからない楽しみを通して過ごすことは、十分にありうることで（……）それは物質的商品への欲求を減らす。もしその結果、ガーデニング、家具を作ったり修理したりして家のまわりで過ごすことや、家のペンキ塗りや修理その他の役に立つ趣味が増えれば、賃金を支払っている産業が作り出す製品への需要は減るだろう。(10)

あなたは、それがアフルエンザを減らしてくれると言うかもしれない。しかしカーバーはそれを問題視した。私たち著者はそう思わないが。

一九一三年にヘンリー・フォードの組み立てラインからT型フォードが走り出し始めて以降、多くの工業製品がそれに続いた。ビジネスは、それらを販売する手段――消費経済の福音――を探し求め、商品を押しつけるのに役立つ心理学に目を向けた（そして今でも目を向けている）広告産業を生み出した。

一九二三年にあるプロモーターが、フィラデルフィアのビジネスマンたちに向かって「夢を売りなさい」と話した。「人々が切望し、待ち望み、持つことをほとんどあきらめていたものを売りなさい。帽子を売るためには人々に太陽の光を浴びせなさい。人々に夢を売りなさい――カントリークラブや舞踏会の夢、それがありさえすれば起こるかもしれないことを思い描かせなさい。結局、人々は所持するために物を買うのではありません。人々は希望――商品が自分にしてくれることへの期待――を買うのです。この希望を彼らに売りなさい。品物を売ろうとあくせくする必要はない

のです」(11)

人々の欲望は飽くことを知らず、したがってビジネスの可能性は限りがないと、アメリカ産業界の大立者たちは明言した。一九二〇年代の間に、彼らの富の福音は多くの信者を持つようになった。世界初の大量消費社会が、浮かれたダンスを踊りながらやってきた。レジスターがチーンと鳴り、株式市場が天井知らずで高騰した――ちょうど一九九〇年代と同じように。そこにはけっして株価が下落することはないと思っている人々がいた。

不況時の労働時間短縮

そして、一九二九年一〇月の魔の金曜日、すべてが崩壊した。「ウォール街は完全に失敗した」と、「バラエティ」誌の見出しが大きく告げた。百万長者が突然貧乏人になり、窓から飛び降りた。パンの施しを受ける行列ができた。何百万という人々が失業し、「兄弟」は一〇セントさえめぐんでくれなかった〔訳註・当時ビング・クロスビーが歌った「兄弟、一〇セントめぐんでくれないか」という歌より〕。あまりに多くの人々が失業したので、労働時間短縮の考え、つまり「ワークシェアリング」が再び流行した。当時の大統領ハーバート・フーバーさえ、労働時間を短くすることが、より多くの雇用を創出する最も手っ取り早い方法だと考えた。

再び、ウィリアム・グリーンのような労働界の指導者が、「一日六時間で週五日勤務」を要求した。一九三三年四月六日にワシントンの国会議事堂から、合衆国上院でたった今、公式のアメリカの週間労働時間を三〇時間とする法案が通過したという知らせを受けたときの、彼らの喜びようを想像してほしい。それを越えればすべて超過勤務になる。三〇時間。今から七〇年近く前のことである。

しかし最終的にこの法案は、下院においてわずかな差で否決された。新しい大統領ルーズヴェルトが法案に反対したのは、連邦の雇用創出計画——ニューディール政策——によって、失業を減らすとともに産業の体力を維持する、もっとよい道が開けると確信していたからである。

しかし一部の職場ではすでに週三〇時間労働を採用し、すばらしい成果をあげていた。一九三〇年一二月に、シリアル食品の大物W・K・ケロッグが先陣を切った。ケロッグは、自分の会社を厳格なやり方で経営する家父長的な資本主義者だった。しかし彼は、ある急進的なビジョンを持っていた。アイオワ大学のベンジャミン・ハニカットによれば、ケロッグのビジョンの中では、果てしない経済成長ではなく、余暇こそが「資本主義の花、つまり最高の成果」(12)を意味した。このビジョンをケロッグが思いついたのは、自分の厳しい子供時代と、自分自身が長時間労働を習慣としてきたことを嘆いていたからだった。彼はあるとき自分の孫に向かって、「私は遊ぶことを知らない」と残念そうに語ったという。

ケロッグは、自社の労働者たちに週三〇時間の労働に対し三五時間分の賃金を支払い、彼らのために公園、キャンプ場、自然センター、庭園、運動場、その他のレクリエーション施設を作った。この計画はただちに、ケロッグの工場があるミシガン州バトルクリークに新たに四〇〇人分の雇用を生み出した。生産性は非常に急速に向上し、二年もしないうちにケロッグは、自社の三〇時間労働者に、以前四〇時間の労働に対して支払っていた賃金を支払うことができるようになった。一九三〇年代に行なわれたケロッグの従業員へのアンケートでは、週三〇時間労働への圧倒的支持が得られ、もっと労働時間を長くして賃金を多く受け取りたいと望んでいたのは、少数の独身男性だけだった。

昔の八時間労働が戻ってきた

しかしケロッグが亡くなると、会社は長期にわたる運動を行なって、週四〇時間労働に戻った。その理由は手当てだった。給料に占める手当ての割合がますます大きくなり、雇用する労働者の数を減らして長く働かせる方が、より合理的になったのである。しかしケロッグ社の週三〇時間労働が完全に廃止されたのは、一九八五年になってからだった。当時、会社は、残っている三〇時間労働の従業員（社員の約二〇パーセントで、ほとんどが女性）が労働時間の延長に賛成しなければ、バトルクリークを去ると脅しをかけた。女性たちは、地元のバー「スタンの店」で週三〇時間労働の葬式を（棺桶つきで）行ない、その一人アイナ・サイズが賛辞を記した。

さようなら、よき友よ、ああ六時間
悲しいけれどこれが現実
今、あなたが逝ってしまい、私たちはみんなこんなにブルー
あなたのビタミンがなくなって、医者を呼ぶ
昔の八時間が私たちのところに戻ってきたから[13]

ベンジャミン・ハニカットは、著書『ケロッグの六時間労働（*Kellogg's Six Hour Day*）』の執筆中に、バトルクリークで多くの元ケロッグ社員とともに過ごした。ほとんどの人が、週三〇時間労働をとても懐かしそうに回想した。彼らは、余暇をうまく使っていたことを覚えていた――庭仕

事、工芸の習い事、趣味の練習、運動、そして活気に満ちたコミュニティ生活の共有。「仕事がすんだとき、完全に疲れきっているということがありませんでした」と、ある男性が言った。「まだ他に何かするエネルギーがあったのです」

チャック・ブランチャードとジョイ・ブランチャードは、二人とも工場で働く夫婦だが、チャックが子供たちの世話をして、「誰も女性解放のことなど聞いたこともない当時に」学校でした「ルームファーザー」〔訳註・小学校の先生を手伝って、特に手のかかる生徒の世話をするボランティアの男性〕の思い出を語った。(14)

彼らはまた、週四〇時間労働に戻った後、バトルクリークではボランティア活動が減り、犯罪が増加したと話した。ブランチャード夫妻は、自分たちはほとんど物を持っていなかったが、多くの自由時間に恵まれた生活は、今の若い家族の生活より幸せだったと話す。彼らはずっとたくさんの物を持っているが、けっして時間があるようには見えないからだという。

後にも先にも、アメリカで普通の産業労働者がこれほど遠くまで「もう一つの道」――お金よりも時間の道――を行ったことはなかった。その意味ではケロッグ社の従業員たちは、ハニカットが言っているように、第二次世界大戦が起こって(それは国家規模での膨大な労働力を要求した)扉を閉ざしてしまわなかったら、すべてのアメリカ人がたどり着いていたかもしれない、新しい驚異の国の探検者だったのである。

現在では、半世紀以上前にアメリカのどこかで常勤の労働者が週三〇時間しか仕事に従事していなかったことなど、まったく信じられないという人々もいる。しかしそれは実際にあったことである。そしてそれは、もし私たちがアフルエンザを征服できれば、再び実現しうることなのである。

第18章　アフルエンザ流行の始まり

今日の人間は、より多くの、より良い、そしてとりわけ新しいものを買うことの可能性に心を奪われている。消費に飢えているのである。（……）最新の機器、売られているものなら何でも最新のモデルを買うことがみんなの夢であり、これに比べ、使うときの本当の喜びはまったく二の次なのである。現代の人間があえて自分の天国のイメージを表現したとすれば、世界最大のデパートのようなものを描くだろう。（……）その条件はさらにたくさんの買うべき新しい物があること、そしておそらく、隣人が自分よりほんのわずかに恵まれていないということであり、彼はこの機器類と日用品の天国を、口をぽかんと開けて歩き回るだろう。

——エーリッヒ・フロム（精神分析学者）、一九五五年

第二次世界大戦の間、アメリカ国民は、配給と物質的耐乏生活を受け入れた。無駄な消費などは論外だった。どこの町でも、市民が金属くずを集めて寄付し、戦争に協力した。たいていの人が、庭をつぶして作った家庭菜園で自分の食糧の一部を栽培した。燃料を節約するためドライブは制限された。このような犠牲を強いられたにもかかわらず、多くの高齢のアメリカ人が当時のことで最

も思い出すのは、共同体意識、公共の利益のための分かち合い、共通の敵を打ち負かすという団結意識である。

しかし第二次世界大戦が終わるとすぐに、個人貯蓄の形で繰り延べられていた経済的需要が、低利の政府貸付や急速に成長する民間の信用貸付とあいまって、歴史上並ぶもののない消費ブームをもたらした。ニューヨーク州ロングアイランドにおける有名なレビットタウンの開発を手始めに、退役軍人援護法がアメリカの都市近郊における住宅の新築ラッシュに火をつけた。レビットタウンの平屋建て住宅の平均的な大きさは七五〇平方フィート（約七〇平方メートル）にすぎなかったが、その人気に刺激されて、他の開発業者はもっと大きな住宅を建てて郊外の住宅地をタコ足状に広げていった。

ベビーブームが始まり、新しい家族が新しい住宅を埋めていった。それぞれの家庭が、多くの新しい製品と――郊外には公共の交通手段がなかったので――動き回るための自動車を必要とした。この時期に制作された多くの企業や政府の映画を見ると、新しい大量消費社会の到来が記録され、それが絶賛されていてたいへん面白い。

グッズ・ライフ――物であふれる生活の始まり

一九四〇年代末のある映画では、「工場からは新しい自動車が流れ出てきます」と、ナレーターが歓声をあげる。「生まれたばかりの購買力が、各地域の全商店に流れ込んでいきます。歴史上これ以上の繁栄は知られていません」同じ映画の中で、人々がお金を使っている場面が次々に現れ、さらに元気一杯のナレーションが聞こえる。「買い物の楽しみ、使われていくお金！　そして、給料で買えるありとあらゆるものを手に入れ楽しむことで、何千もの家庭すべてが幸せになっています！」(1)ユートピアがやってきた！

別の映画は、「私たちは成長する豊かさの時代に暮らしています」と宣言し、「私たち一人一人が欲しいものを何でも買える自由」に感謝するよう力説する（その言葉は、「アメリカ・ザ・ビューティフル」をハミングするコーラスと、自由の女神を背景に流れる）。三番目に印象に残るのは、「アメリカ国民の基本的自由は、個人の選択の自由です」（もちろん、どの製品を購入するかの自由）というものである。

ある映画では、女性に向かって、第二次世界大戦の兵士がやり残したこと、すなわち「美を追求する昔からの戦い」をしましょうと訴える。「瓶に入った美を買うことはできない」と言われてきた、とナレーターは語る。「しかしその古いことわざはでたらめです。私たちには使えるお金があって、うっとりする香りのローションや石鹸、魅惑的なクリームを欲しいと思っています」

瓶につまった喜び。高級デパートで女性が香水を試している一方で、ナレーターは続ける。「私たちの自我は、正しく狙いを定めた本物の贅沢品への投資によって、最もよく養われます——さりげなく見せびらかす無駄と呼べるかもしれません」(2)

ベンジャミン・フランクリンはかつて「無駄がなければ不足もない」と戒めた。しかし新しいスローガンは、「無駄が増えれば不足も増える」だったのかもしれない。ほとんど一夜のうちに、「良い生活（グッド・ライフ）」は「物の多い生活（グッズ・ライフ）」になった。

計画的陳腐化

「戦後すぐの時期に、アメリカ人が消費についてそれまでいだいていた態度に、大きな変化が起こりました」と、デラウェア大学の歴史学者で『保証された満足（*Satisfaction Guaranteed*）』の著者スーザン・ストラッサーは言う。(3)「さりげなく見せびらかす無駄」は、マーケティング担当者が「計画的陳腐化」と呼ぶものからも後押しされた。製品が短期間しかもたないように作られているので頻繁に交換しなければならない（販売量の増加）。そうでなかったらひっきりなしにアップグレードされ、それも品質よりもスタイルが変更される方が一般的である。これは第二次世界大戦よりずっと以前にジレットの使い捨てかみそりで始まったアイデアで、すぐに広まっていった。

ヘンリー・フォードは、一日五ドルという当時としては法外な賃金を払うことで、一九二〇年代の消費ブームの開始に一役かったが、スタイルに関しては少々保守的で、かつて彼が消費者にした約束は、彼の有名なT型フォードは黒である限りはどんな色のものでも買うことができる（つまり黒しか作らない）というものだった。しかし大恐慌の直前、ライバルであるゼネラルモーターズが毎年モデルチェンジをするアイデアを導入した。このアイデアは、第二次世界大戦後に功を奏し始めた。各家庭は、毎年新しい車を買うよう強く勧められた。

「彼らは、去年買った車はかっこよくないからもうだめだと言っていました」と、ストラッサーは説明する。「もう新しい車があって、それこそが私たちがドライブしたがっている車だというわけです」(4)

インスタント・マネー

もちろん、最も金持ちの部類に属するアメリカ人以外、毎年新車に二〇〇〇〜三〇〇〇ドルをポンと出せる人は誰もいなかったし、それは家庭が欲しがる他の新しい消費者向け耐久消費財についても同様だった。でも大丈夫。豪勢に散財しても、金を借りる方法はあった。

「アメリカの消費者のみなさん！　あなた方は毎年、とほうもない量の食料、衣服、住居、娯楽、電気器具、そしてあらゆる種類のサービスを消費しています。この大量消費があなた方を、この国で最も力のある巨人にしているのです」(5) と、ＮＣＦＡ（National Consumer Finance Association 全国消費者金融協会）が一九五〇年代半ばに作った気のきいたアニメ映画のナレーターが、甲高い声で言う。

「俺は巨人だ」と、ミスター・アメリカン・コンシューマーが大量の商品の山を積み上げながら豪語する。彼はどうやって支払うのか？　ローンです、と映画は言う。「アメリカ人の手中にある何百万という消費者ローンは、合計すれば途方もない額の購買力になります。購買力は、あらゆる種類の商品やサービスへの消費者の需要を生み出し、それは国全体の生活水準の向上を意味します」きっともうあなたには、頭の中で鳴り響く太鼓の音が聞こえているだろう。

同じ頃に作られた「バンク・オブ・アメリカ」のテレビ広告では、ぶるぶる震えるアニメの男が出てきて尋ねる。「お金のイライラありますか？　飲んだら落ち着くインスタント・マネーを一杯、あなたの願いをかなえるバンク・オブ・アメリカに頼みましょう。マ・ネ・ー。便利な個人ローンの形で」アニメの男は、ドルがいっぱい入ったコーヒーカップを口にすると震えが止まり、小躍りして喜ぶ。(6)

それは、今買って後で支払う世界であり、結果的には、一九六〇年代にクレジットカードが登場してさらにひどくなっていく。

ショッピングモールと化したアメリカ

一九五〇年代から一九六〇年代にかけて、郊外への引っ越しラッシュが続いた（そしてそれは今も止んでいない）。一九四六年には政府の退役軍人援護政策がそれに拍車をかけた。一〇年後、別の政策が同じことをした。アイゼンハワー大統領が、全国規模のフリーウェー・システムを作るため、巨額の連邦補助金制度を開始すると発表した。このシステムは一部は国土防衛のためだと宣言された──道路は、ロシアが侵入したときに備えて、わが軍の戦車が走れるくらい十分に広かった。

新しいフリーウェーは、さらに環状に広がった郊外への大量移動を促進した。あらゆるものが自動車と巨大ショッピング・センターを中心に建設され、一九六〇年代初めの宣伝用映画では、巨大なショッピング・センターの窓に「行って使えば楽しい世界」と映し出されていた。(7)

フィルムは続く。「ショッピングモールには、膨張を必要とする「この言葉の選択は面白い」ヤングアダルトたちがいます。大量に買い、それを自動車で運び去る人々。大きな市場！」ナレーターはとうとうと語る。「これらのヤングアダルトは、そもそも彼らを郊外へ行かせたのと同じ断固たる決意でショッピングをし、自動車によって生活する、この車社会の中でも最も活発な集団です」

少なくともこのフィルムによれば、これら断固たる消費者にとって、モールへ行くことはエベレストに匹敵する冒険であり、後でこのフィルムには、巨大モールの駐車場で帰りに自分の自動車を探し出すという、彼らにとって最も困難な試練が描かれている。

一九七〇年には、アメリカ人はヨーロッパ人に比べて四倍もショッピングに時間を費やすようになった。ショッピングモールは日曜日のショッピングを促した。ヨーロッパではいまだにそうだが、当時はアメリカでも日曜日のショッピングは珍しかった。のちに永久に語られる名誉となったのだが、シアーズ・ローバック社は日曜日に営業することに反対した。「従業員に安息日を与えたい」というのがその理由だった。しかし一九六九年に、競争に耐えられなくなり、「大変残念に思う気持ちと、いくばくかの罪悪感をいだきながら」日曜日の営業を始めた。(8)

テレビが見せた世界

この空前の好景気は、何か一つの物事の結果ではなかった。同時に起こった一連の出来事が、それを可能にしたのである。つまり戦中からの繰り延べ需要、政府貸付、増大した信用貸し、郊外化、長くなったショッピング時間、モール化などである。しかしおそらく、一九五〇年代にほとんどのアメリカの家庭に侵入しあまねく広まったあの箱——テレビ以上に、戦後のアフルエンザ大流行の大きな原因となったものはないだろう。

テレビはみんなに、他の半分(上流の)の人々がどのように暮らしているかを見せた。番組は無料で、それは番組中あるいは番組と番組の間の、商品を宣伝する広告の時間を売ることでのみ可能となった。最初は稚拙だった広告も、しだいに洗練されたものになった——技術の向上により視覚的な面、そして心理的な面でも洗練された。どうすれば最も効果的に商品を売ることができるか知るために、専門家集団が人間の心を探った。

初期のテレビ広告は、多くの部分をユーモアに頼っていた――「女の子は誰でもよい夫を見つけられるけど、髪をうまくセットしてくれる人を見つけるとなると、これはまた難しいね」それ以前の多くの印刷物やラジオの広告のように、テレビも個人的な恥ずかしいことについての不安につけこんで、たとえば「B・O」(体臭)のような困ったものがあるでしょうと揺さぶりをかけた。しかしほとんどの場合、世の中にあるただ買ってもらうのを待っているこぎれいな品物を見せるだけだった。

テレビでは、便利が新しい理想になり、使い捨てにできることが重要になった。「一度使ったものは捨てましょう」目の前から消えれば気にしなくていい。使い捨てのアルミのトレイに入ったTVディナーなどの冷凍食品。「預かり金なし、返却不要」のビン。夕食、そして生活は簡単になった。人々は商品とダンスした。放送電波がコマーシャルソングを流した。本書の著者の一人ジョンは、子供のときに毎晩テレビから流れていたに違いない古い歌を、今でも気づかずに口ずさむことがある。「ペプソデントで歯を磨いたら、黄色い色はどこへ消えたの、不思議でしょ?」

アフルエンザの不満分子

もちろん、すべての人が、アメリカ人がアフルエンザにかかることを望んでいたわけではない。ハリー・トルーマン大統領はかつて、「本当に必要で、それなしにはやっていけないものだけを買いなさい」とテレビで発言した。一九五〇年代の初めには、何本かの教育映画が、学校の生徒たちに浪費について警告を発していた。しかしそれらは、ひとことで言えば退屈で、テレビのウィットに富んだ素早い展開には太刀打ちできなかった。

ある映画では、やぼったい顔をしたミスター・マネーというキャラクターが、生徒に無駄遣いをしないように教える。上映される映画を見てクラス全員があくびをするのが目に浮かぶ。別の映画では、神様の声が「おまえはネズミの穴にお金を捨てる罪を犯している。一ドル稼ぐのに一セント硬貨が一〇〇枚いることを忘れている」と言う。映像の方も、特にどうということはない。手が現れて、ゴミの中の穴――ご想像通り――「ネズミの穴」と札がついた穴に一ドル札を入れる。(9)

〔訳註・日本語の「どぶに金を捨てるようなもの」という意味の英語の言い回し down the rathole による〕

一方、先見の明がある左右両派の批評家らは、アメリカの新たな豊かさは大きな犠牲を伴うことになると警告した。保守派の経済学者ウィルヘルム・レプケは、「我々は、物質的な品物の供給における潜在利益を計算するとき、非物質的なものの損失の可能性を含めるのを忘れている」(10)と懸念を表明した。中道主義者のバンス・パッカードは、広告(『かくれた説得者』一九五七年)、近所の人に負けまいと見栄を張ること(『地位を求める人々』一九五九年)、計画的陳腐化(『浪費をつくり出す人々』一九六〇年)〔以上、邦訳・ダイヤモンド社〕を非難した。

そして自由主義者のジョン・ケネス・ガルブレイスは、成長する経済はそれ自身がつくり出したニーズを満たすだけで、幸福という面ではなんら向上をもたらさないと述べた。「私的な財貨の豊かさ」を強調することは「公共的サービスの貧困」――公共輸送システム、学校、公園、図書館、空気や水の質の低下――につながると、彼は言った。さらにそれは、「世界に無数の飢えて満たされない人々」を残し、「その飢えと欠乏からの解放が約束されなければ、混乱は避けられない」と。(11)

確かに、豊かな社会は人々の現実の物質的ニーズを満たしてきたが、今では、別になすべき重要なことがあると、ガルブレイスは彼の有名な著書『ゆたかな社会』〔邦訳、岩波書店〕の最後で論じた。

「からの部屋に家具をそなえることと、基礎がくずれるまで家具をつめこみ続けることとは、全く別のことである。財貨の生産の問題の解決に失敗したならば、人間は昔ながらのひどい不幸の状態を続けたことであろう。しかしその問題が解決ずみであることを見そこない、一歩前進して次の仕事にとりかからないでいることも、同様に大きな悲劇であろう」（鈴木哲太郎訳）と彼は書いている。(12)

若きアメリカの逆襲

続く一〇年の間に、多くのアメリカの若者が、消費主義に対する批判が正しいことに気づいた。郊外で育った彼らは、「丘の中腹に並ぶ、ありきたりの安っぽい材料でできた小さな箱」（ソングライターのマルビナ・レイノルズがそう呼んだ）で、みんな成長して「まったく同じ」になる、郊外のライフスタイルを拒絶した。

一九六四年のＵＣＬＡ（カリフォルニア大学バークリー校）における騒然とした学生運動「フリー・スピーチ・ムーブメント」では、リーダーのマリオ・サヴィオが、生徒に「メッキで光る消費者の天国で行儀のよい子供」になることを望む学校制度を攻撃した。(13) 新しい「反体制文化（カウンターカルチャー）」が起こり、物質主義を批判した。何千人もの若いアメリカ人が、簡素な生活を実践する農業共同体（コミューン）をめざして都会を離れ、その最も成功したものは現在でもまだ残っている。

若者の多くが、国の健康状態を測る基準として国民総生産の増加しか見ないことに疑問を発した。当時、人気のあったロバート・Ｆ・ケネディ上院議員もこれを支持した。彼は一九六八年の大統領選挙運動中に（彼が暗殺されそれは終わった）、次のように述べた。

我々は、経済成長の単なる継続、世俗的な品物の果てしない蓄積に、国家の目的も個人の満足も見出すことはできないだろう。(……)国民総生産の中には、アメリカ杉の森林の破壊やスペリオル湖の死滅も含まれているのだ。(14)

一九七〇年四月二二日の第一回アースデーの頃には、アメリカの若者は、消費者のライフスタイルがこの惑星そのものに与える影響を疑問視するようになっていた。「フレンズ・オブ・ジ・アース(地球の友)」の創立者デイヴィッド・ロス・ブラウアーのような指導的な環境保護主義者たちが、果てしない成長というアメリカンドリームは持続可能ではないと警告した。

その後、一九七四年に全国的な石油不足により、多くのアメリカ人が自分たちは資源を使い果たしてしまうのではないかと思った。電力会社はこれに対し、彼らが現在でも行なっているように、採掘を増やすよう求めた。歴史学者のゲイリー・クロスは書いている。「フォード大統領は、環境保護を推進するのでなく、国内での原子力発電所、海底油田や天然ガスの採掘を増やせという実業界からの側の要求を支持した」と同時に、「大気汚染防止基準の緩和も支持した」。(15)

カーターの最後の抵抗

しかしフォードの後任であるジミー・カーター大統領は意見を異にし、環境保護と代替エネルギー資源を奨励した。カーターは、一九七九年に行なった演説の中で、アメリカンドリームへの疑問さえ示した。「今、あまりに多くの人々が、放埒と消費を崇拝する傾向にある」と、カーターは断じた。それは、アメリカの大統領がこれまでにアフルエンザに対して行なった、最後の勇敢な抵抗だった。

しかしそれは、一年後のカーターの敗北をもたらす一因となった。歴史学者のデイヴィット・E・シャイは、「ジミー・カーターの失敗は、現代のアメリカ人の精神の中に、経済成長と資本拡大についてのゆるがぬ信念が、どれほど深く根を下ろしているか、という認識に欠けていたことにあるのです」(16)と述べている。

ここから、アフルエンザの時代が本格的に始まった。

第19章　アフルエンザの時代

広告は、我々の時代をそれ以前のどの時代とも違ったものにしており、他に匹敵するものはない。

――ウィルヘルム・レプケ（保守派経済学者）

あなたが目にする空間、耳にするものはどれも、いずれは商標をつけられる。

――リジャイナ・ケリー（「サッチ・アンド・サッチ・アドバタイジング」社・戦略企画部長）

「アメリカの夜明けだ」と、ロナルド・レーガンのテレビ・コマーシャルがアナウンスした。アメリカ人は何でもできる、という彼のメッセージは、用心深い自然保護論者ジミー・カーターを圧倒した。それは実際、アフルエンザの時代の真の幕開けだったと言っていいだろう。

経済の浮き沈みがあったものの、二〇世紀最後の二〇年で、アメリカは歴史上並ぶもののない商業的拡大を経験した。そのレーガンのコマーシャルは、金色の光の中で小さな町々が輝き人々が微笑んでいるもので、今となっては古風で、新たな時代の夜明けというよりは古い時代の日暮れのようである。それは一つには、このような政治的コマーシャルの中で描かれるアメリカの中には、何も広告が見えないためである。看板もない。（レーガンの他には）売られている商品が何もない。それはもはやアメリカではない。

レーガン在任中の一〇年は、供給側を重んじた経済の一〇年だったかもしれないが、需要創出の一〇年でもあった。ヤッピー〔訳註・ヤング・アーバン・プロフェッショナルズ young urban professionals の略で、大都会圏に住み、高学歴・専門職の二〇代〜四〇代の人をさす〕は時代に作られたのであって、生まれたのではない。

「貪欲はいいことだ」と、ウォール街の投機家アイヴァン・ベスキーがささやきかける。レーガン大統領の最初の就任パーティとナンシー夫人の一万五〇〇〇ドルのドレスが伝えるメッセージは明白だった——消費し見せびらかすのはすてきなことだ。八〇年代の広告のトーンは、「自分のために奮発しなさい。今日くらい一休みする資格があなたにはあります。あなたにはそうするだけの価値があります」というセリフを繰り返すものだった。そして、自分の利益を追求しなさいと。

一九八〇年以降、広告業界ほど急速に成長した産業はほとんどない。その重要性は、ある事実によって裏づけられている。すなわち、マディソン街の不動産は、現在地球上で最も価格が高いという事実である。そこではわずか一〇平方フィート（約一平方メートル）のスペース（シングルベッドの面積より狭い）の賃貸料が、現在なんと年間六五〇〇ドルもする！

広告とアフルエンザ

広告の第一の目的がアフルエンザの助長であるということは、その草分け的存在の人物さえ何度も言葉をかえて言ってきたように、秘密でも何でもない。「シカゴ・トリビューン」紙のマーケティング部長ピエール・マルティノーは、一九五七年という昔に次のように述べている。「広告の最も重要な社会的機能は、個人を現代アメリカのハイスピードの消費経済に組み入れることである」(1)「平均的な個人は何も作らない」と、マルティノーはその古典的著作『広告における動機づけ（*Motivation in Advertising*）』に書いている。「彼はあらゆるものを買い、そして彼の購買のどんどん加速するテンポに合わせて我々の経済も速くなる。そしてそれは大部分、広告によって生み出されるいいいいいいいいい欲望に基づいていいいいいいいいている」これは広告への批判ではないが、この分野の最も著名な専門家の言葉なのである。

「私たちアメリカ人の生活レベルは、世界のどんな人々よりも高い」と、マルティノーは続けている。「それは私たちの標準的な生活レベルが最も高いからであり、私たちの欲望が世界最高だということを意味する。広告が生み出したこれらの新しい欲望の結果として起こる落ち着きのなさや不満を遺憾に思い、実際にそのプロセスを規制するよう提案する識者もいるにはいるが、我々のシステム全体の幸福は、欲しいと思い続けさせるよう、どれほど大きな動機づけを消費者に与えられるかということにかかっているのは明らかである」

マルティノーがまだ生きていたとしたら、現在どれほどの動機づけが消費者に「欲しい」と思い続けさせているかを見て、彼は誇らしく思うにちがいない。

古いことわざが言うように「人の家は城である〔他人の侵入を許さない〕」としても、広告業界は城門を破る巨大な武器をたくさん持っている。今では、新聞のスペースの三分の二は広告にさかれている。そして私たちの受け取る郵便物の半分近くは何かの宣伝なのだ。

動機づけは高くつく

それをカウチポテト障害と呼んでもいい。平均的なアメリカ人は、その一生のうち二年近くをテレビ・コマーシャルを見て過ごす。(2) 子供は、二〇歳に達するまでに一〇〇万ものコマーシャルを見る可能性がある。今では以前より多くの時間がコマーシャルにさかれている――アメリカの民間放送の平均的な三〇分番組では、現在八分間のコマーシャルがあり、二〇年前の六分に比べて長くなっている。そして、数も増えている――切り替えの早い編集（リモコンに対抗するため）とコマーシャル・タイムの料金の上昇により、広告一本あたりの時間は短くなってきた。

コマーシャルは驚くほど高価で、現在では、典型的な三〇秒の全米ネットのテレビ・コマーシャルは三〇万ドル近くの制作費がかかる――一秒あたり一万ドルだ。これは、ゴールデンタイムの公共テレビのまるまる一時間分の制作費と同程度である（一時間番組だと一秒あたり八三ドル）。民間ネットワークの番組はいくぶん高いが、それでも広告のコストとは比較にならない。テレビでいちばん出来のいいものはコマーシャルだと言う人がいるのも、不思議ではない。

さらに、全国放送のゴールデンタイムの番組で自社の広告が放送されるたびに、その会社は何十万ドルもの費用を支払わなければならない。スーパーボウルの三〇秒の枠は、一本二四〇万ドルもの値段で売られる。アフルエンザ・ウイルスの一番の媒介者であるテレビ広告は、現在年間二〇〇〇億ドルの産業で、年に七・六パーセントの率で成長しており、それは経済全体の平均成長率の二倍を上回っている。(3)

そしてそれは十分に見合う。ＮＰＲ（ナショナル・パブリック・ラジオ）のスコット・サイモンが、メリーランド州のあるショッピングモールで、ティーンエージャーの若者たちに何を買っているのか尋ねると、彼らは有名ブランドの名前をすらすらと言った。ダナキャラン、カルヴァンクライン、トミーヒルフィガー、アメリカンイーグル。最近の研究によれば、平均的なアメリカ人が区別できる植物の種類が一〇種以下なのに対し、同じ人が何百もの企業ロゴを見分けることができるという。

ようこそ「ロゴトピア」へ

需要を創出するため、マーケティング担当者は今やあらゆるところにコマーシャル・メッセージを表示しようとしている。現在、屋外広告は年間五〇億ドル規模の産業（そして年に一〇パーセントの割合で成長している）で、看板だけでも一〇億ドル以上が支出されている。「屋外広告は今、最高にホットになっている」と、「アドバタイズ・エイジ」誌のブラッド・ジョンソンは言う。「だから使用できるスペースが不足している」(4)

ジョンソン元大統領夫人のアメリカ美化運動から三五年、私たちの周りの風景にはかつてないほど多くの看板が氾濫している。広告批評家のローリー・メーザーは、それらを「棒の上のガラクタ」と呼ぶ。「売る側の視点からすれば、看板は完璧な媒体です」とメーザーは言う。「看板のスイッチを切ることはできないのですから。リモコンで消すことができないのです」(5)

マーケティング担当者自身、広告環境は「混雑」してきたと言っており、このため賢い売り手は広告を載せるためにこれまでなかった新しい場所を探していると、メーザーは指摘する。第7章「狙われる子供たち」で論じたように、学校も標的の一つであり、たとえば算数の教科書に企業ロゴを載せるという手もある。「ジョーはオレオのクッキーを三〇枚持っています。一五枚食べたら、何枚残るでしょう?」もちろん、そのページにはオレオ・クッキーの大きな絵が載っている。こんな質問もあれば面白かったかもしれない。「ジョーにはいくつ虫歯があるでしょう?」

ハリウッド映画は今では、メーザーが指摘するように、製品紹介の料金表を用意している。「その製品を映画の中に登場させるには一万ドル、出演者に持たせるには三万ドル。映画『アザー・ピープルズ・マネー』の中で、ダニー・デビートがドーナツの箱を抱え、カメラをのぞき込んで言います。『ダンキンドーナツを信用できなくて、誰を信用できるんだい?』と」(6)

「広告は私たちの社会のどんな片隅にも浸透しています」と、『マーケティングの狂気(*Marketing Madness*)』をメーザーとともに書いた、コマーシャリズム研究センターのマイケル・ジェイコブソンは言う。「スポーツ観戦をしていると、スタジアムの中で広告を目にします。選手がロゴをつけているのが見えます。公衆トイレでも広告を目にします。今では、パトカーまで広告をつけていることがあります。ゴルフコースのホールにも広告があります。そして、まだ誰も広告を貼っていないところで、広告を貼れる場所がないかと考えている人々が、何千人もいるのです」(7)

ダニエル・シフリンはそんな場所を見つけた。彼は、オートラップスという名のシリコンバレー企業を立ち上げた。運転手は自分の自動車に広告をつけ、走る看板にして、宣伝ロゴを見せびらかす。シフリンは、その車の持ち主に月に四〇〇ドルを支払うが、ターゲットの人々がその広告を見るような場所へ車が行っているかを確認するため、衛星で追跡する。彼らは、月に少なくとも一〇〇〇マイル(約一六〇〇キロメートル)走ることを要求される。(8)

広告屋さん、さあエンジンスタートだ。

宣伝屋の月

マイケル・ジェイコブソンによれば、広告設置場所の究極のアイデアは、「地球上のすべての人から見えるような、月の大きさくらいのロゴを宇宙空間に映し出す看板です」。(9) 大きなピザのような月が空に満ちると、それはなんとドミノピザなのだ！ 夜、この満月の……いや、ロゴの光の下でのロマンチックな散歩を想像してみたまえ。

今のところまだ、この宇宙ロゴのアイデアはマーケティング担当者の夢物語だが、「宇宙にまでは無理かもしれませんが、この地球上では、私たちはほとんどすべての広告を喜んで受け入れようとしています」と、ジェイコブソンは言う。

ドット全体主義

アフルエンザの時代における特別大規模な商業主義の拡大が、インターネット上で起こっている。情報ハイウェーに、雨後のたけのこのように看板が出現している。かつて教育者の楽園として迎えられたインターネットも、今や電子商取引が無数の投資家や広告資金を引きつける、販売者の楽園になった。

一八四八年、カール・マルクスは『共産主義者宣言』で、「妖怪がヨーロッパに出没する。共産主義という妖怪が」（金塚貞文訳）と書いた。現在なら彼は、かわりに『ドット全体主義者宣言』を書いたかもしれない。一九五〇年代から一九八〇年代にかけて、アメリカ人は共産主義の脅威を感じていた。しかし今では、私たちが心配すべきなのは「ドット全体主義」である。ベッドの下に共産主義の活動家はひそんでいないが、コンピュータの中にはドット全体主義者がたくさんいる。彼らはいたるところにいて、公共のメディアにおいてさえ大っぴらに自己宣伝する。

あなたは、昔のニュース雑誌や政府のプロパガンダ映画の中に出てきた図を覚えている年代だろうか。共産主義の赤いしみがロシアから大きく広がって、東ヨーロッパを覆い、それから中国、そして韓国とベトナムを覆って、世界を飲み込もうとする。そして現在、ドット全体主義がインターネットを飲み込もうとしている。一九九三年には、ウェブサイトの中で営利的なものはわずか一パーセントだった。現在ではその率は八〇パーセント近くになり、まだまだ増加している。共産主義国の戦車はアメリカ本土のハイウェーを走ることはなかったが、ドット全体主義者は情報ハイウェーを支配している。

ドット全体主義は、ソ連のKGBがただ夢見ることしかできなかった方法で、私たちのプライバシーを脅かしている。私たちの好み、消費行動、隠れた性癖を記録し、許可も得ずに子供たちから家族に関する情報を収集している。共産主義者がやらなかったような方法で、ドット全体主義者は私たちの町のビジネスを破壊するかもしれない。地元の小さな書店のことを考えてみよう。その店は、Amazon. comの攻撃をかわすことができるだろうか？　私たちが本当に必要としている今、ジョー・マッカーシーやジョン・バーチ協会のような対抗手段はあるのだろうか？

〔訳註・ジョー・マッカーシーは、一九五〇年代前半の反共・赤狩り運動の中心的人物。ジョン・バーチ協会は一九五八年に設立された反共極右団体〕

超コマーシャリズム

この「超コマーシャリズム」の時代においては、いたるところに〝イメージ〟があふれており、スター・テニスプレーヤーのアンドレ・アガシがサングラスのコマーシャルで言うように、イメージが「すべて」なのだ。毎日投下される広告イメージという爆弾は、私たちに、自分自身の外見や現実生活のパートナーの外見に対し、永久に不満でいるよう仕向ける。

「広告は私たちに、非物質的な欲求を物質的なもので満たすよう促します」と、ローリー・メーザーは述べている。「人に愛され、受け入れられるだろうという理由でその製品を買うように言い、そしてまた、その製品を買わなければ愛されることも受け入れられることもないと言ってくるのです」(10) 愛され、受け入れられるようになるというのは、そのようなイメージを手に入れるということであり、本当にそうかどうかは関係ないのだ。

私たちは、ジャーナリストのスーザン・ファルーディが「装飾的文化」と呼ぶものの中で暮らしている。その文化は、「人々が公共の役割をほとんど何も果たさず、ただの飾りのように消費者としての役割だけを果たすように促す」。それは「名声とイメージ、華々しさと娯楽、マーケティングと消費主義のまわりに築かれる」とファルーディは書いており、装飾的文化は「どこにもつながらない儀式的な出入り口である。その本質は、単に何かを売る行動ではなく自己を売ることであり、その追求においてはすべての人は本質的に一人ぼっちで、自分自身のイメージを売る孤独なセールスマンである」。(11)

一九五八年という昔に、著名な保守派経済学者で自由企業制の忠実な擁護者だったウィルヘルム・レプケは、最終的には二〇世紀は「広告の時代」として知られるようになるだろうと警告した。彼は、もしコマーシャリズムが「優勢となり、社会をそのすべての領域で支配できる」ように

消費の急増

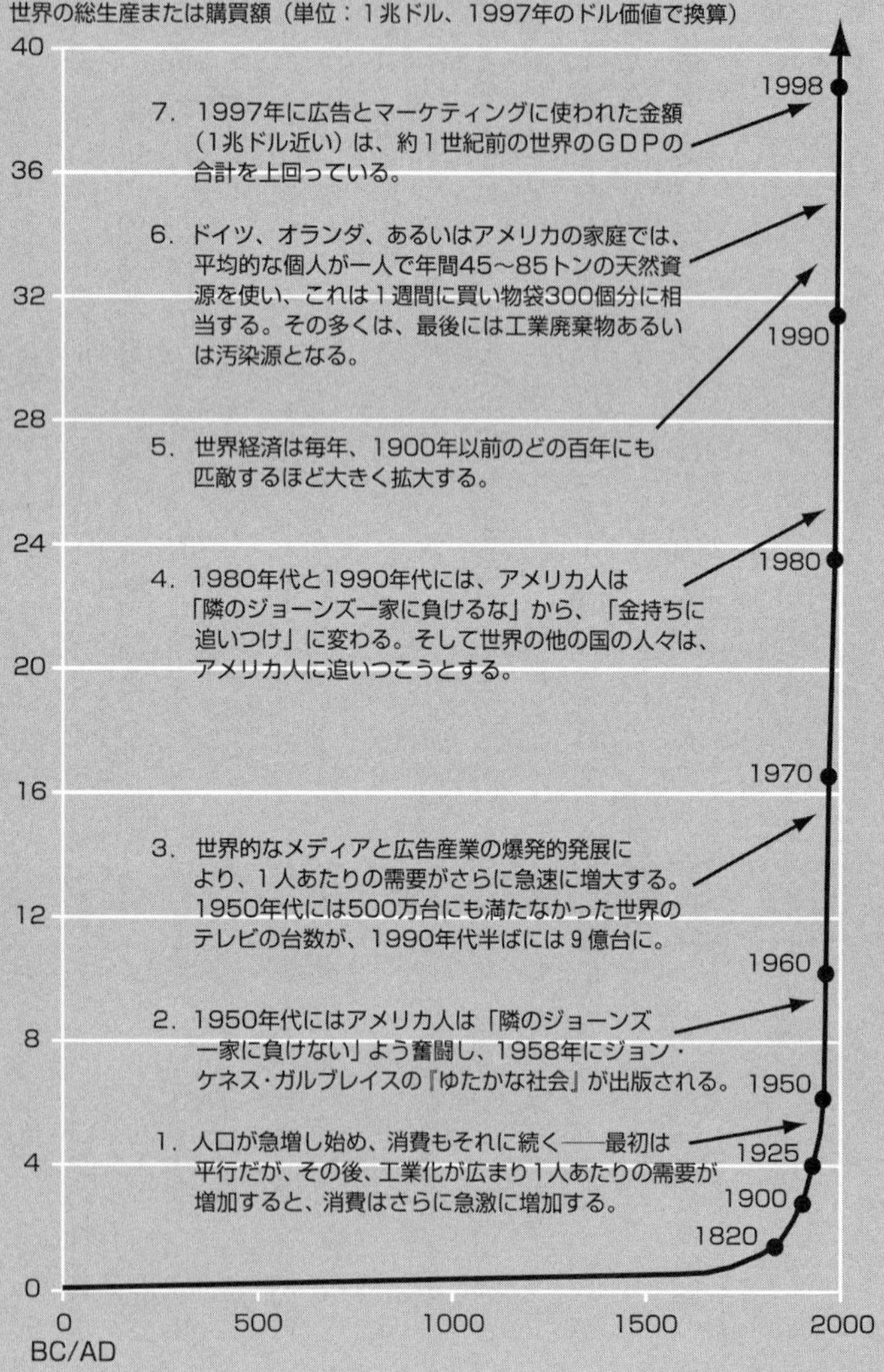

世界の総生産または購買額（単位：1兆ドル、1997年のドル価値で換算）
40
36
32
28
24
20
16
12
8
4
0
0
500
1000
1500
2000
BC/AD
1998
1990
1980
1970
1960
1950
1925
1900
1820
7. 1997年に広告とマーケティングに使われた金額（1兆ドル近い）は、約1世紀前の世界のGDPの合計を上回っている。
6. ドイツ、オランダ、あるいはアメリカの家庭では、平均的な個人が一人で年間45～85トンの天然資源を使い、これは1週間に買い物袋300個分に相当する。その多くは、最後には工業廃棄物あるいは汚染源となる。
5. 世界経済は毎年、1900年以前のどの百年にも匹敵するほど大きく拡大する。
4. 1980年代と1990年代には、アメリカ人は「隣のジョーンズ一家に負けるな」から、「金持ちに追いつけ」に変わる。そして世界の他の国の人々は、アメリカ人に追いつこうとする。
3. 世界的なメディアと広告産業の爆発的発展により、1人あたりの需要がさらに急速に増大する。1950年代には500万台にも満たなかった世界のテレビの台数が、1990年代半ばには9億台に。
2. 1950年代にはアメリカ人は「隣のジョーンズ一家に負けない」よう奮闘し、1958年にジョン・ケネス・ガルブレイスの『ゆたかな社会』が出版される。
1. 人口が急増し始め、消費もそれに続く――最初は平行だが、その後、工業化が広まり1人あたりの需要が増加すると、消費はさらに急激に増加する。

エド・エアーズ『神の最後の賜物（*God's Last Offer*）』より。

なれば、その結果は悲惨なものになるのではないかと恐れた。レプケは、売ることへの礼賛が比重を増すにつれ、「礼儀正しく親切で友好的なあらゆる意思表示が、その行動の裏に隠れる下心を疑われ、おとしめられる」(12)と書いている。相互不信の文化が生じるのである。

「商業化の災いとは、需要と供給に左右されるべきでない領域にも、結果的に市場の基準が及んでいくことである」とも、レプケは述べている。「これは人生の真の目的、尊厳、妙味をそこない、その結果、生活を我慢できないほど醜悪で尊厳の失われた退屈なものにする。母の日のことを考えてみよう。最も優しく聖なる人間関係が、宣伝のプロによって販売促進の手段に変えられ、ビジネスを動かすために利用されるのだ」

自由市場のシステムを幸福の増進に役立たせていくためには、その力が及ぶ範囲を制限しなければならないと、レプケは主張した。極端な商業化、それは私たちの時代にとって必要条件ではあるが、もし監視下に置かれなければ、「その原則である盲目的な誇張によって、自由経済を破壊することになる」だろう。

第20章　アフルエンザを治せる医者はどこにいるのか？

私たちは情報というものをゴミくずの一形態にしてしまった。
——ニール・ポストマン（ニューヨーク大学教授）

ＰＲ産業においては、アイデアとは危険に対処するのではなく、寄せられた激しい怒りにうまく対応するためのものである。
——シャロン・ビーダー、『グローバル・スピン』

病気の症状を無視したらどうなるだろう？　悪化するのが普通だ。アフルエンザがこの惑星じゅうに広がっている理由もまさにそこにある。過剰によるストレス、資源の枯渇、社会の傷跡といった症状がすぐ目の前にありながら、私たちはそ知らぬふりをして、市場が何とかしてくれるだろうと繰り返し言ってきた。だがそうだろうか？

雑誌「アドバスターズ（広告退治屋）」を発行している反消費主義文化の唱道者カル・ラスン（三四五～三四九ページ参照）は、郊外の広々とした裏庭で行なわれる、盛大なウェディングパーティのたとえ話をする。そのパーティにはアフルエンザと「良い暮らし」がいっぱいで、生演奏の音楽はすばらしく、誰もが心ゆくまでダンスをする。

問題は、彼らが古い下水処理タンクの上で踊っていて、そのためにパイプが破裂することである。ラスンは次のように書いている。「未処理の汚水が草の間からあふれ出てきて、みんなの靴を覆い始める。誰かが気がついても何も言わない。シャンペンがふるまわれ、音楽は止まず、そしてついに小さな男の子が言う。『うんちみたいな臭いがするよ！』と。すると突然みんな、自分がくるぶしのところまでそれに浸かっていることに気づく」(1)

今、アフルエンザでぜいぜい息を切らしていながら、それでも頑固に症状を否定しているアメリカ人が何百万人いることだろう？「事実を知った人々も、どうやら、その困った事態を無視してただ踊り続けるのが一番いいと思っているらしい」とラスンは指摘している。一方、その被害の責任を負うべき企業は、パイプにひびが入っていることは認めるが、心配することは何もないと私たちに信じ込ませようとする。

トレンド・ウォッチャーたちによれば、少なくとも四〇〇〇万人のアメリカ人が、アフルエンザからの回復プログラムに参加したいという思いを持っている。しかし、私たちは必要とするアドバイスをどこに求めればいいのだろうか？

巷には、本物の医者と同じくらいたくさんのニセ医者やエセ助言者がいる。資金源を（そして彼らの身元も）徹底して秘密にしながら、インチキ科学者は世界を「民主主義から守る」ことに血道をあげる。彼らはまず、私たちに、何もせずただ症状を無視するように勧める。彼らは自信ありげな声で言う。「帰って眠りなさい。詳しいことはまだはっきりしませんが、何もかも大丈夫です。科学技術がなんとかしてくれるでしょう。安心して愉快に過ごしていればいいのですよ」と。

「有毒汚泥は体にいい」

広告がどれほど世の中に氾濫しているかがわかるのは、それがすぐ目の前にあるからだ。商品を買うときに私たちが出している広告の費用は、少なくとも年間一人あたり六〇〇ドルになる。

しかし『有毒汚泥は体にいい(*Toxic Sludge Is Good for You*)』の共著者である批評家ジョン・スタウバーは、「マーケティングというものが、私たちの商業主義的文化を生み出し永続させる、ひそかなPR産業という一面を持っていることを本当に理解している人はほとんどいません」(2)とコメントしている(「私たちの商業主義的文化」とは、すなわちアフルエンザだ)。

そもそもPR(広報活動)とは何なのか? スタウバーによれば、それは秘密裏に行なわれる文化の方向づけと意見の操作だという。PRのプロたちは、私たちの認識を変えるだけでなく、策略を使って政治的・文化的影響を及ぼし、その認識を主流のものにしていく。最新のスキャンダルや犯罪、あるいは大災害に一般市民の注意がそらされている間に、PRによって誘導された提案がしばしば法律になり、行なうべきこととして受け入れられるが、目隠しをされたメディアがそれを報道することはない。

「最良のPRはけっして気づかれない」というのが、この業界の不文律である。業界の武器庫には、密室政治、にせの草の根運動、組織的な検閲、偽造ニュースなどが入っている。彼らのスタンガンは、にせ情報という目に見えない弾丸を発射する。人々は、自分がその意見や信条をどのようにして持つようになったのか思い出せないまま、そのために喜んで闘う気持ちになっていく。たとえば、企業と契約したPR業者によって仕組まれるよくある戦略は、一般市民の諮問委員会をつくることである。このテクニックは、人々を、汚染の被害者というよりむしろ仲間だという気持ちにさせる。注意深く選ばれた市民が、企業の会議机を囲んで仕出し弁当を食べ、地域の問題について話し合う。

当然のことだが、馴れ親しむと批判しなくなる。ある地域の諮問委員会は新しいゴミ焼却場を受け入れ、現地のヒアリングでもはっきり弁護に回った。「そのような人々の後押しは、金をいくら出しても買うことはできない」と、「ザ・グリーン・ビジネス・レター」誌の編集者ジョエル・マコーワーはコメントしている。(3)

こんなふうに、今では多くの企業がPR専門家の助言に従って、何年もの間彼らにつきまとってきた、その同じ環境保護団体に資金援助をしたり後援者になったりしている。この「敵をとりこむ」作戦によって、いろいろなことが達成できる。それは企業にすっかりクリーンになったイメージを与え、環境の敵／味方という構図を崩してくれる。ある企業と契約しているPR業者は、「我々を告訴するひまがないように、彼らを忙しくさせておくんですよ」と述べた。

「もう一つの基本的な作戦は、私が焚書（ふんしょ）と呼んでいるものです」と、スタウバーは言う。「特定の本に暗い影を落とすために、PR業者が雇われます。彼らはしばしば、内部の情報源から著者による宣伝ツアーの予定表を手に入れ、さまざまな手段を使ってその日程を妨害します」たとえば文明批評家ジェレミー・リフキンが食肉産業批判の書『脱牛肉文明への挑戦――繁栄と健康の神話を撃つ』（邦訳、ダイヤモンド社）を出したとき、著者の宣伝担当をかたるにせ電話で講演がキャンセルされ、予定が狂わされた。

いかに金がものを言うか

最も効果的なPR作戦は、「隠れみの団体（フロント・グループ）」に資金を出し、非常に親しみがあり信用がおけるように聞こえる名称をつけることだ。たとえば「アメリカ科学保健協議会」（American Council on Science and Health）もそうだが、実はこの団体の専門家は、石油化学企業、ファストフードの栄養価、殺虫剤を擁護する。隠れみの団体の任務は、製品あるいは業界に関する「正しい」情報を提供し、「間違った」情報を暴露することである。オーストラリア・ウォロンゴン大学のシャロン・ビーダー博士は、『グローバル・スピン――企業の環境戦略』（邦訳、創芸出版）の中でこんな例を挙げている。

アメリカ科学保健協議会は、たとえばバーガーキング、コカ・コーラ、ニュートラスウィート〔人工甘味料の会社〕、モンサント〔遺伝子組み換え作物ではトップレベルの大企業〕、ダウケミカル、エクソンからも資金を得ている。他の隠れみの団体と同様、この団体の科学者たちは、企業の目的を果たすため、独立した専門家を装っている。団体のメンバーは自分たちのことを穏健派だと言い、しばしば「理にかなった」「賢明な」「信頼できる」といった言葉を使う。彼らは、環境問題の危険性を小さく見せると同時に、それを解決するためには費用がかかることを強調する。(4)

隠れみの団体は、アメリカ人の権利の忠実な擁護者である。喫煙する権利（全国喫煙者連合）、従業員に事故を起こさせる権利（安全基準をゆるめるためにロビー活動をする雇用者の組織である、職場健康安全協議会）、少ない医療に多くのお金を支払う権利（健康保険選択連合）、燃費が悪い大型車を選ぶ権利（車両選択連合）、利益のために生態系を破壊する権利（「賢い利用」運動）などなど。隠れみの団体は、自らを自由企業のチャンピオン、公平さと常識の砦と表現し、そのイメージは彼らがＰＲする製品を影響力のある集団に広める助けとなる。

「ＰＲウォッチ」（PRWatch）という組織の役員でもあるジョン・スタウバーは、内部文書と業界内部の人間へのインタビューを通じてバイオテクノロジーに関する調査を行なううち、ＰＲ産業の監視にかかわるようになった。「私たちはバイオテク企業であるモンサントと、さまざまな政府機関および専門家組織の間に癒着があることの強力な証拠を得ました」と、彼は言う。「アメリカ医学会雑誌は、医師たちに、遺伝子工学の旗振り役をして新産業を興すようしきりにあおりました。ＦＤＡ（食品医薬品局）やＵＳＤＡ（農務省）などの政府機関は、モンサントと協力してその役割を果たし、新製品に対する農家や消費者の反対を克服しました。政府機関は番犬だと思われていますが、むしろ愛玩用の小犬と言ったほうがいい場合があまりに多いのです」(5)

精神(マインド)の強奪者(スナッチャー)たちの侵入

私たちが生活を演じる舞台装置を作っているのは、事実上、アメリカのPR専門家たちだ。映画「トゥルーマン・ショー」のトゥルーマンのように、私たちはその舞台装置を本物だと信じて疑ったことがない〔訳註・この映画の主人公トゥルーマンは、自分だけが知らないまま、「トゥルーマン・ショー」というテレビ番組そのものを自分の人生として生きる〕。企業だけが、年間一五〇～二〇〇億ドルでＰＲキャンペーンの契約をし、消費者文化をつくり出し、政治の日程表を金で買い取り、科学的意見を「でっちあげる」キャンペーン活動を展開する。

薄給のジャーナリストは、「その」近辺で生きたいのなら、就くべき職業はジャーナリズムでなくPR活動であることを知っている。「ジャーナリズム専攻の学生は――最高レベルの専門学校や大学においてさえ――卒業してジャーナリストになるよりは、むしろPRやビジネス・コミュニケーションの分野で働く傾向が強い」と、スタウバーは言う。「学校は、PRとジャーナリズムを、あたかもそれらがまったく同一のものであるかのように扱っています」現実には、若者たちは金があるところへ行くのである。

PR産業が最初の経験をつんだのは、一九二〇年代にタバコと有鉛ガソリン――その健康への影響を人々が見過ごすように隠すことがどうしても必要だった製品――の販促キャンペーンだった。PRのパイオニアであるエドワード・バーネイズが一九二九年にやってのけた古典的な意識操作について、ジャーナリストのマーク・ダウイーはこう述べている。

「表面上は『女性解放』のためのよくある宣伝行為のように見えた。一九二九年のイースターのパレードで、ニューヨークでデビューした女性の一団が五番街を行進したのだが、一人一人が公然と、いわゆる彼女たちの『自由の灯』であるタバコに火をつけ吸っていた。それは、大部分のアメリカ人の記憶において、売春婦以外の女性が人前でタバコを吸うのを見た最初の経験だった」(6)

バーネイズは、そのモデルたちの宣伝写真が必ず世界中の新聞・雑誌に載るようにしたし、タバコ業界はすぐに、二〇世紀を通じて、その（命取りだとしても）燦然（さんぜん）たるパレードにセックスアピールを加味した。そして「一九五四年の非常事態」――喫煙の害に関する医学的発表――に対して、タバコ業界はPR会社のヒル&ノールトンを雇い、人を煙に巻く宣伝活動を開始して敵とまっこうから対決した。

多くの戦術がとられたが、その中でもこのＰＲ会社は、二五〇〇もの医学雑誌を徹底的に調べあげた。そしてタバコの健康への影響に関する発見のうち、まだ確たる結論に達していなかったり、逆の内容だったりするものなら何でも探し出し、拾い集めてきたこれらの「疑義あり」とする内容をパンフレットにまとめて、二〇万人の医師や国会議員、ニュース関係者へ送った。(7) このような戦術は、ＰＲ業界の常套手段になった。「つくられた現実の世界では、対処すべきなのは害そのものではなく、有害な製品や事故についての『認識』の方である」(8) と、シャロン・ビーダー博士は説明している。

鉛を入れる

よく似た戦法が、一九二〇年代に有鉛ガソリン（エチル入り）の販売促進に用いられた。その目的は、自動車の性能アップと同時に、ゼネラルモーターズ、デュポン、スタンダードオイルの利益を向上させることだった。

これらの企業は連合して、社内で健康への影響調査を行ない、あらかじめ連邦政府から認可を受けることによって、大衆の有鉛ガソリンに対する正当な恐怖を緩和し、ごまかした。エチルを生産している工場労働者が何十人も死んでいるときでさえ、企業の実験室からの回答は「問題なし」だった。一九二七年に「ナショナル・ジオグラフィック」誌に掲載された広告は、「圧縮比の高いエンジンにエチルを入れて乗り、生涯にまたとないスリルを」と駆り立てた。その表向きのメッセージは「他の車に追い越させるな」だが、隠された結びの文句は「……たとえそれで死ん

でも」だった。(9)

情報の洪水

今のアメリカにおいては情報不足というものは存在しない。ほとんどどんなキーワードでもインターネットで捜せば、電子の猟犬が何ギガバイトというあらゆる形や味の「一致した（マッチ）」情報を探して持ってくる。聖母マリアのつもりで「マドンナを描いた芸術」を検索すると、同名のポップシンガーであり女優である人物の華やかで冒瀆的なことばがちりばめられた引用が得られる——がしかしちょっと待ってほしい。それも正しい情報だといえるのだろうか？

平均するとアメリカ人は毎日三〇〇〇のコマーシャル・メッセージにさらされているが、その一つ一つがますます大きな声で叫び、ますます魅惑的な声で話しかけてくる。ニュースの抜粋、面白情報、有名人の訃報などもまた、私たちの注意を引こうと競っており、そのうえ私たちは仕事で、時には週に一〇〇万語もの情報を処理している。必要とする情報だけを得ることは、消火ホースの水から一口だけ飲もうとするようなものである。

しかし情報の洪水よりさらに厄介なのは、その「質」である。私たちは、誰かの損得勘定がからんだ情報に基づいて、市民としての、あるいは家庭や市場についての知的な決定をしようとする。アフルエンザを払いのけることができないのは無理もないことだ——経済は私たちが病気になるようにプログラムされている。薬品会社はどうやってうつ病を克服すればいいかを私たちに教え、農薬会社はどれくらいたくさん殺虫剤を使えばいいかを農家に教える。

メディアの熱狂の中では、良い知らせはニュースではない。それはテレビで「うけない」からである。社会のあらゆる分野を通じて、私たちが得る情報には毒が混ぜられているが、それが私たちの得られる唯一の情報だから、いずれにしてもそれを飲まざるをえないのである。

「地球温暖化で地球を緑に」

地球温暖化についての真相が巨大な川の流れのようなものだとすれば、平均的なアメリカ人の手に入る情報はそのうちのカップ一杯分にすぎない。地球温暖化現象の複雑さから、情報の三分の一は科学者たちですら入手できず、彼らは、海洋とバイオマス〔生物体量。ある区域内に生きている全生物の総量〕と大気物理学の間の関係についてはまだ十分にわかっていないと言う。それでも彼らにもはっきりわかっているのは、すでに二酸化炭素濃度は産業革命が始まってから約三〇パーセント増加したということと、一九九〇年から二〇〇〇年までの一〇年が、観測史上最も暖かかったということである。二酸化炭素のような温室効果ガスの毛布が、駐車場で窓を閉め切った車の場合と同じように、この惑星を温めることを科学者が知ってもう一〇〇年以上になる。

しかし、ＰＲ会社と、石油、鉱業、自動車会社のＰＲ／環境部門は違った話をする――大量の情報の流れを、あらかじめ計算された混乱に追いやるのである。彼らの任務は、疑いを生じさせ、大衆を混乱させ、クライアントの利益を守るために、巧みに「あつらえ品の」情報をつくることである。化石燃料産業を支持するような、温暖化の害に懐疑的な意見を持った科学者が捜し出される。これらの「第三者の専門家」は一見すると客観性があるように思えるが、自分の研究費がエネルギー供給や化石燃料関係企業の共同体から出ていることを当人が明らかにして、その客観性が消えてしまうこともある。

地球が暖かくなっているとしても、自然にそうなったのかもしれないと、彼らは言い張る。最近のPBSの科学ドキュメンタリー番組「ノバ」の「気候に何が起こっているか?」の回で、ある化石燃料派の科学者が、地球温暖化に関する自分の立場を要約して、「アメリカ人は何百万人という単位でサンベルト〔バージニア州からカリフォルニア州南部にいたる雨が少ない地帯〕へ移住している。それは、私たちが温暖な気候を好むことを証明するものである」と述べている。問題は、私たちが、熱帯性の病気の拡大、干ばつ、ハリケーン、経済の混乱、海面の上昇をも好むか? ということである。

「惑星地球の緑化」というタイトルのビデオは、多くの議会関係者を空想科学にひたらせている。「地球緑化協会」(Greening Earth Society)が制作し、業界が資金を出したこのビデオは、ドラマチックなナレーションとともに始まる。「二〇八五年。大気中の二酸化炭素濃度は倍の五四〇ppmになっています。私たちはどんな世界を創り出したのでしょう?」

「より良い世界」と、企業から研究資金を提供されている科学者が答える。「より生産性の高い世界。植物は地球上のあらゆる生産力の基盤です。(……)そして植物の活性がずっと高くなります。地球が暖かくなると、能力が向上するのです」(10)(世界の最も著名な科学者二〇〇〇人が、地球温暖化が破局をもたらすという声明に署名したことも、二〇〇〇年の国連の報告書で、二一〇〇年までに気温の上昇が約五・六℃にもなると見積もられていることも気にするな、というわけだ)。

「地球緑化協会」が与えているようなエセ科学を手にした化石燃料派の政治家は、ワタ畑が豊作になり、柑橘類の木に実がたくさんなるといった好都合なシナリオを描けるようになる。ひょっとしたら、ビル三階分の高さのシダ、そしていつか再び恐竜が現われるかもしれない——

二酸化炭素の急増

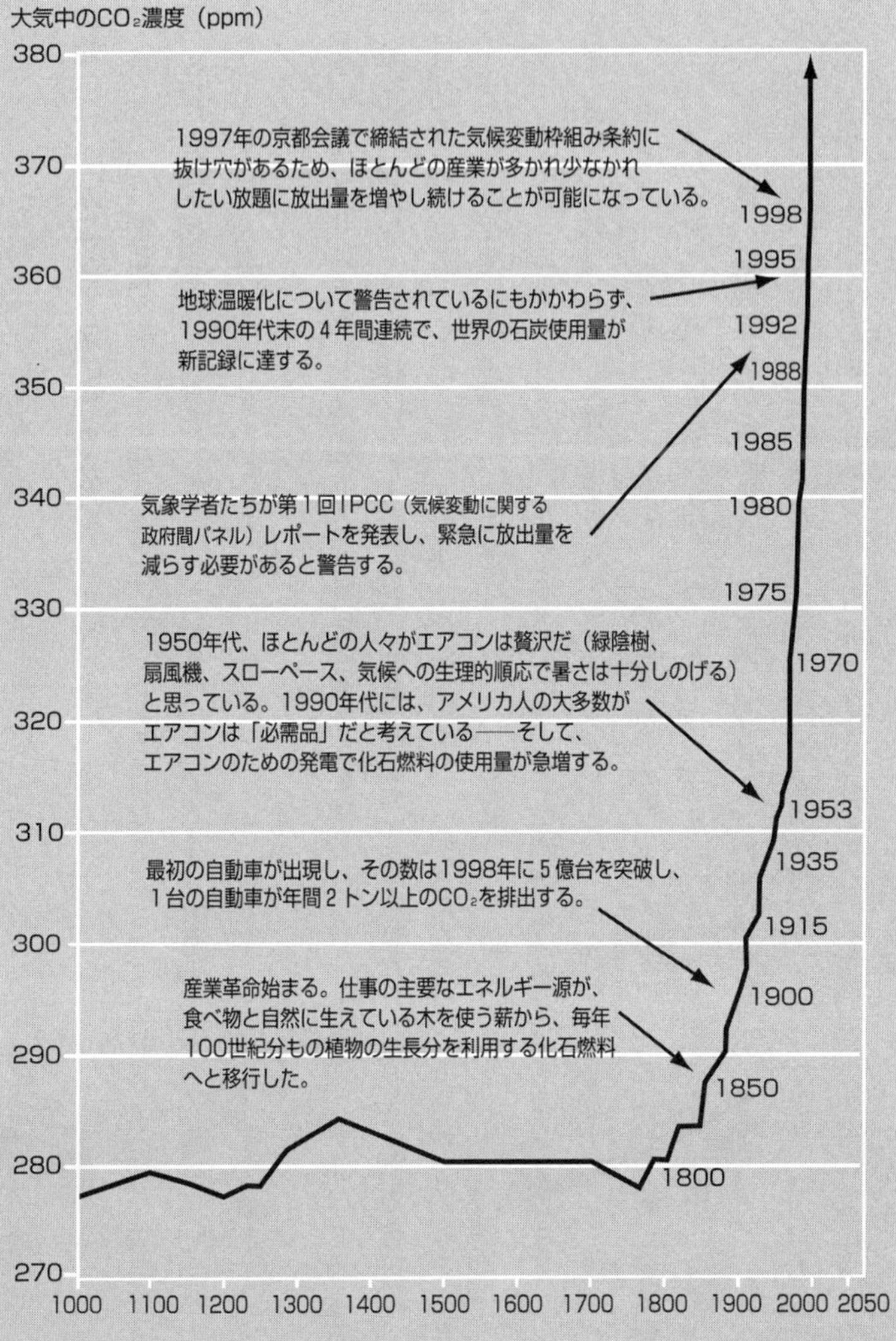

大気中のCO_2濃度（ppm）
380
370
360
350
340
330
320
310
300
290
280
270
1000
1100
1200
1300
1400
1500
1600
1700
1800
1900
2000
2050
1997年の京都会議で締結された気候変動枠組み条約に抜け穴があるため、ほとんどの産業が多かれ少なかれしたい放題に放出量を増やし続けることが可能になっている。
1998
1995
地球温暖化について警告されているにもかかわらず、1990年代末の４年間連続で、世界の石炭使用量が新記録に達する。
1992
1988
1985
気象学者たちが第１回IPCC（気候変動に関する政府間パネル）レポートを発表し、緊急に放出量を減らす必要があると警告する。
1980
1975
1950年代、ほとんどの人々がエアコンは贅沢だ（緑陰樹、扇風機、スローペース、気候への生理的順応で暑さは十分しのげる）と思っている。1990年代には、アメリカ人の大多数がエアコンは「必需品」だと考えている――そして、エアコンのための発電で化石燃料の使用量が急増する。
1970
1953
最初の自動車が出現し、その数は1998年に５億台を突破し、１台の自動車が年間２トン以上のCO_2を排出する。
1935
1915
産業革命始まる。仕事の主要なエネルギー源が、食べ物と自然に生えている木を使う薪から、毎年100世紀分もの植物の生長分を利用する化石燃料へと移行した。
1900
1850
1800

エド・エアーズ『神の最後の賜物（*God's Last Offer*）』より。

すごいじゃないか。

「良い知らせ」はニュースにならない

ジャーナリストは情報の流れを供給すると同時に歪曲も行なう。ジャーナリストの情報源と先入観によっては、新聞記事を読み終わったときには読み始めたときよりもわからなくなっていることもある！（しかしすぐ隣にある広告のおかげで、どこでブラジャーの特売をやっているかはわかるだろう）。

年がら年中締め切りに追われ、客観性と同時に話題性を要求されるジャーナリストは、でっちあげられた売り物の科学と、それに対する騒々しい悲観論者の誇張された反対意見の両方を提示する。彼らは巧みに「巨人たちのメディア対決」を演出する。（あなたなら、どちらの専門家を応援するだろう？　御用教授か悲観論者か？）

ニュース・メディアの進軍ラッパは、半ダースかそこら生き残ったメディア・コングロマリット〔訳註・放送、出版、映画など複数の業種で事業展開するメディアグループ〕――AOL／タイム・ワーナー、ビアコム、ディズニー、GE、TCIなど――のいずれかから発せられる。そこのCEO（最高経営責任者）たちが、何に報道価値があり何にないかを決定する（「メディア王」ルパート・マードックのような人々は、他の人々が新聞を買うのと同じ感覚で、新聞社を買うのである）。

一九八〇年代というそう昔でもない頃には、まだ五〇社がメディアのパイを少しずつ分け合っていたのだが、現在では、右にあげたようなエリート企業集団が近親相姦的な一握りの支配者となり、お互いの会社に投資して、同じグループの巨大広告会社によって肥え太り、同じ通信社から前線のレポートを入手している。憂慮すべきことだが、これらの会社は今では放送電波の民営化（認可制に対立するものとして）を強く要求している。このように目には見えないが非常に実体的な電波が少数の大富豪に支配されれば、ジョージ・オーウェルの『１９８４年』（邦訳、早川書房）が予言した管理社会がほぼ完全に現実のものとなる。

「或る種のニュースピークの特殊な機能は、（……）さまざまな意味を表現するよりもそれらを破壊するという結果になった」（新庄哲夫訳）(11)

〔訳註・ニュースピークとは、『１９８４年』の中に登場する思想統制のための新しい語法〕

ジャーナリストたちは普通時間がないので、「ProfNet」のような情報サービスを通じて都合よくPR会社が教えてくれた専門家へ、インタビューをしたり引用をしたりする誘惑にかられる。PR会社にいる「影のジャーナリスト」も、何千という単位でプレスリリース、ビデオ・ニュースリリース、ラジオの台本を供給する。「PRニューズワイヤー」は、一社で毎年一〇万件のニュースリリースを民間の一万五〇〇〇の顧客に流している。「ラジオUSA」は、放送内容の台本を五〇〇〇のラジオ局に供給し、「メディアリンク」は毎年五〇〇〇本以上の「ビデオ・ニュースリリース」をテレビ局に配信しているが、それらはそのまま放送することができ、しかも無料である。(12)「ワシントンポスト」「ニューヨークタイムズ」「ウォールストリートジャーナル」各紙の元編集長によれば、これらの新聞が伝えるニュースの少なくとも四〇パーセントが、「スピンドクター」と呼ばれるPRジャーナリストが加工し誇張した情報である。(13) 新聞、雑誌、インターネットのライターたちは、決められた長さに記事を収めることも要求されるので、前後関係や複雑な部分を書く余地はほとんどない。

このことは、犯罪レポートとコマーシャルの間にはさまれたテレビのニュースにも言える。今では犯罪レポートは、テレビによる報道番組の内容の三分の一を占めているのである。一九六八年には政治家などへのインタビュー映像は平均四二秒だった。これに対し、二〇〇〇年には八秒が標準になった。私たちは、政治の推移ではなく、個々ばらばらの出来事を見せられている。前後関係ではなく、目新しいものや紛争に関するカット集を見せられる。変化や改革に関する情報は説明に時間がかかりすぎるため、かわりに猛スピードの追跡シーンや動物園の生まれたばかりの動物の映像をあてがわれる。目的は私たちにテレビを見続けさせることであって、私たちに情報を与えることではない。

ジャーナリストが「だんまり」を決め込んで、情報の残り物を省略した後、十分な資力を持つ広告会社が、記事のさらに多くの部分をねじ曲げたり、編集者に大きな圧力をかけて記事をまるごとボツにさせることもよくある。一部の広告会社は、編集者やニュース番組のディレクターに方針書を渡し、自社製品を不利な立場に置く可能性がある記事については、事前に通知するよう求めている。広告会社の重役からの電話は、編集者のコンピュータの削除(デリート)キーのようなものである。こうして、明日の新聞の一面、あるいは六時のニュースからひとつ記事がなくなる。

地球温暖化についての真実がアメリカ市民のもとに届く頃には、それは吸い上げられ濾過されて、まゆつばもののポップサイエンスがひとしずく残っているだけである。

遅らされ、割り引かれ、薄められるフィードバック

ドネラ・H・メドウズのような科学者たちは、私たちは科学的シグナル——「フィードバック」

——に対し敏感になる必要があり、さもなければ文明を大きな壁に激突させる危険を犯すことになると述べている。メドウズは現在の世界を、滑りやすい道路をフルスピードで走る車にたとえた。ドライバーは、スピードを出しすぎているため、間に合うように車を止められないのである。(14)

社会全体の規模での暴走について、彼女は「限界を行き過ぎたという情報が、行き過ぎてからかなり経つまでシステム内の政策決定者たちに届かないか、あるいは、彼らが情報を信じてそれに基づいて行動しようとしない」（松橋隆治・村井昌子訳、『限界を超えて——生きるための選択』邦訳、ダイヤモンド社）と述べている。私たちのジレンマは、フィードバックが不十分なことからきている。私たちは、警戒が必要であることに気づいてさえいない。もう一つの問題は、私たちが進んでいるスピードである。この「全速力でぶっ飛ばす」経済は、資源は無限に供給でき、地球は酷使されても繰り返し回復できるという思いこみに基づいている。こういった思いこみは、一部は広報や宣伝の専門家によって仕組まれたものであるが、彼らはただ自分の仕事をしているだけなのである。かまうものか、害なんかないだろう？

いや、それはちょっと違う。質の悪い不完全な情報のために私たちは、この車はタンクがほとんどカラッポになっても、レーシングカー並みのスピードを出せるという、明白でそして不吉な事実を見過ごしているのかもしれない。

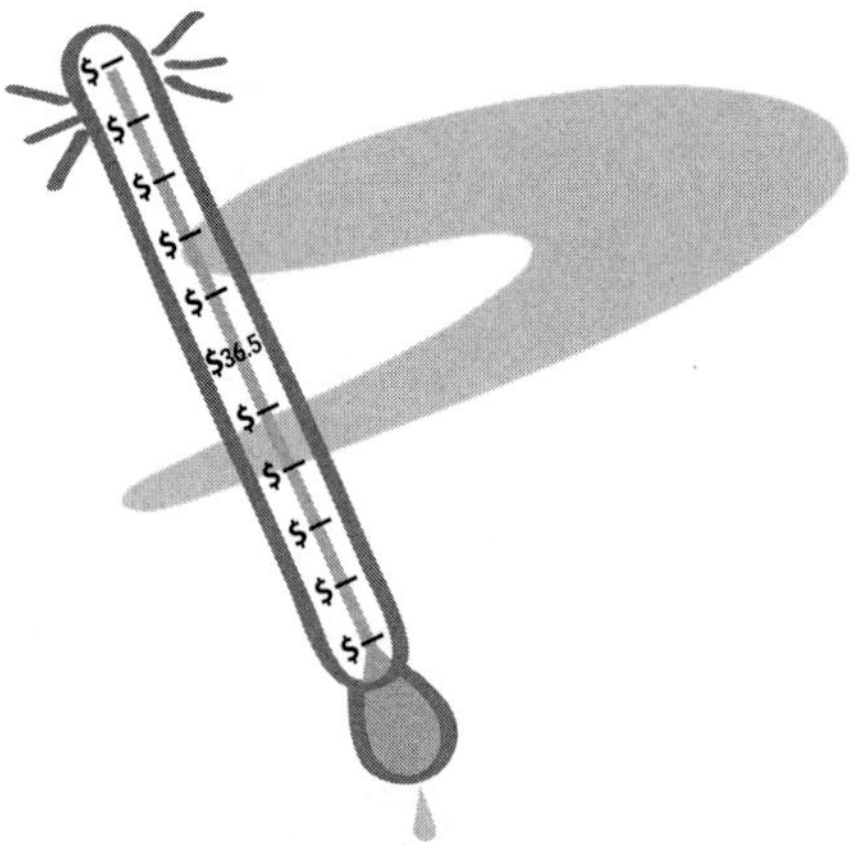
$36.5

第3部 ■ アフルエンザの治療

TREATMENT

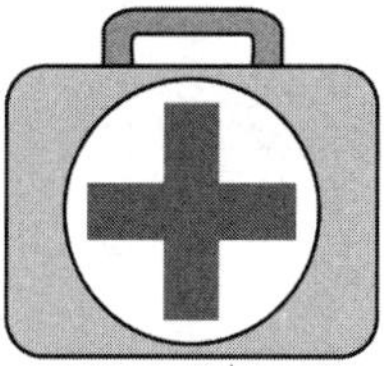

第21章　回復への道

「アフルエンザ」のプロデューサーの一人であるヴィヴィア・ボーが想像する次のような状況は、まだ起こっていない。今はまだ。

●テレビを見ていると、番組の中ほどで一瞬スクリーンが真っ暗になる。スクリーンが切り替わって、臨時ニュースが始まる。大群衆が高級住宅の外に集まっており、その家の前には同じように高級な自動車が何台か停められている。身なりのよい四人家族が、こわばった表情で階段に立っている。子供の一人が白旗を掲げている。レポーターが、マイクに向かって静かな口調で話す。

「有名なジョーンズ一家――ジェリー・ジョーンズとジャネット・ジョーンズご夫妻――の自宅から生放送です。何年もの間、私たちみんなが負けまいと努力してきたあのご家族です。でもたった今から、そんな努力はやめてもいいのです。この人たちはとうとう降伏したのですから。ちょっとお話を聞いてみましょう」

映像が切り替わり、疲れた様子のジャネットの肩に夫が手を置いているのが映る。彼女の声はかすれている。「もうそんなことをする価値はないのです。私たち一家はもう、お互いに顔を合わせることもありません。あくせく働いて、いつも子供のことを心配して、そして何年かかっても返済しきれないほどたくさんの借金をしています。もう降参です。だからどうか、私たちに負けまいとがんばるのはやめてください」

群衆の中からレポーターが叫ぶ。「ではこれからどうするのですか?」

「より少ないもので、より良く暮らそうと思っています」と、ジャネットが答える。

「ということは、みなさんが勝ったのですよ! ジョーンズ一家の降伏です」と、レポーターが言う。

「では、コマーシャルどうぞ」

＊　＊　＊

ジョーンズ一家は本当は降伏していない。今はまだ。だが大勢のアメリカ人が、生活をシンプルにする方法を探し求めている。本書の残りの部分では、そんな彼らが試みてきたいくつかの方法、そしてアフルエンザの手から解放されたもっと持続可能な社会を創造するために彼らがどのように協力しているかを知っていただきたいと思う。まず、次ページの「アフルエンザ自己診断テスト」をすることをお勧めする。これは、正直なところ科学的ではないが、自分が実際にアフルエンザにかかっているかどうかを診断し、もしかかっていた場合その症状の程度を知るためには有効な手段だと、私たち著者は考えている。

さあ、審判のときだ。自宅にこもって誰にものぞかれないようにして、次の診断クイズに答えて、アフルエンザにかかっているか、あるいはかかりやすいかを知ろう。読者の方々へ——もしあなたがアフルエンザにかかっていたとしても、あなたは一人ではありません! 本書のこれからの部分には実行可能で役立つことが書いてあるので、読み進めてください。もしかかっていなくても、いずれにしても健康でいるために読み進めてください。

「はい」1個で2点。どう答えればいいかよくわからなかったり、ほとんど同じくらいで決められない場合は1点とします。

◎アフルエンザ自己診断テスト◎

1・何か消費するもの（品物、食べ物、メディア）がないと退屈する。（はい□／いいえ□）
2・自分が持っている物や、自分が休暇を過ごした場所で、友達を感心させようとする。（はい□／いいえ□）
3・ショッピングを「癒し」に利用している。（はい□／いいえ□）
4・何も買う物がなくても、ショッピングモールへ行ってただ見てまわることがある。（はい□／いいえ□）
5・住まいを修繕するための商品を、近所の金物店でなく大きなホームセンターのチェーン店で買う。（はい□／いいえ□）
6・買い物が第一の目的で旅行に行ったことがある。（はい□／いいえ□）
7・概して人々のことを考えるより物のことを考える方が多い。（はい□／いいえ□）
8・光熱費を支払うとき、消費された資源の量のことは考えない。（はい□／いいえ□）

9・わずかな賃金の引上げと週労働時間の短縮のどちらかを選ぶとすれば、お金の方を選ぶ。（はい□／いいえ□）
10・一人で一週間に大きいゴミ袋一つ分以上のゴミを出す。（はい□／いいえ□）
11・商品を買うために払った金額について、家族に嘘をついたことがある。（はい□／いいえ□）
12・お金のことについて、家族と言い合いをする。（はい□／いいえ□）
13・ボランティアで他人を助けるために使っている時間が、週に五時間以下である。（はい□／いいえ□）
14・いつも、自分のところの芝生や住宅の外観を近所の家と比べている。（はい□／いいえ□）
15・家あるいはマンションの各人が、一人用にしてはかなり広い個人スペースを持っている。（はい□／いいえ□）
16・いつもギャンブルをしたり宝くじを買ったりしている。（はい□／いいえ□）
17・少なくとも一日に一度は投資物件についてチェックする。（はい□／いいえ□）
18・持っているクレジットカードで「上限」に達しているものがある。（はい□／いいえ□）
19・借金のことが心配で、頭痛や消化不良のような身体的症状が起こっている。（はい□／いいえ□）
20・毎週のショッピング時間の方が、家族と共に過ごす時間より多い。（はい□／いいえ□）
21・仕事を変えようと頻繁に思う。（はい□／いいえ□）
22・外見をよくするために美容整形を受けたことがある。（はい□／いいえ□）
23・会話が自分の買いたいものに集中することが多い。（はい□／いいえ□）

24・ファストフードにいくらお金を使ったかについて恥ずかしく思うことがある。　（はい□／いいえ□）

25・どこかへ一分でも早くたどりつこうとして、道をあちこち行ったり来たりすることがある。　（はい□／いいえ□）

26・運転中に怒りを爆発させたことがある。　（はい□／いいえ□）

27・自分がいつも急いでいるように感じる。　（はい□／いいえ□）

28・再利用可能な物を、手間をかけて再利用するのでなく、捨てることが多い。　（はい□／いいえ□）

29・戸外で過ごす時間が一日一時間以下である。　（はい□／いいえ□）

30・地元に自生している野生の花を三つ以上見分けることができない。　（はい□／いいえ□）

31・最新のスポーツ用品を手に入れるために、今持っているものを使い古す前に買い換える。　（はい□／いいえ□）

32・家族の各人が自分のテレビを持っている。　（はい□／いいえ□）

33・商品の価格の方を、それがどれだけうまく作られているかよりも重視する。　（はい□／いいえ□）

34・限度額を超えたためにクレジットカードの使用を店員から拒否されたことがある。　（はい□／いいえ□）

35・通信販売カタログを週に五つ以上受け取る。　（はい□／いいえ□）

36・再利用できる買い物袋をスーパーへ持っていくことなど、まったくと言っていいほどない。

37・自分の車がガソリン一リッターあたり何キロ走るか気にしていない。（はい□／いいえ□）
38・自動車を買うとき、他人への見栄から新車を選んだ。（はい□／いいえ□）
39・クレジットカードを五枚以上持っている。（はい□／いいえ□）
40・給料が上がったらすぐ、それを何に使おうかと考える。（はい□／いいえ□）
41・水道水よりソフトドリンクをたくさん飲む。（はい□／いいえ□）
42・今年は去年より多く働いた。（はい□／いいえ□）
43・自分の経済的目標を達成できるか疑わしい。（はい□／いいえ□）
44・一日の仕事が終わったとき、「へとへとになった」と感じる。（はい□／いいえ□）
45・通常、クレジットカードの支払いは最低限度額での分割払いばかりだ。（はい□／いいえ□）
46・買い物をするとき、幸福感がわき上がった後、続いて不安に襲われることがよくある。（はい□／いいえ□）
47・個人的な支出があまりに多く、学校、公園、交通のような公共的なものへの寄付をするだけの余裕はないと思うことがときどきある。（はい□／いいえ□）
48・自宅に収納できないほど物をたくさん持っている。（はい□／いいえ□）
49・一日に二時間以上テレビを見る。（はい□／いいえ□）
50・ほとんど毎日肉を食べる。（はい□／いいえ□）

◎結果集計◎

0〜25点……アフルエンザの重大な兆候はありませんが、健康でいるために本書を読み進めてください。

25〜50点……すでに感染しています――免疫力を高めるために本書を読み進めてください。

50〜75点……熱が急速に出ています。アスピリンを二錠飲んで、次章を丹念に読んでください。

75〜100点……アフルエンザにすっかり冒されています。医者に診てもらって、本書を全部読み直して、すぐに適切な行動をとってください。周りへ伝染するかもしれません。無駄にする時間はありません！

第22章　患者は安静に

あなたは生きていこうとしているのか、それとも死のうとしているのか。
――ジョー・ドミンゲス（元株式仲買人）

読者の方々は、アフルエンザの自己診断テストをして、自分が少しは症状があると気づかれただろうか。少しどころじゃなかったかもしれないが。そんなあなたは椅子に深く座り、額の汗をぬぐい、二～三回咳をしたあと、盛大にくしゃみをして、体温計はないかとあたりを引っかき回す。そして思う、「じゃあ、どうしたらいいんだ？」。

ひどいインフルエンザにかかったとき、医者が何と言ったか思い出そう。「家に帰ってベッドに入り、アスピリンを飲みなさい」そう、アフルエンザにかかった場合も要点は同じ、安静にすることだ。ただ本書では、少し違うふうに定義しているが。

あなたがしていることをストップせよ。今すぐにストップだ。中断。そして再点検だ。とにかく一息つこう。

見直すしかないこともある

ときにはそうするために、最悪の事態を経験しなければならないこともある。フレッド・ブラウンは、かつては上昇志向旺盛な大企業の人事部長だった。彼は年に一〇万ドルの収入があった。外面的には彼はすべてを持っているように見えた――立派な仕事、大きな家、すばらしい家族。だが心の底では、フレッドは黄金の手錠をはめられた囚人のような気がしていた。長時間働いて、妻や二人の子供と過ごす時間がほとんどなかった。そして結婚生活は破綻した。仕事はストレスに満ちていた。他の従業員に、あなたは解雇されましたと告げるのが、彼の役割だった。

そしてある日、恐ろしい電話がかかってきた。彼自身の仕事がなくなったのである。「クビを言い渡されるのは、クビを言い渡すのとは天と地ほどの違いでした」と、彼はその電話を思い出しながら言った。(1)

彼は不本意ながら質素な生活に追いやられたのだが、フレッドを最も打ちのめしたのは、収入がなくなったことではなかった。それは保障がなくなったことであり、「自分の仕事だと思っていたものを手放さねばならないこと」だった。最初、フレッドはこれまでやってきた分野でやり直すチャンスがないかと探した。しかし、それを見つけるためには北米大陸の反対側まで行かなければならなかっただろう。彼は突然、立ち止まってつくづく人生を見直さざるをえなくなり、それについて考えれば考えるほど、今まで仕事が自分を幸せになどしていなかったことに気がついた。

「そこで重要なことに思い当たった」と、彼は言う。「自分がどうしても、崖っぷちから未知の世界へ一歩踏み出さなければならないことに気がついたのです」

職業とライフスタイルを一大転換し、フレッドは学校へ行きなおしてマッサージ療法士になった。彼は今、年に約二万ドルしか収入がないし、かつて所有していた大きな家ではなく、小さなアパートで生活している。それでも彼は、こちらの方がずっと満たされていると言う。そして収入が八〇パーセント減ったにもかかわらず、小額ながらなんとか貯金をして、今の五倍も稼いでいたときにこしらえた借金を返済しているのだ！

さらに重要なのは、今では時間がたくさんあって、娘たちとの関係をやりなおしているということだ。そして彼は、本質的な満足を得られる仕事をしている。「私にとって、簡素に生きることが、より大きな幸せにつながっていることがわかりました。なんてすばらしい考え方でしょう！」フレッドは微笑んで言う。「私は今では解雇されたことに感謝しています。今は好きなことをしているのですから。それは、仏教徒が『正命（しょうみょう）』と呼んでいるものです。自分の正しい生き方を発見したような気がします」

一度の人生

エヴィー・マクドナルドが経験したように、自分の生活を見直さざるをえなくなるようなショックというのが、失業よりもさらに破滅的なことの場合もある。元気で明るい女性エヴィーは、若いころから、自分は成功するのだと心に決めていた。「私の目標は、この国の病院で最も若い女性の院長になることでした」と、彼女は回想する。

一九八〇年には、ほとんど目標に到達しそうになっていた。昇進と昇給を何度も経験し、贅沢な生活も手に入った。昇進するごとに新しい家を買い、ますます大きな車を買った。「私は、自分よりも恵まれない人々を助けたいと言っていたのに、靴を七〇足とブラウスを一〇〇枚持つようになっ

ていました。必要としているよりずっと多くのものを持っていたのです」(2)

それから、思いがけない不幸がやってきた。異常な発作があって、エヴィーは医者のところへ行った。検査が行なわれ、医師が残酷な宣告をした。エヴィーは不治の病にかかっていた——知られているかぎり助かった人はいない病気だった。おそらく数カ月の命だという。彼女は衝撃を受けて家に帰ったが、気がつくとその同じ日に家に泥棒が侵入していて、財産がほとんどすべて盗まれていた。その上彼女は保険に入っていなかった。突然、病気になると同時に財産を失い、エヴィーは自分の人生の意味について問いをつきつけられた。

「私は死ぬときどんな人間になっていたいんだろう」と自問した。「そして私が気づいたのは、今あるほとんどのものが得たいと思っていたものではないということでした。私が自分の人生に望んでいたのは、愛を知ること、奉仕を知ること、そしてすべてが調和して完全だと感じることでした」おそらく奇跡と言っていいだろう、医者からは、病気がいつ再発してもおかしくないと警告されていたにもかかわらず、病状がおちつき、エヴィーは体力と活力をとりもどした。

彼女は振り返って言う、「健康を回復する途上で、私は自分の人生をまとまりのあるものにする必要があると思いました。全体のバランスがとれた人間になる必要があり、その一部として、どのようにお金を使うか、そしてそれで何をするかという経済的生活を、自分の価値観と人生の目的にそったものにする必要がありました」

ちょうどその頃、次に紹介する一組の夫婦に出会い、彼らの考えに非常に深い感銘を受け、エヴィーはその後の二〇年間をほとんど二人とともに働いて過ごした。

お金か人生か

ジョー・ドミンゲスは元株式仲買人で、ヴィッキー・ロビンは元女優だった。倹約と簡素な暮らしの信奉者であり、他の人々に借金から抜け出し、お金を貯め、世の中に役立つために努力することを教えた。本書の著者の一人ジョンはジョー・ドミンゲスのことを知り、一九九七年にドミンゲスが亡くなる一年たらず前にインタビューする機会を得た。その頃には、ドミンゲスは弱り、何年にもわたるがんとの闘いで疲れ果てていた。しかし彼は、何千人もの人々の人生に影響を及ぼした情熱、真の勇気、痛烈なユーモアのセンスを少しも失っていなかった。

あるインタビューの中でドミンゲスは、まだ株式市場のアナリストだった頃に起こった、考え方の転換について説明した。「ウォール街にいたとき、より多く金を持っている人々が必ずしもより幸福ではなく、私が育ったスラム街［ハーレム］の近所に住んでいる人々と同じくらい多くの問題を抱えていることを知りました。金では幸せを買えないという非常に単純な結論が、私にもだんだんわかってきたのです」(3) 実に単純なことである。しかしアフルエンザの時代にはとても珍しいことだ。

ドミンゲスは倹約を試みた。彼は、気づいたら自分が以前より人生を楽しんでおり、同時にたいへん節約できる方法を発見したので、三一歳で引退して気の向くまま生きることができた（非常に簡素な生活だった――彼は亡くなった当時、年間八〇〇〇ドルで生活していた）。「多くの人々が私に尋ねたものです。『どうしてうまくいったのですか』と」ドミンゲスは回想する、「あなたが他の人々のように契約で縛られた奴隷にならなかったのは、財産をどう扱ったからなのですか、と尋ねてくるのです」

こうして彼は、新たに見出した時間で、他の人々にどうやったら支出を大幅に削減できるかを教え始めた。まもなくヴィッキー・ロビンと出会い、彼女は彼の残りの生涯の伴侶となった。ヴィッキーは語る、「私は、物をどうやって修理するか学ぶ必要があることに気づきました。そして、より多くのお金を稼いで考えもなくいろんな問題にお金をつぎ込むのでなく、人生をまっすぐに生きて、自分の技能や能力、工夫する力を伸ばすことに夢中になりました」。(4)

ドミンゲスとロビンは一緒に再びシアトルに落ち着き、人々の家で開くワークショップの指導ら、何千人もの人々から注文がくる講座テープの制作まで行なった。「それから出版業界の人が私たちのところに来て、本を書くように言いました。あとのことはご存じのとおりです」

著書『お金か人生か(*Your Money or Your Life*)』は、一九九二年に出版されるとすぐにベストセラーになり、これまでに一〇〇万部近くが売れた。もしドミンゲスとロビンが受け取った読者からの手紙が本当なら、『お金か人生か』は無数の人生を変えたことになる。

ドミンゲスはこの本を、世の中であり余るほど売られているお金についてのハウツー本と比べて言った。

「これは株式市場でぼろ儲けをすることについての本ではありませんし、どうやって頭金なしで不動産を買うかといった類いの本でもありません。正反対です。もっと賢いやり方で、すでにある給料をうまく使い、どんどん借金にはまり込むのではなくて貯金を生み出すにはどうすればいいかということについて書いた本です。それは、私たちの祖父母は知っていたのに、私たちは忘れてしまったか、忘れるように教えられてきたことです」

家計健全化のためのステップ

ドミンゲスの本は九つのステップからなる「ニュー・フルーガリティ（新倹約運動）」のプログラムを提示しており、それによって読者は自分の経済状態を立て直していくことができる。すべてのステップを守れば、多くの比較的高収入の読者は、一〇年かそこらで実際に「経済的自立」を果たすことができ、現在の職業よりも意義深く思える仕事に自分の時間を捧げることができることに気づく。しかし、比較的収入の少ない読者でも、支出を大きく削減できることに気づくはずである。「実のところ、このステップが最も役立つのは低所得の人々でしょう」と、ドミンゲスは語る。「なぜなら、お金を大切に使うすべを本当に知る必要があるのは、彼らなのですから」次にあげるいくつかの最初のステップを守るだけでも、多くの読者に大きな効果をもたらし、平均して約二五パーセントの支出削減につながるだろう。

その最初のステップとは、次の四項目を実行することである。

1・**「自分の過去を受け入れる」**

生涯でいくら稼いだか計算しなさい。次にはっきりさせなければならないのは、現在の純資産である。あなたは自分が浪費した総額を見て衝撃を受けるかもしれない。それがアフルエンザによる損害額といえるだろう。

2・**「自分の費やした生命エネルギーを追跡する」**

一週間の労働時間に、通勤およびその他仕事に関連した活動に使われた時間を加え、仕事に必要な物（たとえば通勤着や仕事着）への出費を差し引いて、真の一時間あたりの収入を計算する。

それから収入と支出について残らず記録をとる。労働時間は、最も重要な生命エネルギーの消費である。それで何を得ているのか、そしてそれを何のために使っているのか?

3・**「一カ月の収入と支出をすべて表にする」**

4・**「自分が使った生命エネルギーで、本当の充足感を得たかどうか自問する」**

ジョーとヴィッキーは、「充足感カーブ」を描いてみることを勧めた。これは、必要不可欠なもののために使ったときには上昇し、自分にとって重要でない贅沢品に使ったときには下降し始める。カーブの頂点は「十分」と呼ばれる点である――この点が、支出をやめて貯蓄を始めるべきときである。(5)

これらの事項を行なうのは、「棚卸し」つまり再点検をするために、なかば日課のようになっているいつもの活動を中断することを意味する。インフルエンザにかかったら、ベッドに入りなさい。崖から足を踏みはずしそうになったら、一歩後ろに下がりなさい。そしてアフルエンザにかかったら、立ち止まってじっくり考えなさい。

けちんぼ夫婦

一九九二年の出版以来、『お金か人生か』は数カ国語に翻訳された。オランダ語への翻訳はロブ・ファン・イーデンとハネッケ・ファン・フェーンが行なったが、二人はオランダで親しみをこめて「けちんぼ夫婦」と呼ばれている。

今でこそそうなのだが、ハネッケは当時を思い出して言う。「私たちはたくさんお金を使い、欲しいものは何でも買いました。そして数年後、私はむなしく感じ始めました。私はもうそんなふうにして生きたくはありませんでした。だから、もっと簡素な別のライフスタイルの方がいいと、ロブを説得しました」(6)

ロブは環境関係の技術者で、彼のコンピュータが出したシナリオは、過剰消費がオランダの生態系に害を与えていることを示しており、彼はハネッケに同意した。二人は、消費の削減を「どこまで進めることが可能か」やってみることにした。そして二人もジョーとヴィッキーのように、ライフスタイルを少し変えるだけで、快適さや便利さをそれほどひどく犠牲にしなくても、大きな節約ができることを発見した。やがて二人は支出を三分の二ほど削減し、その一方で生活の質は実質的に向上した。

今では二人はオランダ全国で、自分たちの変化について話をして、好評を得ている。「私たちは、物でいっぱいになったクローゼット、みんなの生活の中にあるあれやこれやのガラクタ、そしてどうやったらそういったものを減らすことができるかについて話します」とロブは言う。「するとみんな、納得してくれるのです」

ニュー・ロードマップ財団

ベストセラーを書いたジョー・ドミンゲスとヴィッキー・ロビンは、倹約をおあずけにして、その成功で儲けることもできた。しかし二人は、私たちの大量消費のライフスタイルが、我々人間だけでなくこの惑星をも脅かしていると思うようになった。二人は、自分たちが始めた実践例を続けようと心に決め、突然ふってわいたお金は公共のために役立てることにした。二人は、本から得られる利益をすべてある慈善団体、つまり質素なライフスタイルと環境への意識を高めるプロジェクトを支援する「ニュー・ロードマップ財団」に寄付することにした。簡素な生活の信奉者の間では、二人の気前のよさは伝説になっている。

ヴィッキー・ロビンは、今でも年間一万ドル以下で生活しているが、彼女を知っている人は誰も彼女が貧しいとは思わないだろう。お金はもちろんありがたいものであって忌むべきものではないと、彼女は言うだろう。しかしとりわけ、世界をよりよいものにするために使うときにそう言えるのである。

生活のギアをローに切りかえる

もちろん、ドミンゲスらの示すやり方だけが唯一の方法ではない。何千人ものアメリカ人がすでに、スローダウンし、切り詰め、再評価をするための有効な方法を他にも見つけている。彼らは、より少ない収入でより良く生きるため、自分なりの手段を講じてきた。「USニュース＆ワールド・レポート」の記者エイミー・サルツマンは、彼らを「ダウンシフター」と呼んだ。一九九五年の調査によれば、彼らの八六パーセントが結果的に以前より「幸せ」になったと答えており、悪くなったと答えているのは九パーセントにすぎない。[7]

生活のダウンシフト（ローギアへの切りかえ）を選択するなら、何十種類もある雑誌や本の中から、よりシンプルでストレスが少ない生活をするためのヒントを見つけることができ、それらは近くの図書館や書店にもある。そしてインターネットのウェブサイトもさらに多くの情報源を提供している。

第23章　アスピリンとチキンスープ

「学習サークルが出現し始め、ニューズレター、雑誌、コンピュータ上のインターネット情報源等々も増えて、そしてそれは今、シンプリシティの文化、エコロジカルに生きる文化を生み出し始めている」

——デュエイン・エルジン（『ボランタリー・シンプリシティ（自発的簡素）』の著者）

ちょっと子供の頃のことを思い出してほしい。風邪をひいてベッドで寝ていると、母親がやってきて優しく世話をしてくれた。大丈夫だからねと声をかけて、薬をくれたかもしれない——熱にはアスピリン、咳にはトローチ。そして、一杯の温かいチキンスープが気分をよくしてくれた。だが最も重要なことは、母親がそこにいて思いやってくれたおかげで、一人で苦しまなくてすんだことだ。

同じことがアフルエンザにも言える。それに打ち勝つためには、自分ひとりだけで戦っているのではないということを知る必要がある。同じようにこの病気と闘っている他の人々からの支えが必要なのだ。今日では、どんな依存症にもその苦悩者のための支援グループがあるが、この中毒性のウイルス、アフルエンザを克服するにはなおさらそれが必要だろう。なぜなら、世の中には消費を止めるどんな社会的圧力もない（むしろ反対だ）からである。だが、アフルエンザにもＡＡ（アルコール依存症者自主治療協会）にあたるもの——自発的簡素（ボランタリー・シンプリシティ）運動——がある。

自発的簡素（ボランタリー・シンプリシティ）

一九九六年、「トレンド調査研究所」（The Trends Research Institute）のジェラルド・セレンティは、「我々の一七年にわたるトレンド追跡の間で、自発的簡素ほど全世界的な支持を受けているものはありませんでした」と語った。彼は、アメリカのベビーブーマーの五パーセントが、「強化型の自発的簡素」を実践していると推定し、二〇〇〇年までにその値は一五パーセントになると予想した。「彼らはアフルエンザの治療法を発見しつつある」と、セレンティは断言した。「彼らはストレスから解放され、『こっちの生き方の方がずっといいですよ。これまでこんなふうに生きたことがあったでしょうか？』と言います」(1)

本書を書いている二〇〇〇年の現在、自発的簡素は、最近の経済的繁栄のため少しばかり打撃を受けた。それでもなお、何百万人ものアメリカ人が、より簡素でより環境にやさしい生活をするという考え方に魅かれている。自発的簡素「運動」は健在で、セレンティが予言したほど急速にではないが、拡大し続けている。それは、さまざまな人々からなるディスカッション・グループを中心とする運動で、一〇年近く前にセシル・アンドルーズが始めたのが最初だった。

学習サークルが世界を救う

アンドルーズは、子供のように純真な感性と、コメディアンもうらやむような人を笑わせる才能を持った、シアトル在住の五〇代の教師である。彼女はコミュニティ・カレッジの学長として成人教育クラスを担当していた一九八九年に、デュエイン・エルジンの『ボランタリー・シンプリシティ（自発的簡素）――人と社会の再生を促すエコロジカルな生き方』（邦訳、TBSブリタニカ）を読んだ。「私はその本を読んで本当に興奮しましたが、他にはそのことについて話している人はまわりに誰もいませんでした」と彼女は言う。彼女は、この問題についての講座を開くことにした。「しかし申込者はわずか四名で、結局中止しなければなりませんでした」と、彼女は笑いながら言う。「その三年後に、さまざまな理由があって再び試みたのですが、そのときは一七五名も集まりました」(2)

後になって参加者たちはセシルに、彼女の自発的簡素のワークショップで人生が変わったと語った。それはコミュニティ・カレッジの学長として毎日耳にしているようなこととは違っていたと、彼女は言う。「それで結局、私は常勤の職を辞して、こういったワークショップを開くことに専念するようになったのです」

彼女はまた、スウェーデンで学んだ考え方を思い出した。そこでは、近所の人や友人で学習サークルを組織し、参加者の自宅に集まる。セシルは、彼女の教える自発的簡素を学んでくれそうな人々を、そのようなグループへと組織し始めた。最初は参加者はそう多くない関連の文献を読むことから始めたが、ディスカッションの大部分は彼らの個人的経験に焦点を合わせたものだった。人々は、どうして参加したのか、時間がないこと、働きすぎていること、楽しみがないこと、生活にもう笑顔がないことといった、自分自身の話をし始めた。

セシルが一九九二年に始めたグループのいくつかは、現在でも続いている。参加者は、お互いにアドバイスしながら、やり方を共有するためのネットワークや、その他コミュニティ意識を向上させる活動のネットワークを築いている。彼らは、収入が多くなくてもすむように互いに助け合う方法を見つける。頻繁にお互いの家に集まり、行動のヒント、事例、アイデアを出し合う。全員が話すことを求められ、ゆで卵用のタイマーを順に回して一人がしゃべる時間を決め、誰かが会話を独占するのを防止する。

ディスカッションはしばしば、個人的なことから政治的なことに及んだ。「人々は、コミュニティをとりもどし、お金や資源の浪費をやめられるようにするには、どんな制度改革が必要なのかについての話をし始めます」彼らは緑地や子供たちのための公園、交通システムの改善、図書館の開館時間の延長、より有効な地方行政について話し合う。「自発的簡素は、単なる個人的な変革ではありません。こうした学習サークルが世界を救うかもしれないのです」と、アンドルーズはウインクしながら言う。

「破壊力」としての簡素さ

一九九二年以来、セシル・アンドルーズは、何百という自発的簡素の学習サークルを立ち上げる手伝いをしてきた。彼女も役員の一人である全国組織の「シーズ・オブ・シンプリシティ（簡素さの種子）」は、さらに多くのサークルを立ち上げた。彼女は著書『サークル・オブ・シンプリシティ（*Circle of Simplicity*）』で、どうすればサークルを始められるかを説明している。最も重要なのは、参加者が自発的簡素を自己犠牲と考えないことである。

「私の知人は、私たちが行なっていることを『自発的窮乏運動』だと言いましたが、それはちがいます」と、彼女は主張する。

「むなしさを埋めるための方法とは、何かを断つことではありません。それは、プラスのものをマイナスのものに置き換えていくこと、そして自分が本当に必要としているものを見つけ出すことなのです。本当に必要としているものとは、コミュニティ、創造性、生活の中の情熱、そして自然とのつながりです。人々はお互い助け合って答えを見つけ出します。彼らは、広告業界が生み出すにせのニーズではなく、自分たちの本物のニーズを満たしていくことを学びます。彼らは、大きな充足感がありながら環境への影響が少ないやり方で生活することを学ぶのです」

アンドルーズは自分のことを、いい意味で破壊的だと思っている。「自発的簡素運動の困る点は、それがあたりさわりのないものに見えることです。『あの人たちは節約して、もっとシンプルに暮らそうとしているのね。いいんじゃないの』といった感じです」と、彼女は言う。「だから人々は、それがどれほど過激か理解していません。それはいわば社会変革のトロイの木馬です。現実に、完全に違った生き方をするようになった人々がいます」

教会にも学習グループが

セシル・アンドルーズとともに始まった自発的簡素のディスカッション・グループは、今ではアメリカ全国でさまざまな形で展開している。特に多いのが教会で、そのリーダーの多くが、もし私たちが本当に同胞を守り合う者であれば、アメリカ人は「簡素な生活をして、他の人々が簡素に生きることができるように」しなければならないと認識している。

統一メソジスト教会は、「アフルエンザを治療する」というタイトルの六巻からなるビデオ・シリーズを制作した。その司会役は進歩的な福音派の神学者トニー・カンポロで、彼はクリントン大統領の精神的助言者だった。教会はビデオを使って、消費の問題について議論を続けていくよう呼びかけている。

『もっと簡素な暮らし、思いやりのある生き方（*Simpler Living, Compassionate Life*）』という本も人気があり、これはワシントン州シアトルにある「アース・ミニストリー（地球の聖職者）」という組織の主要メンバー、マイケル・シュットが編纂したすぐれたエッセイ集である。多くの教会がこの本を使って、一二週間の自発的簡素の講座を実施している。各週のテーマとして、「時間の神聖さ」「お金か人生か」「どれだけあれば十分か?」「毎日食べるものの選択」「簡素さの政治学」「神学」「歴史」「コミュニティの拡大」などがある。

ロイ夫妻のダウンシフティング

教会は、貪欲という基盤の上に築かれたイデオロギーを疑う場としては自然な所だと思えるが、ディック・ロイとジーン・ロイの学習グループは、アフルエンザに対する闘いを予想もしなかった場所に持ち込んだ。

ディック・ロイは、五三歳という年齢になるまでは、最も伝統的な形のリーダーだった。オレゴン州立大学でクラスの総代をつとめ、海軍の将校を経て、オレゴン州ポートランドの全景を見下ろす三二階にオフィスを持つ、アメリカでも最も有名な法律事務所で高給の企業顧問弁護士になった。しかし彼は、強力な環境保護論者で倹約の信奉者であるジーンの夫でもあった。

このため、高収入にもかかわらずロイ夫妻は簡素に暮らし、しばしば、古い衣服や使い古された自転車のことで、友人たちからのひやかしに甘んじなければならなかった。二人は、休暇には徒歩旅行をした。子供たちをディズニーランドへ連れていったときなど、バスに乗り、カリフォルニア州アナハイムの通りをバックパックをかついでバス停からモーテルまで歩いた。

特にジーンは、消費を減らすためのさまざまな方法を見つけ出した。乾燥機でなく物干しロープを使う、ダイレクトメール類は来なくなるまで送り返す、気をつけて紙を節約する、食品はまとめて買い、持参の入れ物を使う。その結果ついに、近所のみんなが驚いたように、ロイ一家が出す不燃ゴミの量は、年に普通サイズのゴミ容器でわずか一杯にまで減ったのである！　彼女は、それは何かを犠牲にすることではなかったと言う。「人々に、どんな活動によって喜びがもたらされるかと聞けば、その答えは、自然とのつながり、創造的なこと、人間関係でしょう。簡素に暮らすために行なうことは、これらすべてを満足させてくれます」(3)

ジーンは、やがてポートランドのリサイクル計画で指導的役割を果たすまでになった。人々の家庭でグループ・ワークショップを開き、どうやってエネルギーや水を節約し、資源を最大限有効に使えばいいかを教えた。

一方ディックは、家族とともに過ごす時間を増やせるよう、事務所で誰よりも短い時間で仕事をして、職場の人々を驚かせた。このようなやり方をすれば法律業界では異端者のレッテルを貼られかねないが、ディックは優秀な弁護士で、同僚ともうまくやっていたので、彼らはディックのやり方を大目にみた。

しかしとうとう彼は顧問弁護士の仕事にうんざりしてきた。子供たちが成長すると、彼は自分の価値観、特に環境問題への関心をもっと直接的に表現することをしたいと思った。一九九三年ディック・ロイは、貯金で生活しながら地球を救うことに自分の時間を捧げようと、仕事を辞めた。

サークルの拡大

彼はポートランドに「ノースウェスト・アース・インスティテュート」を設立した。これは、既存のさまざまな機関の中でディスカッション・グループを運営することにより、簡素な生活と環境意識を促進する組織である。ディックが築いていた企業とのつながりが役立って、ポートランドの大企業の多くに「自発的簡素」「ディープ・エコロジー」〔訳註・人間中心主義でない、全生物の平等という立場から環境問題をとらえる思想〕「持続可能な生活のための選択肢」「『場所の感覚（センス・オブ・プレイス）』」〔訳註・自分が生きている場所との、五感をともなった空間的・時間的な一体感〕の発見」などのワークショップを開くことができた。興味をいだいた従業員は、昼休みに一〇人ほどで会合を開き、建設的な会話をするよう奨励される。そして、それが個人的、社会的、政治的行動へとつながることをディックは望んだ。

設立から七年で、「ノースウェスト・アース・インスティテュート」は、驚くべき成功の足跡を残している。

*民間企業（ナイキやヒューレットパッカードのような大企業も含む）、政府機関、学校、非営利団体など、太平洋岸北西部のいたるところで六〇〇以上のディスカッション講座が開かれた。

*北西部で、教会のディスカッション・グループが七〇以上できた。

*北西部以外の三七州において、出張講座が開かれ、アース・インスティテュートの姉妹団体が

設立された。

*二万五〇〇〇人以上が講座に参加。

アース・インスティテュートには今では多数の職員がいて、さらに増えつづけているが、ディックとジーンはいまだにフルタイムのボランティアで働いている。インスティテュートは、コースの責任者のための訓練プログラムを毎年開いており、そこにはいつもユーモアと音楽と楽しさがあふれている。

お互いの存在に気づく

ここで紹介してきた学習プログラムはすべて、〝アスピリン〟と〝チキンスープ〟で始まる。つまり、他の人々の支援と励ましがあれば、生活を簡素にすること（アフルエンザを治療すると言ってもいい）が容易になるということから出発している。

デュエイン・エルジンは、一九七〇年代末にスタンフォード研究所で、簡素で消費を減らした暮らしを選択しようとしている人々について研究した。エルジンは、彼らが「食物連鎖のなかで下位の物を食べ」、菜食主義の傾向があり、質素で実用的な服を着て、小型の燃費のよい車を買い、「内面的」な生活を高めようとしていることを明らかにした。彼らは自分の行動の環境への影響に注意を払いながら、「意識的に、慎重に、意図して」生活していることがわかった。(4)

エルジンはこうした発見を著書『ボランタリー・シンプリシティ』で発表した。しかしそのタイミングは少々悪かった。この本が出た一九八一年は、ちょうどレーガン大統領が過剰消費への回帰を奨励し、トレンド・ウォッチャーたちがヤッピー（二四六ページ参照）を発見していたときだった。

灰色のあごひげをたくわえ、キラキラ光る目をした穏やかな男性であるエルジンは、現在、新たな自発的簡素運動のリーダーとして広く知られている。過去数年間のアメリカの歴史を特徴づけるあり余るほどの富と、「現実の生態学的危機から私たちの目をそらさせ、注意をシャンプーやなにかの商品の方へ向けさせる商業主義のマスメディアの力」が、「たった今も、破局につながるものの見方を生み出している」と、エルジンは考えている。

しかし彼は、簡素さを強調し始めた七〇年代にはなかった希望の兆しが、今の時代にはあると思っている。エルジンは、急速に拡大する学習サークル運動と、アフルエンザの治療法を求める人々が互いに連携する方法が、今では無数にあることに注目している。大量の新しい雑誌（あるものは現実的で、あるものは単に流行を追っているだけだが）、インターネット上のとても有用な情報源「シンプル・リビング・ネットワーク」、簡素な生活を奨励する多数の団体のウェブサイト、メーリングリストやチャット・グループ、ラジオ番組、実用的なヒントとアイデアが詰まった新刊書などである。

人口の一〇パーセントにあたる人々は何かを変えつつあると、エルジンは言う。「長い間、彼らは自分が一人ぼっちだと思っていましたが、今ではお互いの存在に気づき始めています」

しかし彼は、変革がなしとげられるには一世代はかかるだろうと考えており、私たちが生態学的な限界の壁にぶちあたるまでにぎりぎり間に合うかどうかだと憂慮している。

「簡素な生活を選択するこれらの人々のうち最先端の人たちは、比較的豊かでした。彼らは良い暮らしを味わって、それでは足らないことを知り、そして今、別の種類の生活を探し求めているのです」その意味では、この運動は、一部の人からはエリート主義と見られるかもしれない。「しかしそのような人々が消費を控え始めたときにのみ、今十分に持っていない人々が手に入れられる物が増えるのです」とエルジンは言う。

　エルジンは、好んでアーノルド・トインビーの「漸進的単純化の法則」について話す。エルジンによれば、この偉大な英国の歴史学者は二二の異なる文明の浮き沈みを研究して、人類の文明の成長についてわかったことすべてを一つの法則に要約した。つまり、文明の成長の基準となるのは、エネルギーと注意を、物質的側面から、精神的・美学的・文化的芸術的側面へと移行する能力だというのである。

　今、全国で何千人ものアメリカ人が、小さなグループを作って協力し、そのような移行を起こそうとしている。

第24章　新鮮な空気

忙しさと、魔法にかけられたような魅惑的な状態を同時に想像するのは難しい。私たちは魔法に誘われて立ち止まり、目の前にあるものにとらえられる。私たちが何かをするのでなく、私たちの身に何かがなされる。（……）静かな森の真ん中で、とどろき、光り輝く滝をよろめきながら横切り、私たちは心からうっとりする。

——トマス・ムーア、『日常生活の魔法がよみがえる（*The Re-enchantment of Everyday Life*）』

どこかの水路——あるいは小川、草地、林、沼地（……）それらはイニシエーションの場所であり、そこでは私たち自身と他の生き物の境界がなくなり、土が爪の下に入り込み、場所の感覚が皮膚の下に入り込む。

——ロバート・マイケル・パイル、『雷の木（*The Thunder Tree*）』

アフルエンザの時代には、さらに大きな利便性を求めて、アメリカ文化は家の中に入った。あのジョーンズ一家のジャネットが近所の人に話しているところを想像してみよう（もちろん降伏する前のことだ)。

エアコンのとりつけ業者が私道に車を乗り入れると、彼女が「もう暑がらなくてすむわ」と言う。業者のすぐ後ろには、かつて菜園だったところに植える、バン一台分の花や木、そして小鳥の水浴び用水盤がある。スリッパを履いたジャネットが、芝のじゅうたんの上を音もなく歩いて、肩越しに振り返ると、「もうあまり料理しないから、菜園があってもしょうがないしね」と言う。

一九九〇年代には、「立ち止まってバラの香りをかぐ」という格言が、もっとシニカルな「朝起きてコーヒーの香りをかぐ」というものにまで後退した。もう私たちには自然と接する時間がない。私たちはバラのことなど気にしなくてもよくなった――造園業者に世話をまかせるのだ。

この章では、私たちは十分にお金を稼げば自然について何も知る必要はないし、自然に接したりする必要もないという、無意識かもしれないが一般にはびこっている考えに挑んでみたい。私たちを自然とのつながりが強くなればなるほど、必要な、あるいは稼ぎたいと思うお金は少なくなるということを示したい。アフルエンザをやっつけることが目標なら、その効果が証明ずみの「自然療法」が私たちの進むべき道かもしれない。

知っていると言うだけでも

二〇〇〇年の調査によれば、アメリカ人の三四パーセントが一番好きな活動としてショッピングをあげ、これに対し自然の中にいることの方が好きだと答えたのは一七パーセントにすぎなかった。また、国内ナンバーワンの「景勝地」の地位を獲得したのは、ラスベガスの大通りだった。

ある小学四年生の生徒は、部屋の中と外のどちらで遊ぶ方が好きかと尋ねられて、「部屋の中。

だって、電気のコンセントがあるもの」と答えた。別の女の子は、死んだカブトムシを棒でつっついて、友達に、「きっとこの虫は電池が切れたのね」と言った。飲料水の水源をたどる野外調査で、ニューヨーク都心の中学校の生徒たちは、キャットスキル山脈の山中で、星が輝く冷たい闇と、しだいに増していく静けさに怯えた。

最近、本書の著者デイヴがある大学生の手伝いで彼女の家の裏庭に菜園を作ったとき、彼女が「ジャガイモは木になる実なんだと思っていました」と打ち明けた。「たぶん私、自分が食べている物がどこから来ているのか、もっと知る必要があるんでしょうね」

ナチュラリストたちは、自分の家の裏庭や田舎の未開発地にもっと足を運んで、再び本物の世界とのつながりを持つよう、私たちを促している。これは、私たちの心の奥底に潜んでいる、「自分は本当はどこにいるのだろう」という疑問の答えを得る助けとなる。

あなたは、自分の住んでいる地域にいる重要な生物種のいくつかと、そこでどんな自然現象が起こっているか、言うことができるだろうか?

◎バイオリージョン(生命地域)・クイズ◎

1・あなたが飲んでいる水を、雨が降ったところから蛇口までたどってみてください。
2・自宅のまわりの土について説明してください。
3・あなたの前にその地域に住んでいた人々の文化において、最も重要とされた生きるための技術は何でしたか?

4・あなたのバイオリージョン内に自生している食べられる植物の名前を五つあげ、それが採れる季節を述べなさい。

5・あなたの出すゴミはどこへ行きますか?

6・あなたの住む地域に棲みついている鳥または渡り鳥の名前を五つあげなさい。

7・あなたの住む地域で絶滅した動物種は何ですか?

8・あなたの住んでいるところで、いつも春に最初に花が咲く野草は何ですか?

9・あなたのバイオリージョン内では、どんな種類の岩石や鉱物が見つかりますか?

10・あなたのバイオリージョン内で最も広い手つかずの自然はどこですか?


(ビル・ドゥバル、ジョージ・セッションズ『ディープ・エコロジー(*Deep Ecology*)』に基づく)

生命維持装置につながった文明?

かつては自然がただで与えてくれていたサービスが、ひとつまたひとつと、パッケージ化されて売られるようになった。たとえば、宅配される瓶詰めの水。人工の日光を浴びる日焼けサロン。人間の自然との接触(コンタクト)は、自然との売買契約(コントラクト)になった。酸素さえ売り物である。しかし多くの教育者や思索家が、自然からの撤退に伴って起こっている「経験の消滅」について語っている。ディナーの大皿の上にのったパセリの葉っぱのように、地域の公園は生物学的な面白みに欠けていることが多い——そしてときには犯罪が起こるおそれもある。人が自然のことを知る手段は、テレビに出てくる自然の映像を、ポップコーンのようにつまみ食いすることぐらいしかない。

しかし現実とは、多次元的で五感に訴える相互作用的なものであり、テレビはそれを伝達することはできない。テレビはただ、目に見える世界――そしてレンズというトンネルを通ったもの――を見せているにすぎない。私たちは実際にそこにいて自然の匂いをかぎ、それに触れ、そよ風を感じるわけではない。

その上テレビの自然は、しばしば台本がある自然――ペーパーフラワーのようなにせ物――である。何百時間もの断片的なビデオテープをつなぎ、アフリカで撮影された典型的な自然番組は、冷酷に野生動物を求めてうろつく威厳のあるライオンや、ジャッカル、ガゼルを大写しにする。しかし現実には、ライオンはあなたの家にいるネコと同じように怠け者で、ときには一日に二〇時間も眠っている。それなのに、ライオンの交尾の場面の次には必ずといっていいほど、「二、三分の妊娠期間ののちには子どもが飛び出してきてじゃれあい、また終わりのない食物連鎖が繰り返される(……)」。(1)

いま引用した『情報喪失の時代』(邦訳、河出書房新社)の中で、「ニューヨーカー」誌の元記者で環境保護主義者のビル・マッキベンは、ニューヨーク州北部での一日がかりのハイキングで得られる情報と、同じ日の一〇〇のケーブルテレビ局の情報内容とを比較対照してみせている。

彼は録画した番組を一つ一つ数カ月かけて見て、商業的なものの見方をふりまく広大な仮想の不毛の地を観察した。マッキベンは右の著書で、「われわれは自分たちが『情報の時代』に生きていると信じている。現代は情報が爆発的に増加する、情報『革命』の時代だと思っている。(……)かつて人類が常に身につけていた基本的な知識が手のとどかぬところへいってしまい、われわれは自分が誰で自分の居場所がどこなのかわからなくなっている」と書いている。彼は、一〇〇時間分の番組の中で自分の生活を豊かにするものはほとんど発見できなかった。

しかし、マッキベンの一日のハイキングでは、あらゆることが起こった。頭上で七羽のコンドルがゆっくりと旋回していた——あまりに近かったので、羽根を数えることができたほどだ。「観察される側として私が味わったあの気持ちは、ほとんど耐えがたいもの——エロティックとさえいえるようなもの——だった。私は小さくて無防備な獲物になったような気持に何度もとらわれ、コンドルの姿が見えなくなってしばらくしても、彼らがどこにいるのかが気になった」と彼は書いている。

それでも彼は、その日のコンドル、アメンボ、ツグミとの「遭遇」は、けっしてスピルバーグの映画の題材にはならないと知っていた。「私は獣の牙にかけられたわけでもなく、追われたわけでもなく、吠えつかれてさえいないからだ。また、麻酔銃で猛獣を倒したわけでもないし、太古の昔から交尾のときに大きな気嚢(きのう)をふくらまして奇妙な儀式を行なってきた動物を見たわけでもないし、(……)不思議な行動をとる生物を見たわけでもないからである」(2) しかし彼の現実世界での経験は、彼を受身ではなく、積極的に生きているという気持ちにさせた。『情報喪失の時代』の結びの文で、マッキベンは、私たちと自然界の間にできた深い谷を思い起こさせる。

『ナウ・ユー・アー・クッキング *Now You're Cooking*』という番組では、女性がスーパー・スナッカーを使ってピッグ・インナ・ブランケット(ソーセージをくるんだパンケーキ)をつくっている。「わが家にはきまりがありましてね——最初に起きてきた人間がスーパー・スナッカーの電源を入れるんです」

そして池では、マガモが水面を行ったり来たりしており、その胸元からくり出されるさざなみは早朝の日の光を受けて輝いていた。（以上、引用はすべて高橋早苗訳）

「エコフォビア」の克服

マッキベンやその他多くの人々が指摘しているように、私たちが地球の同居者たちの起源、習性、必要性を忘れると、生物学的なバランス感覚をも失ってしまう。心理学者のチェリス・グレンディニングは、「私たちが住める唯一の家から遠ざけられ、私たちはホームレスになる」と書いている。(3)

進化論的な意味で私たちは、生物学的なしくみを支えている生きた足場を失う危険を冒している（たとえば、健全な腐敗菌の世界がなかったとすれば、私たちはみんな膝まで恐竜の死骸に埋まっていただろう）。そして私たちは、何が正しいか知るすべを失う。

生態学者のアルド・レオポルドは、「物事は、生物共同体の全体性、安定性、美観を保つものであれば妥当だし、そうでない場合は間違っているのだ」（新島義昭訳、『野生のうたが聞こえる』邦訳、森林書房）(4)と考えていた。だが考えてみると、私たちの日々の活動や常識の大部分は、レオポルドの法則に反している。私たちは、生物共同体やそれが必要とするものについて、何も知らない。

教育学者のデイヴィッド・ソーベルは、私たちが自然から切り離されている状態を「エコフォビア」（自然への嫌悪症）と名づけている――たとえばバラの香りをかいだり、バラを植えたり、バラをバラと認識したりすることができないのがこの症状の特徴である。「エコフォビアは、石油流出、熱帯雨林の破壊、捕鯨、ライム病を恐れる。だが実は、単に戸外に出ることへの恐怖なのだ」と、ソーベルは説明している〔訳註・ライム病はダニが媒介する〕。細菌、稲妻、クモ、泥への恐怖。ソーベルは、エコフォビアに対する応急手当として、自然に直接手で触れることを強く勧めている。「水の循環を理解するためには、濡れたスニーカーと泥だらけの服が欠かせません」と彼は言う。(5)

著書の『エコフォビアを超えて（*Beyond Ecophobia*）』の中で彼は、「時間病」を克服しもっと自然のペースをとりもどすための魔法について書いている。

> 私は、六歳の息子イーライとその友達のジュリアンを連れてカヌー乗りに出かけた。計画では、アシューロット川を二マイル（約三・二キロメートル）ばかりカヌーで行くつもりだった。大人なら一時間ほど漕げば行ける距離だ。しかし私たちは、四〜五時間ぶらぶらしていた。上流のゴルフコースから流れてきたゴルフボールを、川の底からすくった。川の浅瀬でも深みでも、魚や虫を観察した。支流の注ぎ口で止まって弁当をひろげ、湿地の流れの迷路を抜ける長い探検に出かけた。ビーバーの通った跡をたどっていくと、じめじめした所を横切るために、足をぬらさないよう倒れた木々の上をバランスをとりながら歩かなければならなかった。春の花を見たり、ヘビを捕まえようとしたり、道に迷ったりした。あてもなく、子供のペースで動くのは、なんとすばらしかったことか！(6)

自然——名詞か動詞か？

一五年前のある夏の夜、本書の著者デイヴの家族は、突然ナイフのように夜を切り裂いて聞こえてきた、気味の悪い耳をつんざくような鳴き声に、眠りを破られた。家族四人全員がベッドの上で飛び起き、片田舎の小さな谷じゅうの小屋で明かりがついた。午前四時、デイヴの子供たちは震える足でソファーの上に立ち、闇の中を覗いた。子供たちは、前庭にたった今「出現」したクーガーを一目見たいと思った。それは、人類が進化の過程で知るようになった恐怖と驚異に彼らを結びつける、原始の経験だった。子供たちは、こんな経験ができて幸運だと思った――ただし、その夜はその後、誰も眠れなかったが。

今度は、一二年かそこら早送りして、コロラド州のサングレ・デ・クリスト山脈を見渡す岩棚を見てみよう。デイヴの息子のコリンが、動物が食べ残した骨に注意を促す。二人は岩棚に横たわったアンテロープの骨格を調べ、コリンは自分の想像を話す。「クーガーがアンテロープをここまで引き上げて食べたんだ」彼は、「現実世界の博物館」の展示品を探る謎解きの作業が好きだ。

しかしデイヴは、年代的に違うところにいた。アンテロープの骨格に手を伸ばし、ハイキングの戦利品にするため、首から頭蓋骨をはずした。首の椎骨(ついこつ)が折れる音は、彼がこれまで聞いたことがあるうちで一番と言っていいほど(かつて聞いたクーガーの鳴き声に匹敵する)恐ろしげな音だった。デイヴは不安を感じて、頭蓋骨をもとあった場所のそばに置きなおした。

コリンは父の衝動的な行動をじきに許したが、二人はその日の午後、人間の後天的な習性である「自然を所有する」ことと、もっと無条件に自然の中に存在することとの違いについて話し合って過ごした。

テレビに映る自然のめまぐるしく展開する光景に毒されて、私たちは大きな出来事、スペクタクルを探し求めるのが普通になっている。しかし、大人よりも子供の方が自然の些細なことにも夢中になれる。「どこへ行ってたの?」と親が尋ねる。「外」「何をしたの?」「ううん、何も」と子供は答えるが、その子の頭の中には生き生きとした自然のイメージが浮かんでいる。たとえばそれは、あざやかに赤く色づいたカエデの葉の下に隠れた、無傷のコマドリの卵の殻の色かもしれない。

自然の魔法

原生自然保護区でツアー・リーダーをしているカリフォルニア・ソノマ州立大学心理学教授のロバート・グリーンウェイは、長年にわたり原生自然の中を歩いて過ごし、自分自身の心の中にいる子供が活発なままでいられるように生きてきた。彼は、他の人々の中にもあるそういった性質を引き出そうと試み、めざましい成果をあげた。原生自然へのツアーに参加者した千人以上の人たち(大人も子供も)から返ってきた意見を見れば、自然が本当に魔法をかけていることがわかる。


*参加者の九〇パーセントが、今自分は生きている、幸せである、エネルギーがあるという感覚が増したと述べた。

*七七パーセントが、帰ってから生活が大きく変わったと述べた(個人的人間関係、就職、住宅、あるいはライフスタイルにおいて)。

*男性の六〇パーセント、女性の二〇パーセントが、ツアーに参加した主な目的は、恐怖を乗り越えること、自分に挑戦すること、限界を広げることだと述べた。

*九〇パーセントが、ニコチン、チョコレート、麻薬などへの依存から抜け出した。

*女性の五七パーセント、男性の二七パーセントが、ツアーに参加した主な目的は、自然に「帰

る」ことだと述べた。

＊回答者全体の七六パーセントが、原生自然に入って七二時間後には、夢の回数、鮮やかさ、内容に劇的な変化があったと伝えた。(7)

私たちは、たとえ自然から遠ざかっていても、自然が有益なことを直感的に知っている。病人は、美しい緑の風景が見えると、ずっと早く回復する。メリーランド州フレデリックにある「ウェイステーション」という精神療養施設では、日当たりの良い、新しいレンガと天然木が使われたこの建物に住むようになって、情緒と精神に障害がある入所者の自殺発生率が劇的に減少したという。窓と天窓から入る自然光とそこから見える植物が、彼らの気分を落ち着け安心させたのだと思われる。

グリーンウェイのような人々は、私たちに「正気をとりもどしなさい」と促す。文字通り自然を嗅ぎ、触り、味わうことによって、私たちは頭の中にある瓦礫(がれき)を取り除き始める。グリーンウェイは言う、「原生自然へのツアーでは、人々は四日程度で、『忙しい』あるいは『都市の』夢でなく、自然の夢を見始めます。それは何度もあったことで、私たちの文化が四日分の深さしかないということを示しています」(8)

これに対して、ノンフィクション作家のジョン・マクフィーは、地球上の生命の歴史を「ディープタイム」と呼んだ。たとえば、六五〇〇万年前(ディープタイムの尺度ではほんの昨日のことだ)のシダ類、藻類、原生動物がいなかったとしたら、私たちがこんなに石油のことばかり考えるようにはならなかっただろう。

正気をとりもどす

私たちが自分の鼻、皮膚、肺、そして爬虫類の脳で自然を体験するとき、頭から離れないプロジェクトやスケジュールのストレスが、ばかげたことに思えてくる。自尊心が何かもっと大きなものに溶け込み始める。私たちは、自分が生物圏というクラブから離れることのないメンバーであることを理解し、そのすばらしさを感じる！　自分自身を単なる人間―給料―家―車として認識するのでなく、自分が何者であり、どこにいるのかをついに理解する。私たちは本当は、人間―土―穀物―果物―微生物―木―酸素―草食動物―魚―湿地であり、そしてまだまだ続く！　私たちは、自然を使い古しの自動車のように分解していくような論理と倫理観を疑い始める。

数年前、ラナ・ポーターは正気をとりもどし始めた。彼女が手入れする菜園は、ただの青々と茂る開墾した空き地とは違う――それは、彼女自身が生物学的に延長された世界であり、生き方そのものである。「私は、ほとんど一年中、この菜園で採れた物を食べています」と彼女は語る。「そして、有機作物は私にエネルギーをくれるので、それによってもっと作物を育てて、さらにエネルギーを得ることができます。それは、支出を半分に減らしてくれる健康のサイクルです。食費は減り、医療費も減り、運動のためにお金を払う必要がなくなり、楽しみのための旅行をあまりしなくてすむので、交通費も減りました」(9)

この自分専用のエデンの園について一番気に入っていることは何かと聞かれて、彼女は答える。「それが私の頭をカラッポにしてくれることです。ときどき、元気な作物に水をやったり、種をまいたり、畝(うね)の間を耕したりしているとき、私はまったく何も考えていません――働きすぎのコンピユータ・プログラマーという以前の生活からみると、革命的な変わりようです。作物の世話をもっと効率的にして、ここで過ごす時間を減らすようにすべきだと言う人々がいます。タイマー付の灌水システムとか、配合肥料や殺虫剤を使えということです。しかし、そういった栽培の仕方は、菜園から栽培者を切り離します。肝心なことは、より多くの時間を植物とともに過ごし、世話をしてやること、気まぐれに移り変わる世の中に合わせるために自分をつくりかえようとする時間を減らすことです」

ラナと同様、多くのアメリカ人が、複雑な自然と過度に単純化する科学との違いを見抜いている。いわば健康を与えてくれる果汁たっぷりのおいしいモモと、やせた土で育った価値のないモモの違いである。突然、自然の法則と周波数がぴったり合って、新しい目が開け、私たちの文明の習慣の多くが生物学的事実に根ざしていないために逆効果となっていることを悟る。

ちょうど「耕した土地を七年目には休ませておくこと」が旧約聖書（「出エジプト記」二三章一〇～一一節）での教えとなっているように、地球温暖化を防ぐために太陽の恵みを最大限に利用することを、エコロジー時代の信条の一つとするべきである。しかし私たちは、つながりがあるという実感がない限り、裏庭も、バイオリージョン（生命地域）も、この星そのものも守ろうとしないようである。

自然は「向こうにある」のではなく、あらゆるところにある。裏庭のフェンス内に入ってきた樹木がどれほどよく生長したか発見することが、自然である。ケーキ・ミックスの材料が生物学的に人間のとるべき栄養と矛盾していないかどうかを知ることが、自然である。店へ歩いていき、立ち止まって近所の人に、いま植えておられる花は何という種類ですかと尋ねる——それも自然である。

ハゴロモガラスのように幸せ

水生生物学者でウィスコンシン大学教授のキャル・デ・ウィットにとって、エデンの園は自宅の裏庭のすぐむこうにある淡水の沼地である。彼はその沼地をとてもよく知っていて、鳴き声だけで鳥を区別することができるほどだ。胸まである長靴をはいて、膝のところまでつかって立ち、デ・ウィットは沼地で起こるさまざまな循環と生命現象をたどる。彼は、「ここにあるガマの穂が沼の中に落ちると、それは再び土に戻り、その土壌の中でさまざまな種類の生物が育ちます。それをガンやここに生息しているサギが食べます」と大きな声で言う。「私を本当にわくわくさせるのはこういったことで、それは畏怖と驚嘆の念を起こさせるからです。そして、そのような畏怖や驚嘆こそが今日私たちが失いつつあるものだと、私は思うのです」

デ・ウィットはガマの穂の上で身づくろいしているトンボを調べ、思いにふけりながら語る。「この水生生態系が生まれてから一万一〇〇〇年たっています。これをすべて一万一〇〇〇年の間続けてきたのです――人間の介入は何もなしにね」(10)

「しばらく立ち止まって、静かにして観察し聞き耳をたてていれば、さまざまなものが姿を現し始めます。まる一日いたとしても、まだ満足できないでしょう――それほどたくさん学ぶべきことがここにはあるのです。疲れを覚えることもありません――体験すればわくわくしてくるはずです」

彼は長靴から水をしたたらせながら、沼の土手に上がる。「最も奇妙に思えるのは――この消費社会において――家を出たときとまったく変わらず、財布の中身がいっぱいのままで帰宅することかもしれません。この喜び、教え、理解、平和のすべてを――一銭も出さずに――手に入れられたのです」

第25章　正しい薬

自分の行動が小さすぎて何も変えることができないと思うような人は、一匹の蚊とともに寝たことがないのでしょう。

——作者不明

もし私たちが、北アメリカを史上最も豊かで成功した社会にした発明の才をうまく利用することができれば、環境はほんの一世代で回復し始めるかもしれない。

——アラン・ダーニング（「ノースウェスト環境ウォッチ」理事）

私たちが必要としているのは、与えられた資源をより効率的に消化するテクノロジーであって、今以上に大きなあごと消化管を持つテクノロジーではない。

——ハーマン・デイリー（経済学者）

もし五〇の「罪深いこと（シンフル）」で地球を救えるとしたら、どんなにすばらしいことだろう。たとえばもし私たちアメリカ人が、少なくとももう数十年、わざと豪勢な散財を続けて、私たちの大好きな罪である貪欲を、それ自体のワクチンとして利用できるとしたら？　環境保護論者も抗議の看板を下ろし、この楽しみに参加するかもしれない。「地球を救うためにできることをすべてする」かわりに、地球を救うために、欲しいものを何でも消費することができるのだ。

タバコが肺の機能を増進させ、がんを防いだら？　ＳＵＶが都会の空気から汚れを濾し取ったら？　贅沢な浜辺の休暇が、サンゴ礁などの生息地の健康状態を改善したら？

問題は、そんなことは起こらないということである。

いいだろう。それでは、五〇の簡単なことが地球を救うとしたら？　つまり、何百万人ものアメリカ人が行なっている、ライフスタイルには重大な変化をきたさない個人の選択や行動のことだ。一人一人が自動車の中に再利用できる買い物袋を置いておく、木を植える、電球のソケットに入れられる蛍光灯を使うことで、悪化するこの惑星の健康状態を、全体として反対の方向に向けることができるかもしれない。

確かにそれもすばらしいことだが、地球上にあるものはどれもそんなに単純ではない。経済やその生産物の大部分は地球を救うようにはデザインされていない。金をもうけるようにデザインされているのである。

自発的に節約したり、簡単なことを大勢で行なうことはできるが、それでもまだ、道理にかなうようにデザインされていない無意識の経済という鉄砲水に逆らってボートをこいでいるようなものである。たとえば、すすんで数袋のアルミ缶をリサイクルしていても、それを行なうために二〇マイル（約三二キロメートル）ほど車で運ばなければならないということもある。少しよけいにお金を払って毒性のない塗料や洗剤を買ったとしても、有毒な接着剤で張り合わされた家の中でそれを使う。綿のような天然繊維を買うことを選択するが、従来のやり方で栽培されたワタが殺虫剤漬けであることに気づいていない（アメリカで使用される全殺虫剤の約三分の一がワタに使用されている）。

企業未来学者のポール・ホーケンが指摘しているように、私たちが出す廃棄物の九〇パーセントが、製品やサービスの中に入ることさえなく、抽出や製造の段階で、木を切り払った空き地やぼた山、現場の廃水池の中に残っている。製品になる材料のうち八〇パーセントは、一度使っただけで捨てられる。もはや身動きがとれない状態になっている。世界を救うためには強力な個々人の行動が必要であるが、効果的な行動のためには世界をデザインしなおす必要がある（大きな仕事だが達成できるはずだ――この一〇〇年で世界を完全にデザインしなおしたではないか）。

ホーケンは、私たちはこれまで見てきたよりも大きな目で世界の全体像を見る必要があると考えている。「人々は猛烈に働いて先の世紀を過ごし、より少ない人間でより多くの資源を使って生産性を高めてきました。しかし私たちは、人間がもっとたくさんいて資源がもっと少ない時代に、同じことをしているのです」(1) ホーケンは、資源の分子、電子、光量子あたりの生産性が何倍も高い経済のビジョンを描いている。そこでは、自然資本（湖、樹木、草原）が欠くことのできない生活維持システムとして評価され、人々がその頭脳、心、手を職場にとりもどす。

十分あるだけでなく、効率的であること

単純な環境修復処理があたかも呼吸のように自然に行なわれるよう、経済・政治構造に組み込むことは可能である。水流を少なくするシャワーヘッド、コンパクトな電球型の蛍光灯、省エネ効果の高い窓や冷蔵庫など、効率のよい製品に替えることで、私たちはすでにこの一〇年で何百万トンもの汚染物質や環境負荷を防止し、そして何十億ドルも節約した。それらはより「賢く」、効率を

考えて設計されており、最近の製品は、より少ない資源でより高い性能を発揮することができる。現在、平均的な家族は、洗濯をするためにエネルギー、水、洗剤に年間約二〇〇ドルを支払っている。最新式のモデルなら、その支出を年間約七五ドル削減することができる。

エネルギースターその他の格付けシステムで高得点をあげている装置を買えば、エネルギー消費の費用を減らせるだけでなく、地球温暖化の脅威が減り、中東の石油のような不安定なエネルギー源への依存が減り、そして私たちの罪悪感も減る。

「アメリカ・エネルギー効率経済協議会」（ACEEE American Council for an Energy-Efficient Economy）のハワード・ゲラーは、私たちが直面している問題の多くは非常に複雑であり、そのため簡単な個人の行動のみで地球を救うことができるとは考えていない。地球にやさしい経済刺激策と、環境負荷の少ない製品の認証制度や効率の格付けがさらに必要であり、規準や仕様の改定が必要である。それらはすべて地球の救済を容易にすることを目的に計画される。

ゲラーは、例として効率化を義務づける規制を挙げた。「規制の良い点は、消費者への教育や分析を必要としないことです」冷蔵庫の規格はそのような規制の一つである。「古い冷蔵庫がだめになったら、即座に買い替える必要があります。普通は『消費者レポート』を読む時間などなく、ただデパートへ直行して、わが家のティーンエージャーの子供たちを生かしておけるだけの十分な収納スペースがあるものを買ってくるでしょう」(2)

より良い冷蔵庫を生産する仕事の多くが、圧力団体、立法者、技術者、経営者によって、見えないところですでに行なわれている。ゲラーによれば、まず進歩的な州で一連の法律が可決されたが、それぞれが異なる条件を要求していた。混乱と、同一製品に多くのモデルが必要になることを避けるため、業界は実際には、より高い効率を求める標準化された連邦法に従った。

この法律によって、一九七〇年代のものに比べ、エネルギー使用量が三分の二少ないが、スペースが広く、もっと機能があって、性能のよいモデルが生産されるようになった。デザインによって、より少ないものでより多くのことを達成したのである。一九九〇年に施行された家庭用電気製品の基準により、すでに、地方にある三一の発電所の発電総量を上回るエネルギーが節約された。ビールや忘れられた残り物を冷やしておくために、何かを切り詰めたり、何かを思案したり、グリーンピースの活動家になる必要はない。ただ、環境にやさしい法律の果実を収穫すればいいのだ。それが簡素な暮らしである。

「もしアフルエンザが私たちに何かを買うように強いるなら、最新式の冷蔵庫など、生活の質を向上させ、環境的にも意味のあるものを買おうではありませんか」とゲラーは話した。

省エネ機能つきの装置によって生活の中で節約できる額は、ときには株や債券の投資による利益と同じくらいあり、その上、株式市場のことをイライラ気にかける必要もない。金銭的な節約は、地球にやさしくすることの「隠れた恩恵」の一つにすぎない。

何よりも重要な個人的行動とは、おそらく、私たちの心の中で起こる変化である。問題なのは、単に個人としてどれほど多くあるいはどれほど少なく消費するかではなく、購入した物がどれほど適切に生産されたかということであり、私たちはそれに気づきつつある。消費の量だけでなく――それも重要であるが――デザインと選択の質も重要である。

超効率的な経済においては、みんながお金を節約できるだろう。なぜなら、汚染を修復する、健康をとりもどす、新たに原料を採掘する、嫌いな仕事をする――その埋め合わせにお金のかかる休暇旅行をする必要がある――等々のために余分の支出をしなくてすむからである。効率化は特に、収入に占める光熱費の割合が大きい低所得層の消費者にとって有益である。自然がどのように機能しているかを知り、適切にデザインすることによって、「地球に乗ってそれが行く方に運ばれる」ことができるようになれば、みんなが勝利する。

SUVに乗ってステーキハウスへ行く――最悪の消費者行動

現在進行中のことに話を戻そう。そこでは、地球規模の環境問題についてのニュースがときとして私たちを打ちのめす。それは、知識を欠いた選択ではもちろん解決できないが、情報を与えられていても消費者の選択によって解決するにはあまりにも大きな問題である。しかし、『効果的な環境的選択への消費者ガイド――「憂慮する科学者連合」からの実践的アドバイス（*The Consumer's Guide to Effective Environmental Choices: Practical Advice from the Union of Concerned Scientists*）』の著者マイケル・ブラウアーとウォレン・レオンのような人々が助けてくれる。(3)

彼らの使命は、私たち消費者の選択に優先順位をつけることにより、精神的混乱と罪悪感を払いのけることである。研究者たちは私たちに、どの「地球を救うための四〇項目」のセットを行なえばいいかと悩むのではなく、最大の経済的効果を及ぼすためには、まず最悪の問題に取り組むように言う。ブラウアーらの計算によれば、SUVを運転してステーキハウスへ行くことは、考えうる限り最悪の消費者行動と言ってもよい。なぜなら、自動車と肉は、アフルエンザが地球に蔓延する二大ルートだからである。

ブラウアーとレオンは、さまざまな機関や専門家が行なった一〇年分のリスク分析の結果から、消費が環境へ及ぼす影響としては、大気汚染、地球温暖化、生物の生息地の変化、水質汚染が、最も重要な問題であることを明らかにした。デザインと生産における基本姿勢の欠陥は、しばしば最悪の影響を及ぼす。たとえば都市や郊外の計画、廃水浄化、農業の手法、発電方法、産業界での化学物質、コンピュータ、自動車の製造やデザインのやり方である。

消費者の選択は直接にはこれらの生産システムに影響を及ぼさないが、正しい情報に基づいた選択は、地球の回復を加速するという大きな恩恵につながる。たとえば有機農産物を買えば、土壌侵食、虫害、その他の悪影響を防ぐ農業技術（輪作など）を買っていることにもなる。燃費のよい乗り物を買えば、私たちは、涼しい気候ときれいな空気のための走る広告塔になる。

肉の消費量を減らせば、土地、水、空気、大気への負荷を劇的に減らすことにもなる。栄養的には同等の全粒の穀物を食べるのに比べると、「牛肉は二〇倍の土地を使用し（牛に草を食べさせるため）、一七倍の水質の汚染（動物の排泄物による）、五倍の有毒物質による水質汚染と水の使用（飼料用穀物に散布される農薬による汚染と、灌漑用、また家畜用の給水）、三倍の温室効果ガス放出（エネルギー利用量が多いため）を引き起こす」と、ブラウアーとレオンは主張している。

私たちが消費する肉の量は、アメリカ開拓時代のなごりなのだろうか。実は視覚的習慣にすぎないのではないか？　もしかすると私たちは、皿の上での見てくれで、一人前の食事内容を決めているのかもしれない。ディナーについての美意識——そして肉の消費量——は、一九七〇年以降変化してきたが、私たちが立ち止まって考え直すならば、新鮮な果物、穀物、野菜の比率が増えて、皿の上は同じように食欲をそそるがずっとカラフルなものになるのではないだろうか？　それによって、肉の摂取量が週に五ポンド（約二・三キログラム）だったのが一ポンド（約四五〇グラム）に減るならば、同時に心臓病と脳卒中の危険性も下がるかもしれない。

またブラウアーとレオンは、無駄を減らして効率化を図る消費者の努力を称賛しているが、極端にならぬようにとも言っている。それについて心配することにあまりに多くの時間を費やしている人々や団体もある。「たとえば使い捨てカップを悪魔のように言って、それにつられて使い捨てのプラスチック・カップを使わなくてすむよう陶器のマグカップを買い、集会場に食器洗い機をとりつけたがっているという。しかし我々は、彼らのカップの総使用量が週に約四〇個にすぎないと知って、その購入予算の四五〇ドルを、すきま風の入る古い建物の目詰め材のような、ほかのことに使うよう勧めた」(4)

モーターボート、そしてATV(全地形万能車)やスノーモービルでのむこうみずなオフロード走行など、一部の行為や活動は、行なう人が比較的少なくても、大きな影響を及ぼす。たとえばジェットスキーで一時間走れば、ワシントンDCからフロリダ州オーランドまで〔一二〇〇キロメートル以上〕車で走行したのと同じくらいの量のスモッグが発生するかもしれない(このような小型エンジンは、デザインしなおすべき第一の候補である)。ガソリンを動力源とする芝刈り機のエンジンは、しょっちゅう昼寝を台無しにしてくれることに加え、私たちのすぐ近所で赤信号レベルの汚染を発生させる。また住宅の持ち主は、一エーカーあたり農家の一〇倍もの量の殺虫剤を散布している。その理由は、ラベルを読むのが面倒だし、たくさんまいた方がいいような気がするからである。

多くの環境問題の裏に潜む原因は、しみ一つないほどきれいできちんとした状態を強迫観念的に求めるというような「高環境負荷思考」である。私たちの家の芝生が非の打ちどころがないほど緑になればなるほど、流れ出る栄養分や殺虫剤で小川は茶色になる。私たちの家がきれいになればななるほど、家の磨きすぎ、過剰な殺菌、過剰な脱臭に使われた化学物質が逃げ出して、環境は有毒になるのである。

地球を救うためにできる簡単なこと? よし、できるだけたくさんやろうではありませんか。そうすれば環境への影響を減らして、より良いデザインを刺激して、そしてお金がたまるのだから。ある意味では私たちは過剰消費を情報と知恵で置き換えようとしているが、それほど大きな変化は要求されないので、苦痛のない道である。しかしその一方で、緊急になんとかする必要があることが他にいくつかあることを忘れないでいただきたい。それは、経済とその多くの生産物のデザインのやり直しと、アメリカ人の物の考え方の改造である。

◎消費者の優先事項◎

【交通】

1・車に乗る必要性が少なくなる場所を選んで住む。
2・二台目あるいは三台目の車を購入する前に、もう一度よく考える。
3・燃費がよく汚染が少ない自動車を選ぶ。
4・具体的な目的地を決めて走行距離を減らす。
5・できるだけ徒歩、自転車、公共交通機関を利用する。

【食べ物】

6・肉を食べる量を減らす。

7・認証を受けた有機農産物を買う。

【住宅管理】

8・慎重に家を選ぶ。

9・暖房や温水の環境コストを減らす。

10・効率のよい照明器具や電気製品を導入する。

11・再生可能なエネルギーを提供している電気供給業者を選ぶ。

（『効果的な環境的選択への消費者ガイド（*The Consumer's Guide to Effective Environmental Choices*）』に基づく）

デザインで地球を救う

トースターがうまくデザインされていれば、トーストがキツネ色になってでてくるし、機械自体とても素敵なので、一日いい気分になれる。トースターが修理できるようにデザインされていれば、それもいいことだし、もしそれを別のトースターに再生することができれば、それもいいことだろう。私たちは、デザインの選択によって、環境への影響が最小のスマートな製品を手にすることができる。現在、西ヨーロッパの多くの国々では、製品が使われなくなったときに回収することも含む「拡大製造者責任」を義務づけている。将来、あなたのトースターも、製造されたその同じ工場で再生されるために「流れをさかのぼる」かもしれない。

その他の消費財に望まれるグリーンなデザインの特徴として、どんなものがあるだろう？「ハイパーカー」は、効率がよいこと、汚染濃度が低いこと、維持費が少なくてすむことなどの性質を兼ね備えた車だ。エネルギー問題の大家エイモリ・B・ロビンスが数年前に描いたビジョンの通り、次世代の乗り物のプロトタイプが、現在、フォード、GM、ホンダ、トヨタ、その他の会社によって作られている。彼がCEOをつとめるシンクタンク「ロッキーマウンテン研究所」(Rocky Mountain Institute) の同僚が最近、デトロイトで毎年開かれるモーターショーへ行ったのだが、そこでは、一〇マイル／ガロン（約四キロ／リッター）のフォード・エクスカーションのような恐竜たちの隣に、ハイテクの七〇マイル／ガロン（約三〇キロ／リッター）のフォード・プロディジーや八〇マイル／ガロン（約三四キロ／リッター）のGMプレセプトが展示されていた。

空気抵抗、機械の摩擦、タイヤの抵抗、重量を減らすことによって、これら高IQ車の設計者たちは、新しい種類の自動車エンジン——最終的には水素を消費し排気ガスとして水蒸気を放出する、炎も汚染もない燃料電池を動力とする——に向けた準備をしている。(5) こうしたデザインによって、私たちはまもなく、世界の汚染が劇的に改善されるのを見ることができるかもしれない——しかしもちろん、ハイパーカーでハイウェーの過密を緩和することはできないが。

航空宇宙技術やコンピュータ技術から生まれた新世紀の風力発電機は、いかにデザインによって前世紀の方法に比べてずっと洗練されたやり方で電気を供給できるようになるかという、もう一つのすばらしい事例である。石炭による火力発電あるいは原子力発電に比べてずっとクリーンで早く建設できる最新鋭の風力発電地帯は、すでに数百万世帯のエネルギーを十分まかなえる電力を供給している。一九九四年から一九九八年の間に風力産業は四〇パーセントも成長した。「アメリカ風力エネルギー協会」によれば、もし風力によって世界のエネルギーの一〇パーセントが供給されれば、二〇〇万人近い雇用が創出されるかもしれないという。現在では、アメリカ国内の電気利用者の四分の一に、風力のような再生可能なエネルギーからつくられる「グリーン・パワー」を購入する選択肢が与えられている（一つのすばらしい例がコロラド州の風力エネルギー計画で、これには本書の著者デイヴも投資したことがある）。

アメリカ・エネルギー効率経済協議会（ACEEE）のハワード・ゲラーは次のように強調した。「効率化が重要なのは、無駄が多ければ多いほど、風力、バイオマス、太陽光で発電する経済へ移行することが難しくなるからです。製品や工程の効率がよければ、移行は比較的容易にできるでしょう。歴史的にみて、薪から石炭、石炭から石油への移行は数十年で起こりました」(6)

〔訳註・バイオマス発電は、木質などの植物原料を燃やして発電する方式。二酸化炭素吸収～排出のサイクルが循環的になる〕

「スマートな物」が、環境への負荷がより少なくより大きな価値を提供する可能性は、ほとんど無限である。これまでの産業界は、単位あたりの費用や製造のしやすさといった、別のデザイン目標を追求してきた。

「このハイテク時代に、足と同じくらい長持ちする履物を作ることができないわけはありません」と、「ノースウェスト環境ウォッチ」（一五四ページ参照）のアラン・ダーニングは述べている。また、「私たちは、再生不可能な石油を基盤とする炭化水素経済から、植物原料を基盤とする炭水化物経済へ移行することができます」と、「地域自立研究所」(Institute for Local Self-Reliance) のデイヴィッ

ド・モリスは言う。(7)

新聞のインクや歯磨きペーストのような日用品さえ、望まれないよけいな作用がなく、厳密にニーズを満たすようデザインしなおされつつある。トムズ・オブ・メイン社のトム・チャペルは、「なぜ歯磨きペーストは、複雑な研磨剤、染料、人工香料、保存料、結合剤、フッ化物、そして最悪なのは長い間がんの原因として疑われてきたサッカリンでいっぱいなのだろう?（……）なぜアメリカ人は、口の中を化学物質でいっぱいにするために、年に一〇億ドル以上を使っているのだろう?」(8)と不思議に思った。重曹を用いたチャペルの画期的な歯磨きペーストは、数百万人の消費者の支持を得て、コルゲートやプロクターアンドギャンブルのような大会社が類似の製品を売り出すきっかけとなった。

◎アフルエンザへの対策となる製品のデザイン◎

*無毒、汚染なし
*再生可能なエネルギーおよび材料
*社会的に公平で価格が手ごろ
*柔軟性、可逆性がある
*耐久性があり、修理可能
*多様、ユニーク
*効率的、精密

*理解しやすい
*自然環境からの「抜き取り跡」が小さい
*維持費が安い
*生命に敏感、生体適合性がある
*文化に敏感、人間にやさしい

永久に変わる

なぜ人々は、もっと環境にやさしくなるようにと行動を変えるのか？　行動心理学者たちによれば、人々を最も効果的に刺激して変化を起こさせるには、その変化に大きな利益があることと、障害は限られているということがともに認識できるよう強く促せばよいという。人々は、地球温暖化、水質汚染等々についての基本的な事実を知り、どうすれば自分たちの行動によって――スパイ大作戦(ミッション・インポッシブル)的な大変な努力を要求されることなく――変えていくことができるのか、理解する必要がある。

環境心理学者テランス・オコーナーは、環境への責任感は実は「目覚めた利己主義」と言ってもいいと考えている。彼は問う、「これが自分の星でないというなら、誰のものなのだろう？　自分は原因であり治療する者でもある。この自覚から行動するとき、私は罪悪感からではなく自己愛から行動する。否認を克服して、人類がまったく前例のない難局に直面していることを理解する。義務感や理想主義からではなく、自分がわらの家に住んでいて煙の臭いがするから行動するのである」(9)

第26章　仕事への復帰

市場は私たちの孤独な自我にはへつらうが、私たちのコミュニティへの思慕は満たされることなく放っておく。そして社会的ではなく個人主義的な目標を示し、「必要とする」という言葉ではなく「欲しい」という言葉を話すように私たちを促す。

——ベンジャミン・バーバー（政治学者）、『私たちのための場所（*A Place for Us*）』

人の葬式に行かなければ、自分の葬式にも来てもらえない。

——ヨギ・ベラ（プロ野球選手）

長引く病気を患った後で普段の生活に戻ってくるときほどいい気分があるだろうか？　さようなら昼間のテレビ、こんにちは「生きるエネルギー」！　難しいのは、そのエネルギーを生産的な方向に向けることだ。

マハトマ・ガンジーは、「人生には、スピードを速めること以上に大切なものがある」と言った。人生には貪欲さを増すこと以上に大切なものがあると、付け加えなければならないかもしれない。

そして、一〇〇万ドル規模の広告が反対のことを言っているにもかかわらず、人生には「私」以上のものがある。

贅沢な車を買いなさいと広告が言い（繰り返し繰り返し！）、人気のない無垢な田舎道が、果てしなく続くペルシャ絨毯のように延びていく。この神話的なベールのかかったハイウェーでは、黒いショート・ドレスを着て、真珠のような白い歯がこぼれる歓喜の笑みをたたえた魅惑的な女性が助手席を飾る。スピードが至上命令であり、濡れた路面など絶対見せてはいけない！　こうした広告はすべて「私」についてのものであり、個人的な華々しい幻想を追い求める。

しかし政治学者のベンジャミン・バーバーは、こういった〝道〟が、私たちを行きたいと思っているところへ本当に連れていってくれるのか疑問視している。『私たちのための場所』の中でバーバーは、利益のみに基づいた経済に対する彼の不満を説明している。「市場は、完全雇用、環境の安全性、公衆衛生、社会的セーフティネット、教育、文化的多様性、真の競争を維持すると同時に、害も及ぼすようである」と、彼は書いている。(1) 彼は、これらの項目を実現するには、私たち民衆――今はうとうとと眠っているが、歴史的にはアメリカ社会において強い力を持っている第三勢力――の手が必要だと考えている。

彼は私たちに、ソファーから立ち上がり、みんなで「大きな政府」と「大きなビジネス」の間の第三の場所に再び活気をとりもどそうと呼びかける。そこでは「市民は自由に呼吸をして民主的に活動し、自らを消極的なぼやき屋、意地汚い消費者、あるいは孤立した被害者とみなすことはない」。(2)

アメリカの歴史を通じて大切にされてきたこの第三の場所は、市民生活が花開く場所である。納屋や住居の棟上げ、教会の慈善事業、お祭りと地区住民のパーティ、デモと抗議行動、PTAや赤十字のようなボランティア活動、自警の見回りや地域の公園、そして活発な討論会——これらの活動はすべて、私たちの参加を必要とし価値を認めてくれる大家族に自分が属していることを思い出させてくれる。

バーバーが「大きな政府」に対していだいている不満は、市民の目を覚まさせて力を与えることができないその無能さであり、あるいはそれをしようともしないことである。二〇〇〇年代初め、映画作家マイケル・ムーアは、国内の投票棄権者への公開電子メールの中でこんな冗談をとばした。「でかした！　一九九六年、みなさんは大統領選挙のとき、空前の最低投票率というアメリカ記録樹立に貢献した。そして二〇〇〇年の予備選挙の間、八〇パーセント近くの人が居間のソファーで座り込みをやってみせていた」(3)（二〇〇〇年一一月にはもっとましだったが、いまだに時間を作って投票すればよかったと思っている、無言のフロリダ住民がたくさんいるのは確かだ。）

古代ギリシャでは、「イディオット」（ばか者）という言葉は官職につけない人を意味したが、一九六〇年代に国の政治が企業の出資するメディア・ショーになって以来、私たちはみんなばか者(イディオット)なのではないかと疑わざるをえないときがある。

まだ市民の声が聞こえ、政治家の説明責任を問える地方レベルでも、私たちはあまりうまくはやっていない。市議会、公園での無料コンサート、公聴会の間、特にその時間が「ER（救急救命室）」や「ザ・プラクティス——ボストン弁護士ファイル」などの人気番組と重なっていれば、居間での〝座り込み〟が続く（彼らはイディオットだろうかそれとも「ビデオット」だろうか？）。

バーバーは、市民としての行動には投票や陪審員の務めよりもっと大切なことがあると主張する。市民のエネルギーを職場、医療産業、新技術の検証——すべて新しい方向に向かうことが切実に必要とされている——のためにとりもどすことに関しては、その可能性は無限である。彼は、ショッピングモールに公共の集会場所の併設を義務化することを提案している。近隣の人々の診療所、演説コーナー、育児センター、公共のアートギャラリーのスペースを作るため、モールには新たなデザインが必要だ。

贅沢という繭から飛び出す

私たち民衆の力が果たすべきものは何か？

社会理論学者ジーン・エルシュテインは、「市民社会、家族、近所づきあい、コミュニティ、そして宗教や市民団体の組織網（……）こういったものの重要な役割は、個人の能力や特徴を伸ばして社会的信用の基礎をつくり、子供たちを市民へと育てていくことである」(4)と考えている。しかしアフルエンザは、しばしばこれらの崇高な目標にとって障害となる。時間が欠乏し慢性的に自分のことしか考えないため、人々の参加が阻まれるからである。人々はもっと自分の外にある世界を見ることができたらと思っているかもしれないが、単に忙しすぎたり、どこから始めたらいいのかわからなかったり、あるいは疲れすぎていたりする。

さらに重要なのは、私たちはすでに時間、金、エネルギーを費やして物事を悪化させてしまい、罪の意識を感じていることである。しかしこの痛みをともなう目覚めが、回復の道への第一歩なのである。

もちろん、人類はこれまで常に社会的な生き物であり、部族や一族の共通の智慧に導かれてきた。火のまわりに集まることは「市民意識」とは呼ばれなかったが、実質的にはそうだった。それは、共通の価値観や目標を立て、表現する場として、重要な役割を果たしていた。

焚き火が人工的な居間の暖炉になっても、それはまだ役目を果たしている。オレゴン州ポートランドの住人で「ノースウェスト・アース・インスティテュート」(二九八〜二九九ページ参照)の創始者、ジーン・ロイとディック・ロイ夫妻は、「参加者をコマーシャルから引き離し、自分で考えることを促す」目的で、多くの人々の自宅でディスカッション・サークルを組織した。

その目標——自己発見と個人的動機づけ——は崇高だが、この団体のアプローチは地味である。「私たちは自分のことを、先生や伝道師だと主張したりはしません」とロイが言う。「私たちは、人々が自分で持っている最高の価値観を他の人々に伝え、彼らのそうした価値観を活動へと結びつけるための手段にすぎません」(5)

なぜ人々は時間をかけて、この団体が開くセッションにやってくるのか? おそらくそれは、コミュニティや職場では見つけることのできない市民的行動や社会的表現への入口が、講座に来ればだれにでも見つけられるからである。ロイは、一〇人程度のグループをつくることで、意見、事例、信念の共有が促進され、個人の変化が刺激されることに気づいた。「参加者が、ひとつの問題——たとえば自動車の影響——に気づいて認識し、それから動機づけ/ひらめきを経て、変化と行動を起こそうという意志へと至るのがわかります」

彼はこんな例をあげて説明する。「ローズマリー・コーデロは、労働関係の女性弁護士として成功していました。私たちの講習会に参加した後、彼女は生活を根本から変えました。彼女は自動車とパリッとしたスーツを捨て、低所得者のために『グリーン』な住宅を建てるため、ポートランドで非営利団体の『サスティナブル・コミュニティ・ノースウェスト（北西部持続可能コミュニティ）』を始めました。彼女は、これまでこんなに幸せだったことはないと言っています」

ロイはまた、彼の住んでいるすぐそばで起こっている変化も見ている。「私たちは近隣にディスカッション・グループを作り、会合を続けています。私たちが扱うのは主に具体的なこと、たとえば近所の二五世帯の裏手にある谷のことです。近所の住所録をまとめ、地元の農家が予約で配達してくれる農作物の引き渡し所を作り、毎週金曜日の夜にポーカーをする会を始めました。谷を清掃して修復するための近所の作業グループも作り、助けが必要なときにはお互いの家の事にも取り組んでいます」

必要なときに助けがあるということ、それはすばらしいことである。ロイは語る、「私は、この仕事を『目的意識を持った集まり』と呼んでいます。私は、もしこの国の全員に私たちのディスカッション・コースを修了してもらうことができれば、私たちは一夜にして文化を一変させることができると、心から信じています」

ロイの信念は、行動の変化がなぜどのように起こるかについての研究に裏づけられた、的を射たものである。約束、信用、意志はすべて重要な要素である。三〇年前に行なわれた古典的な調査だが、研究者が日光浴をするようなふりをして、日光浴をしている別の人のそばに毛布を広げた。数分後、「すみません、一人で来たのですが、マッチがなくて。お持ちでしょうか？」と尋ねる。その後、研究者は起き上がって毛布とラジオを後に残したまま浜辺を歩いていく。二人目の研究者がそばを走り過ぎラジオを「盗んだ」とき、〝泥棒〟が追いかけられたのは二〇回中四回だった。しかし、一人目の研究者がそばの人に「ちょっと見ていてください」と頼んだときは、二〇回中一九回、泥棒は追いかけられた。(6) 他者と約束すると、人は行動を起こすものなのである。

同様の研究により、書かれた約束は、口約束より強い拘束力を持つことが明らかになっている。各世帯に新聞のリサイクルを勧める方法として、実験的に三種類のやり方が試された。

第一の世帯グループは、リサイクルの重要性を強調するパンフレットを受け取った。第二のグループは口頭での約束をし、第三のグループは説得されて書面にサインした。口頭の約束のグループの方がパンフレットのグループよりもリサイクルをしている率が高かったが、一年後の追跡調査では、その時点でまだリサイクルをしているのは書面にサインした人々だけだということが明らかになった。(7)

一度に隣人一人ずつ、世界を変えていく

今から約六年前に本書の著者デイヴは、村を一からデザインする事に興味を持っている人々のグループに加わるため、入会申込書に記入して書面での約束をした。このグループは、デンマークから入ってきたデザインの概念「コハウジング」〔訳註・コミュニティの住民が参加する住環境づくり〕の方式をとり、コロラド州のかなりの面積の土地にそれを適用した。彼らは、デンバーの西に景色のよい一〇エーカー（約〇・四平方キロメートル）の地所を見つけ、建築家と開発業者の助けを借りて、二七軒の個人住宅、作業場、菜園と果樹園、「コモンハウス」を設計し建築した（「コモンハウス」は、週に数回の会食、会合、パーティ、夜遅くの精神的な集まりに使用される）。

コハウジングでは、コミュニティのためのデザインが重視される。可能な場合には、高密度で多数の共同スペースを設ける。将来構想について話し合う集まりが何度も持たれ、これによってゆっ

くりとした進捗状況もわくわくするものになった。

あるブレーンストーミングの集まりで、建築家のマット・ワースウィック（現在では住人となっている）が、参加者たちに、将来自分たちがどこでどんな活動を行なうかをイメージしてもらった。参加者は、歩道、公園、子供の遊び場、コモンハウスの中のさまざまな部屋をイメージした。その建物はアメリカ南西部風のつくりなので、彼らは鐘楼の中にある鐘を思い描いた。五年後、その想像上の鐘は、現実にガランガランと鳴り、子供たちはロープを引っ張って鳴らしてくれと頼まれるのが大好きである。メンバーの一人が育った古い農場から拾われてきたその巨大な鐘は、食事や集会、お祝いのときに、コミュニティ（「ハーモニー・ビレッジ」と呼ばれた）のみんなを呼び集める。

家を二軒と四軒のブロックにまとめることで、ハーモニーの住人は土地とエネルギーの両方を節約した。そうすれば熱を隣の家の壁から『借りる』ことができるからである。そして、自動車はガレージの中と村の端にある駐車場に停める決まりにして、メンバーの心の平穏を守った。村の中心には、大学のキャンパスの中庭のような静寂感がある。この設計は、村の安全維持にも役立っている。それは、普通は共同エリアで活動が行なわれ、人々が食事の支度をしたり皿洗いをしたりしているときも、外に目をやっていることが多いからだ。

デイヴはその村の将来に徐々に投資を増やし始めていったが、それは村の住人にも投資していたことになる。六軒先には誰が住んでいるのだろうと思うどころか、近所の全員が、引っ越してくる前からお互いによく知っていた。なぜなら彼らは、最初の土台が掘られる前から、二年半の間、お互いに定期的に会っていたからである。物質的なコミュニティの建設過程で、彼らは社会的な土台も築いたのである。必然的に彼らは「市民」になった。いったん村が建設されれば、それを運営する必要があったからである。各住民はそれぞれ一つのチームに属し、コミュニティの事柄への対応、維持管理や建設計画に関する集団での作業、あるいは大きなパーティやダンスをするために、月に一度、大きな集会が開かれる。

そこに出現した村は、年齢が一歳から八〇歳にわたる多様な人々の集団である。ほとんど全員が村のニューズレターでプロフィールを紹介されたが、これもまた、考え、創造的な文章、本当の告白を発表できる公開討論の場になっている。

ジニー・マッケイは牧師を退職した人物であり、「回復的司法」に熱心だった。このアプローチは、犯罪者と被害者の間で一対一の対話をさせることにより、純粋な癒しを求めるものである。

リッチ・グレインジは企業の経営者で、その通信事業は近所の多くの人々に地元での仕事を与えている。この会社は社会活動に熱心で、ボランティア活動をする従業員には有給休暇を与えている。

イーディ・ゲイルはミュージシャンで、「セーブ・ザ・メサ」――その雄大な岩石丘は私たちの地所からも見える――を支援したコミュニティ活動家でもある。最近、彼女が介護生活センターで歌を歌ったときのことだ。一人の高齢の女性がこの集まりからそっと立ち去った。そこにいた看護婦によれば、その歌を歌いながら亡くなったそうだ。

バージニア・モランは、環境的・社会的責任を果たすための投資に関する専門家である。彼女の専門知識は、ベトナム戦争への企業の関与を調査しているときに培(つちか)われた。「戦争を継続することが、彼らの利益になっていたのです」と、彼女は語る。「私は、人々が投資と自分の価値観を合致させるのを助けられるよう、独学の道を選びました。その頃、私は偶然サンフランシスコにいて、社会投資フォーラムの早朝ミーティングに何度か出席しました。南アフリカのデズモンド・ツツ大司教がアメリカに来て、投資家たちに南アフリカのアパルトヘイトへの財政的支援をやめるよう求めたので、私たちは関係部門を説得してまわり始め、この運動に参加するよう求めました。皆に知らせるには、教会が特に有効でした。それから五年たって、〔南アフリカの〕経済は勢いを失い始めましたが、その一部は私たちの努力の結果です」(8)

バージニアは、コスタリカの硬材になる多様な広葉樹の植林地や、非常に小さな企業への小規模貸付けへ個人的に投資しており、彼女はこれを「ブートストラップス（靴ひも）・バンキング」〔自力でやっていくための融資〕と呼んでいる。協力している投資会社のいくつかがいかにうまくいっているかを話しているときの彼女は、見るからに生き生きしているのがわかる。「社会的責任を果たす四つの投資信託（ミューチュアル・ファンド）が、一九九六年から一九九九年までの総利回りで、主要五〇〇銘柄の九五パーセントを上回りました」と彼女は言う。

「その理由の一つは、多くの無駄や負債があったり汚染を引き起こしたりした企業がふるい落とされているからです。ＥＰＡ（環境保護庁）が目をつけていたり、労働争議が起こっているような企業はありません。そしてこのような選抜された企業では、ほとんどの場合投資家はペットロック〔訳註・ペットのように持って歩く石ころで、一九七〇年に流行した〕のようにくだらなくて長続きのしない製品を援助する必要はないのです。今見られるような収益――その多くはハイテク企業です――があがっていれば、より多くの人々が自分の政治的・倫理的信条と一致するところへ資金を投入しつづけるでしょう」

この人たちはハーモニー・ビレッジの住人のごく一部であり、その他の大部分の人々も、「価値」

という言葉の意味を拡大する活動にかかわっている。彼らの時間の使い方では、お金はあまり重要でなくなる。退職しても大丈夫なくらい貯金しなくてはならないって？　確かに。しかし彼らは、「隣のジョーンズ一家に負けない」ために新車を必要とするだろうか？　そんなことはまずありえない。このビレッジの隣の一家は、「アンティーク」というプレートをつけられるほど古い、よく整備された車に乗っているのだから。

ハーモニー・ビレッジの使命は、「生態学的に責任を果たすコミュニティ環境内の人的資源を共有し、多様な個人からなる協力的な近隣関係を創造する」と明記されている。この目標の実現のため、住民はリサイクルをし、堆肥をつくり、コミュニティ菜園を耕し、地下鉄の環状線のまだ動いている最後の一区画を廃線から救うといった地元の問題に取り組む。経済活動というものは必ずしも「犯した罪への罰を受ける」とは限らず、わが国の他の地域と同様、ハーモニーの住民もまたその被害者である。最近彼らは、リサイクル企業の従業員が、分別された物を埋立地行きのゴミにわからないように混ぜていたのを、現行犯で捕まえた。

住民グループは、コミュニティによる農業支援のような、もっと革新的な活動も実験的に行なっている。彼ら自身の菜園はまだ完成していないので、村の多くの人が地元の農家に農産物を予約し、その農家の奥さんが毎週火曜日にまとまった量の農産物を持ってくる。この方法により農家の人は、栽培時期の初めにどれだけ植えればいいかがわかる。

そのほかに活発に議論されている構想は、カーシェアリング（自動車の共有）の協力活動である。ワールドウォッチ研究所のゲイリー・ガードナーが述べているように、「自動車はその生涯のほとんど（平均九五パーセント）を、人々を行きたいところへ連れて行くのでなく――それが作られた目的どおりの仕事をしないで――駐車場で過ごして場所をとっている」。(9) 在宅労働者や退職者の率が高くなり、窮余の策としての公共交通機関の復活の時代にあって、ハーモニーの住人のなかには、なぜ自分たちはもっと少ない数の自動車で外出することができないのだろうと思う人たちがいる。そうすれば、駐車場や道路のための土地を減らして、自動車保険のために所得をかじり取られる額を少なくできるのに。

村にはすでに自動車を貸し借りする非公式のネットワークがあり、これは輸送手段への貢献度が非常に高い取り組みである。「店に停めっぱなしの車を自分で店から拾ってこれないときは、近所をまわってその辺に誰かいないか調べればいいんです」と、コミュニティの住人ローラ・エレラは言う。ある日曜日の早朝四時二〇分にデイヴは、近所の人からせっぱつまった様子の電話を受けた。彼は休暇で飛行機に乗ろうとして身分証明書の期限が切れていることに気づいたのだった。その人はデイヴに、「僕の家に入って勤め先の身分証明書を取ってきてからそこを出て、飛行機の出発に間に合うように、四七分以内に空港まで来ることができますか?」と尋ねた。道がすいていたので、デイヴはそれを三六分でやってのけた。

住人はその村をユートピアとは呼ばないが、彼らは苦しい試練によって試される市民性を学びつつある――ときには挫折感をいだくこともあるが、わくわくするし、やりがいがある。コハウジングは、活気のある、人にやさしい居住区域を作る多くの方法のひとつにすぎず、必ずしも新しく建設されたところで行なう必要もない（たとえばコロラド州ボールダーの「ノーマッド・コミュニティ」では、公共スペースを既存の劇場と共有しており、一方オレゴン州ポートランドの「オンゴーイング・コミュニティ」では、メンバーが安く購入できた地元の古い住宅を修復して使っている）。

開発業者、町のリーダー、活動的な市民が、社会的機会を最大にして無駄な努力（資源、時間、金など）を最少にする場所をつくることに成功するとき、それはつねにアフルエンザへの一撃となっているのである。

「レスポンシブル・ウェルス」

本章を通じて見てきたように、多くのアメリカ人の経済的価値観は変わってきているのかもしれない——おそらくかろうじて間に合うかどうかというところで。そのもう一つの兆候が、一見ありそうにもないところ——金持ちと有名人の集団——で見られる。

それは「レスポンシブル・ウェルス（責任ある富）」として知られる組織の会合であり、「部屋いっぱいの大富豪たち」というフレーズからは、精力的で攻撃的な取引が、締め切ったドアの向こうで行なわれているのを思い浮かべるかもしれないが、実はその富豪たちは、お金を贈る構想をねっているのだ。

この組織のメンバーの四〇〇人以上はすでに、資本利得税を緩和する最近の法律によって得ることができたはずの多額の利益を、公共のために手放した。彼らはまた、彼らのような人々にしか影響を及ぼさない税金である遺産相続税について、最近起こった廃止の動きに反対した。

グループの設立者の一人マイク・ラファムは、「頂点の人々がゲーテッド・コミュニティ（一〇六ページ参照）で生活している一方で、底辺の人々が刑務所や貧困の中で暮らしているのは、長期的にみて社会の利益にならない」と語る。「レスポンシブル・ウェルス」のメンバーには、歌手のシェールや女優のクリスティン・ラーティもいる。

やはりメンバーである、ソフトウェア富豪のミケレイ・マゴイは言う。「私が自分の株が値上がりするのを見ている間、誰か他の人が教師として懸命に働いているとしたら、なぜ私の方を低い税率にすべきなのでしょう? それは私にとっては経済的にいいことかもしれませんが、健全な社会をつくることにはなりません」(10)

このような人々には何が起こったのか? なぜ彼らは、そのような面倒なことはやめて、金をかき集め、合併や乗っ取りに戻らないのか? それは、明らかに彼らは「十分」に所有するところまで到達したからである。今では、公共の利益のために行動することから、より大きな満足が得られるのである。ある意味では、彼らは金を再投資している――単に利潤のためでなく、人々のために。

第27章　ワクチンとビタミン

長年の間、物質的な環境汚染と闘ってきた人々が、突然、もっと大きくて真っ先に解決しなければならない問題があることに気づく。それは、私たちの毒された心の環境をきれいにすることである。

——カル・ラスン、「アドバスターズ」誌

「わずかな予防は、万の治療の労を省く」などという格言がある。私たちの多くは、毎年秋になるとその忠告をまじめに受けとめて、インフルエンザの予防注射を受けるためにおとなしく列に並ぶ。ウイルスが襲ってきたと思ったら、ビタミンCの錠剤を口に放り込み、ライナス・ポーリング博士が言っていたことが正しいことを願う。

（訳註・ポーリングは『さらば風邪薬！——ビタミンCで風邪を追放』（邦訳、講談社）などの本を書いている）

しかしアフルエンザに関しては、もちろん現実には、その影響を防いだり和らげたりすることができる予防注射や錠剤はない。（唯一の例外として、本当に中毒的な衝動買いをする人々については、精神科医が強迫神経症の薬や抗うつ剤を処方することもあり、有望な結果が出ている。）しかし比喩的な意味で、アフルエンザに対する抵抗力をつける助けとなる強力な抗ウイルス剤が何種類かある。そして被害を受けなくてすむように助けてくれる、効果的なビタミンもいくつかある。

アドバスターズ

カナダのブリティッシュコロンビア州バンクーバーは、抗アフルエンザ・ワクチン研究の総本山と呼べるかもしれない。そこは、アメリカの自殺行為的な大量消費を批判した書『カルチャー・ジャム（*Culture Jam*〔文化の撹乱〕）』の著者カル・ラスンがいるところで、そのうち、過剰消費の退治人といえばカル・ラスンと言われるようになるかもしれない。

ラスンは、「アドバスターズ（広告退治屋）」という人気の季刊誌の発行人で、「メディア・ファウンデーション」の役員でもある。この雑誌は、消費についての学問的論評と、気の利いた「アンコマーシャル」＝しばしば本物の広告をまねて皮肉るアンチ広告のふたつで構成されている。たとえば、カルヴァンクラインの「オブセッション（強迫観念）」という香水の広告パロディでは、男たちが自分の下着の中を食い入るように見つめている。一方ではもう一つの商品、「アブソルートウォッカ」の広告をまねて、ぐにゃりとしたプラスチックのウォッカの瓶があり、「アブソルート（完全な）インポテンツ」という見出しと、「飲むと欲望は増しますが能力は低下します」という警告文が小さな字で書いてある。

もう一つの広告は実在の製品のまねはしていないが、ハンサムな若いビジネスマンがいて、自分は「マモン」〔富と金の力〕に転向している大勢の一人で、それは「無理な倫理的要求で人生をややこしくしない宗教が欲しい」からだと言う。これは明らかに、「人は神とマモンの両方に仕えることはできない」というキリストの宣言をふまえている。（二〇九ページ参照）「私たちは魂の競技場においては最大のプレーヤーではないが、最も急速に成長している」と、マモンのアンチ広告は明言する。これは、アフルエンザの時代における真の霊性の衰えに対する、それとなくではあるが強烈な警告である。

おそらく「アドバスター」誌のパロディで最も成功しているのは、反喫煙広告である。その一つでは、夕陽の中、マールボロのＣＭによく出てくるタイプのカウボーイが二人並んで馬に乗っている。見出しには「俺の肺が恋しいよ、ボブ」とある。あるアンチ広告のシリーズは、若者にタバコを売るために考え出されたという漫画キャラクターのジョー・キャメルをまねている。ここでのジョー・キャメルは、肺がんで死にそうなラクダ「ジョー・ケモ」〔訳註・ケモ chemo は化学療法のこと〕になって、病院のベッドの上でずらりと並んだ生命維持装置につながれて寝ているか、すでにがんで死んで棺桶の中に横たわっている。

広告を制すには広告で

アンチ広告は、抵抗力を増強するために当のウイルスそのものが使われる、ワクチンと同じような働きをする。「私たちは、『アドバスターズ』誌発行の初期段階で、シェブロンやカルヴァンクラインの広告のように見える広告を考え出して、それが本当は反対のことを言っていることに気づくまでの二～三秒間人々をだますことができれば、彼らに自分たちが見たものについて考えさせる決定的瞬間をつくったことになると気づきました」と、ラスンは述べている。(1)

第二次世界大戦中にバルト三国のエストニアで生まれたラスンは、人生の初期の数年を難民キャンプで過ごした。彼は、その若い頃の数年を、物質的な意味で困難な時期として思い出すが、「しかし家族は非常に緊密で、住んでいたコミュニティの結束も非常に固かった時期で、それを懐かしく思う」と言う。ラスンはドイツからオーストリアへと何度も移住し、日本で一〇年間マーケティングの仕事をしたが、突然心境の変化が起こった。彼はバンクーバーへ移住して、ドキュメンタリー映画作家になった。

一九八九年、ラスンは、初めてのテレビ版〝アンコマーシャル〟である、見事な自然の美を並べ立てるブリティッシュコロンビア州観光協会の広告のパロディを制作した。ラスンのパロディは、木材会社がブリティッシュコロンビア州の原生林を大規模伐採して、その美しさに何が起こっているかを示した。驚くにはあたらないが、テレビ局は、ラスンが喜んで放映時間の料金を払うと言っても、そのアンコマーシャルを放送することを断った。

ラスンは、反コマーシャルのメッセージを伝えるための代わりの方法として、「アドバスターズ」誌を創刊した。しかし目標はいまも、彼が「消費文化の中央指令所」と呼んでいる民間放送のテレビでアンコマーシャルを放映することである。ラスンと同僚たち（そのほとんどが彼の半分以下の年齢である）は、これまでに数十のテレビ・アンコマーシャルを制作した。あるものは「自動車の時代の終焉」を声高に宣言して、模型の車を集めて作った金属の恐竜が地面に倒れる。他に、「テレビのスイッチオフ週間」を宣伝するもの、拒食症と過食症を助長しているとして「美容」産業に挑戦するもの、雄牛が瀬戸物屋を乱暴に走り抜ける様子を映して、国民総生産を経済の健全性の尺度とすることを批判するものなどがある。

こうしたアンコマーシャルはその多くが、実際に広告業界で働いている人々によって作られている。「彼らは、自分の仕事の倫理性について気がとがめているのです」と、ラスンは言う。「だから、内緒でやってきて、テレビを利用して世界を良い方に変えるためのメッセージをひねり出すのを助けてくれるのです」

テレビでは放送できない

しかしラスンも認めるように、これらのメッセージをテレビで放送することには、まだ実質的に何も成功していない。「北アメリカの主要ネットワークのすべてが、我々のテレビ・アンコマーシャルをほとんど全部断りました」彼は、CNNのある重役との議論の様子を回想する。それはラスンが、彼のアンチ美容産業の広告の一つをCNNのファッションショー内で放送したいと思ったときのことだった。

「まあ聞いてください。個人的には私はあなたのキャンペーンが気に入っています」と、その重役はラスンに言った。「私は、それが我々の社会について非常に重要なことを言っていると思います。我々はこのようなスポットを放送すべきですが、公式なレベルでは、今言えることはこうです。我々はそれを放送いたしません。なぜなら、そんなことをしたら、すぐ次の日にレブロンやメイベリン、カルヴァンクラインが文句を言ってくるでしょう。これは我々の重要な収入源なのです」

その放送拒否に対しラスンは裁判で争い続けるが、裁判所はたいてい、彼の広告は政治的コマーシャルであり、ネットワークが受け入れる義務がある政治的コマーシャルは、選挙運動の立候補者のコマーシャルだけであるという判決を下す。言論の自由だの憲法第一修正条項（訳註・信教、言論、出版、集会の自由、請願権を認めている）の保護だのと言っても、こんなものである。「我々には、消費メッセージのみが許される閉鎖された場所ではなく、アイデアの自由市場が必要です」と、怒りをおびた口調でラスンが言う。「これは本当は、伝達する権利のための闘いです。これは、この情報時代の実に重要な人権のための闘いなのです」

何も買わない日

ＣＮＮは（ネットワークで唯一）ラスンのアンコマーシャルの一つを放送することに同意した。北アメリカの地図から一頭の豚が突き出しているスポットである。「平均的なアメリカ人の消費量は、メキシコ人の五倍、中国人の一〇倍、インド人の三〇倍。私たちは世界で最も大食いの消費者です」という短いナレーションの後、豚が大きなゲップをする。「一休みさせましょう」と、ナレーターは続ける。このスポットは、「無買日」（Buy Nothing Day）と呼ばれる毎年の行事の宣伝である。それはアメリカでクリスマスのショッピング・シーズンが始まる、感謝祭〔一一月の第四木曜日〕の翌日の金曜日に実施される。

一九九二年にバンクーバーで始まった無買日は、現在では少なくとも二〇カ国で行なわれている。参加者はその日、何も買わないことに同意し、クレジットカードを切り刻み、デモをして他の人々にも参加するよう促す。バンクーバーでは、無買日の直前に、若いアドバスターズの部隊が警官の先を越して通りを走り抜け、はがされにくい無買日のポスターを商店のウィンドウにぺたぺた張っていく。

「無買日は爆発的に広がりました」と、ラスンは言う。「それは、この星の上で倹約し軽やかに生きること、そして自発的簡素の、真に国際的な祝日になりつつあります」ラスンは、アメリカの人々のライフスタイルはまったく持続可能ではないから、無買日の精神をアフルエンザに対する効果的なワクチンとして定着させなければならないと考えている。

「過剰消費は、あらゆる環境問題の母体です」と彼は語り、また次のアンコマーシャルに取りかかる。

クレジットカード・コンドーム

本書のもとになったテレビ番組「アフルエンザ」のプロデューサーたちは番組の中にラスンのアンコマーシャルをいくつか入れたので、視聴者はそれをＰＢＳ〔全米ネットの公共放送組織。三ページ参照〕で見ることができた。多くの人々にとってそれは、番組のハイライトのひとつとなった。しかし本書の著者の一人ジョンたちプロデューサーが、彼ら自身のアンコマーシャル――にせの公共広告（ＰＳＡ public service announcement）――を作って続編の「アフルエンザからの脱出」に入れようとしたとき、それを削除するよう要求された。もし削除しなかったら、ＰＢＳは番組をゴールデンアワーに放送しなかっただろう。

このにせのＰＳＡ――「あなたの相続人からの公共広告」――は、「クレジットカード・コンドーム」と呼ばれる、アフルエンザ予防用品の宣伝だった。それはクレジットカードを入れる小さな袋で、外側にこんな警告文がついている。

「買う前に考えましょう。本当にそれが必要ですか？　誰か他の人から借りることはできませんか？　その材料は再使用あるいはリサイクルが可能ですか？　それを買うお金を得るために、どれだけの時間働く必要がありますか？」

年輩の女性が若い友人に、その保護袋を使って「安全な買い物をしなさい」と言う。そして微笑みながら、アメリカンエキスプレスをもじって「出かけるときは忘れずに」と言う。

ＰＢＳが「アフルエンザからの脱出」の中でそのＰＳＡを許可しなかったのは、番組編成担当者が地方の放送局に、クレジットカード・コンドームへの言及について注意を与えなければならないからである。彼らは、保守的な地域の五〇以上の系列局はこの番組をまず放送しないだろうと考えていた。というのは、そういった地方の視聴者にはコンドームはタブーだからである。ＰＢＳは視聴者のことを知っているのである。

しかし、それを何と呼んでもかまわないが、クレジットカード・コンドームは、人々にお金を使う前にもう一度考えさせる、すばらしいアイデアだといえる。

お金の達人

アフルエンザに対して本当に免疫力をつけるには、ワクチン接種とビタミン投与のプログラムを子供の頃から始めなければならない。有効な予防プログラムのモデルはすでに存在する。おそらく、カリフォルニア州サンディエゴで行なわれているものほど有望なものはないだろう。

サンディエゴ地域の学校では、就学前から高校まで、「マネー・マスターズ・プログラム」が実施されている。

「消費者クレジット・カウンセリング・サービス」（ＣＣＣＳ）（三八〜四一ページ参照）の職員が学校で話をして、生徒にお金をためて賢く使う方法を指導する。ある職員は生徒に、自分が着ているしゃれた服は一式いくらだと思うか、と尋ねる。生徒たちの想像は、実際の値段の約五倍である。安さの秘密は、古着屋や委託販売式のリサイクル・ショップで服を買うことである。子供たちは驚く。「これで、お金をたくさん使わなくてもプロに見えるということが証明されましたね」と、Ｃ

CCSの職員ジェラルド・ファベーラが生徒たちに言う。(2)

CCCSのサンディエゴ支部長イレーヌ・ウェルズら有志で構成する評議会は、サンディエゴで破産が劇的に増加していることに対し危機感をつのらせている。「そして皆は言いました。これはいつになったら止まるのだろう？と」学校向けのマネー・マスターズ・プログラムを企画したガブリエラ・ロペスは、自分のクレジットカードを使っている高校生の数が学期ごとに増え、彼らの多くが借金にはまり込んでいるのを見て驚いたという。

現在サンディエゴの生徒は、こうしたプログラムでお金を賢く管理することを学ぶまでは卒業できない。サンディエゴ在住のシングル・マザーであるターニャ・オロスコは、自分のティーンエージャーの娘アニータがこのプログラムを受けたことを喜んでいる。それによってアニータは、厳しい家計で節約する母親の努力をよく理解できるようになった。数年前ターニャは、彼女自身の借金を処理するために、CCCSの助けを必要とした。今ではターニャとアニータは、すべての出費についてきちんと記録をとっている。

CCCSの職員は、このプログラムを幼稚園にまで持ち込み、二カ国語でプレゼンテーションを行なって、四～五歳児に、お金をブタの貯金箱に貯める方法や、よく考えて使う方法を教えている。今では、幼い子供たちが親に向かってお金をためなきゃいけないよと言っているそうだ。「何かを買おうとするたびに、子供から『これ、本当にいるの？』と尋ねられるそうなんです」と、ジェラルド・ファベーラが笑いながら説明する。このような子供たちの血管には、十分な量のアフルエンザ・ワクチンが入っている。

メディア・リテラシー――消費をあおるメッセージを読み解く力

そのほか全国の多くの学校で、教師は生徒に、どのようにメディアのメッセージが彼らを操っているか分析することを教え、それによって生徒がアフルエンザを媒介するコマーシャルから身を守れるよう助けている。こうした考え方は「メディア・リテラシー」と呼ばれており、アフルエンザの時代には、読み書きを学ぶのと同じくらい重要な能力かもしれない。

生徒たちはテレビの広告を分析して、彼らを買う気にさせるために広告が使っている心理学的テクニックを見つけ出す。生徒たちは、それぞれの広告が言っている、製品が満たしてくれるというニーズとは何かを分析し、そしてそのニーズを満たすもっとよい、費用のかからない方法があるかを考える。ますます多くの学区がその必要に目覚めて、メディア・リテラシーを必須科目にしている。

なかでも最も成功しているのは、テレビが使う操作のテクニックを生徒が直接学ぶことができるビデオ制作の実地講習を織りこんだ広告分析である。ワシントン州シアトルでビデオ制作とメディア・リテラシーを教えているマロリー・グラハムは、郡の固形廃棄物担当部から支援を受けて、高校生にビデオのテクニックを教えた後、生徒にリサイクルと持続可能な消費スタイルを促進する彼ら自身の公共広告を制作させる。シアトルはアメリカでもリサイクル率がトップクラスであるにもかかわらず、消費が増加すると埋立地が拡大するという状況は依然として変わっていない――リサイクルが廃棄の増加率に追いついていないのである。

グラハムのメディア・リテラシーとビデオ制作の授業は、生徒にとって非常に面白く、自分が受けている消費文化の影響をよりよく理解することができる。「このようなプログラムを修了した生

徒は、広告主にとって手ごわい存在になるでしょうね」と、グラハムは言う。(3)

アメリカじゅうで、メディア・リテラシーの授業を受けた多くの生徒は、ティーンエージャーが欲しがるよう教え込まれてきた製品やブランド品のいくつかを作っている工場の、ひどい給料や労働条件についても学んでいる。彼らは、製品が作られている海外の国々における未成年労働や労働搾取に反対するデモを行ない、グローバル企業のための歩く看板になることを拒否する。「今日のティーンエージャーやもっと幼い子供たちは、明日の改革者になる」と、トレンド・ウォッチャーのジェラルド・セレンティは言う。「彼らは非常に反物質主義的な人間になるでしょう」(4)

しかしそうなるのは、ワクチン接種を受けたときだけである。

第28章　アフルエンザへの政治的処方箋

わが国は、構造的に自発的簡素を阻むようにできている。

――マイケル・ジェイコブソン（「コマーシャリズム研究センター」所長）、『マーケティングの狂気』の著者）

私たちは今、戦後の「黄金時代」を特徴づけた物質的成長のつけを払っている。台無しになった景観、汚染された空気や水、オゾン層の破壊、温室効果。第三世界も物質的生産を大きく成長させることを必要としているので、発展しすぎた国々が「自由時間」という非物質的なものの拡大を中心に置く発展モデルに方向転換することが、唯一、私たちの共通の未来を保証するだろう。

――アラン・リピエッツ（フランス緑の党のエコノミスト）

これまでの章で、アフルエンザ菌をやっつけるための、個人あるいは地域や職場における自発的な戦略を探ってきた。それらはすべて必要なことであり、何百万という人々にとって病気を抑えこむのに役立つだろう。しかし伝染病というものはかなりのレベルに達すると政治的行動が求められることもあり、その場合は「隔離」という形で行なわれるのが普通である。アフルエンザの場合も、すでにその限界点に達していると、私たち著者は考えている。

この二〇年間アメリカ国民は、「いったい政府はちゃんとやってくれるのか」という根深い不信感をいだくようになったが、そうした悪口にもかかわらず私たち著者は、政府が「アフルエンザにやさしくない社会」、もっと積極的な言葉を使えば「簡素な暮らしにやさしい社会」の創造を支援するうえで、大きな役割を果たすことができると信じている。そして、「この社会的な病気は個人的な行動だけでは治らない」と言う人々に賛成する。

アフルエンザの個々の症状だけをみても、たくさんあって相互に関連しているため、「隔離」するには公共の力が必要である。また、それだけでよくなるといった特効薬はない。地方から全国規模まであらゆるレベルの行政で、次に示すようないくつものキーポイントを中心に、総合的な戦略を立てることが必要になると、私たち著者は考えている。

＊労働時間の短縮
＊税金と所得制度の再構築
＊製品製造から廃棄までのサイクル全体への責任など、企業の改革
＊持続可能なインフラへの投資
＊政府補助金の方向転換
＊子供の保護についての新しい概念
＊選挙運動資金の改革

そして最後に、

＊経済成長についての新しい考え方

行かなかった道へ戻る

まず、アフルエンザのさらなる拡大を抑えたいのなら、半世紀の間、労働問題における取り組みの最重要事項だったが、その後突然脱け落ちた、社会的プロジェクトに再び光をあてるべきである。第二次世界大戦以来、アメリカ人は経済学者のジュリエット・ショアが「注目すべき選択」と呼ぶ選択の機会を与えられてきた。生産性が倍以上になったとき、働くのを半分に——あるいはさらに少なく——して、物質的に同じ生活を続ける方を選ぶこともできたはずである。そしてそのような生活は、一九五〇年代には「豊か」と思われていたのである。あるいは中間をとって、物質的な目標もいくらか向上させるが、生産性向上で得られたかなりの部分を自由時間を増やすという形で使うこともできたはずである。それなのに私たちは、得られた果実のすべてを、もっと多くの物を作り、消費することに使ったのである。（第17章参照）

一九三八年に法律として確立した週四〇時間労働が、いまだに私たちの基準である。法律によって別の基準を設定することは可能であり、そうすべきである。それは必ずしも、一九三〇年代に提案されたような（もっと最近では一九九三年の連邦議会議案がある）一日六時間で週三〇時間、あるいは、一日八時間の週四日で構成される週三二時間というような、すべてに適用できる基準である必要はない。多くの働くアメリカ人にとっては、これらの選択肢はどちらも理想であるが。

おそらくもっと重要なのは、年間の労働時間——現在平均で年間約二〇〇〇時間であり、これは仕事中毒の日本人をさえ上回っている——を抑制することである。二〇〇〇時間は、一日八時間とすると二五〇日に相当する。それに一〇四日の週末と九日の国民の休日を加えると、三六三日になる。すると休暇には二日間しか残らず、これがアメリカがたどりついた世界ということらしい。

平均の労働時間を六時間にすれば、年間約一五〇〇時間しか仕事をしないことになり、これは西ヨーロッパの標準に近い。それは自由時間がもう五〇〇時間——週五日労働で一二・五週！——あるということだ。そこで提案がある。年間の標準労働時間を全体で一五〇〇時間とし、週の上限は引き続き四〇時間とする。そうすれば、労働者はフレキシブルな形で一五〇〇時間をうめることができる。

フレキシブルな形での労働時間短縮

時間短縮の法律には、年間一五〇〇時間という上限を超えて労働者に仕事を求める雇用者に対して、厳しい罰則が盛り込まれることになるだろう。

調査によれば、アメリカの労働者の半分が、労働時間短縮の代償として、それに見合うだけの賃金の引き下げを受け入れるだろう。(1) しかし引き下げは、一対一の比率を基準とする必要はない。なぜなら労働時間が少なくなると、労働者の一時間あたりの生産性は高くなり、無断欠勤が減り、健康状態が良くなるからだ。このため、W・K・ケロッグが一九三〇年代に認めたように、週三〇時間労働には少なくとも三五時間分の給料、おそらくそれ以上の価値があるはずなのである。（二

三〇〜一三三ページ参照）

実際、インディアナポリスのビジネス・コンサルタントであるロン・ヒーリーは、いくつもの地方事業者を説得し、彼が「30－40ナウ」計画と呼んでいるものを試みに採用してもらった。見込みのある従業員に、週三〇時間の労働に対し正規の四〇時間分の給料を与えるのである。従業員の生産性が向上したことにより、ほとんどのところで実験は成功した。

残業を減らして休暇を増やす

しかしアフルエンザと闘うためには、私たちの収入を自由時間と交換することを恐れてはならない。年間一五〇〇時間への短縮からさらに進んで、生産性が向上したときには賃金を引き上げるのでなく労働時間をさらに削減することや、生産性が停滞したときには賃金を引き下げて労働時間を削減することを選択できる、といった労働者の権利を、法律によって保証することも可能なはずだ。

より短期的には、超過勤務の強制を禁止する法律を、直ちに制定する必要がある。現在、多くの雇用者は長期にわたって、労働者に週に五〇時間以上働くよう要求している。最近のいくつものストライキが主眼としたのは、大勢の労働者が家族にめったに会えなくなることを意味する、この雇用者側の特権をなくすことだった。

そして、当面の目標として年間一五〇〇時間労働というのは野心的すぎると思えるなら、休暇を増やすことであれば（勤続一年で三週間、三年で四週間の休暇）、ほとんど苦労しなくてもできるだろう。「エスケープ」誌の編集者ジョー・ロビンソンは、ヨーロッパで保証されている日数に匹敵するくらいの休暇日数を義務づける連邦法を通過させるよう連邦議会に求める、「Work to Live（生きるために働く）」と呼ばれるキャンペーンの先頭に立っている。(2)

当時大統領候補だったジョージ・W・ブッシュのスタッフは、休暇時間を増やすことについて質問されて、「それは大変よいことだと思う。我々にはそれが必要だ」と答えた。しかし、実際にそのアイデアを支持した候補者は、ラルフ・ネーダーだけだった。現在のところ、日本でさえ最低一〇日（最高二〇日）の有給休暇が法律で保証されている。ではアメリカでは何日保証されているだろう？　ゼロである。

不況になればワークシェアリング

時間短縮により仕事を分散する計画は、別の理由で今すぐにでも始めるべきである。現在の好況が永久に続くわけではない。二〇〇〇年末、ナスダックは下落し、ドット・コムは毎日消え（ドット全体主義の凋落か？）、これまでなかった解雇が急増した。本物の不況が来たとき、私たちは仕事を失った人々に、ただ「サヨナラ、運が悪かったね」と言うのだろうか？　もっといい方法がある。たとえば会社が二〇パーセント生産量を減らす必要があり、労働力を五分の一解雇しなければならないと考えているとしよう。そのかわりに、全員の週労働時間を一時間ずつ減らせばどうだろう？

確かに、労働者全員が少ない収入で生活することを学ばなければならないが――それも悪い考えではない――路頭に迷う人は誰もいないのである。そしてみんなまもなく余暇を愛するようになるだろうと、私たち著者は予言する。これに対し、もしそのような計画を立てず、数百万人が突然失業すれば、そのときは他のすべてのマイナスの社会指標——犯罪、家庭崩壊、自殺、うつ病等々——が再び急上昇することが予想できる。読者の方々にはこれを覚えていてほしい。

「徐々に」引退する

他にも、お金を時間と交換する方法がある。アメリカでは多くの大学の教師が「サバティカル」という長期休暇を数年ごとに与えられており、三カ月から一年までいろいろであるが、その期間中は給料が減ることを容認するのが普通である。なぜ、休暇中の給料が多少減ってもかまわないという労働者全員に、七～一〇年ごとにサバティカルを与える制度がないのだろうか？　私たちはみんな、ときどきバッテリーを充電する必要があるのだ。

あるいは、段階的な引退の制度はどうだろう？　私たちの多くは、退職のとき、突然週四〇時間から〇時間になると、自尊心が傷つき、一転して退屈になる。そうではなく、徐々に引退することができる年金と社会保障を考えることもできるはずだ。たとえば五〇歳になったら、年間の労働時間を三〇〇時間（七週間半）減らす。それから五五歳になったら、さらに三〇〇時間減らす。六〇歳でもう三〇〇時間。そして六五歳でもう三〇〇時間。これで年間八〇〇時間になった（年間労働時間が現在と変わらなかったとして）。この時点で、有給で働くのを完全にやめるという選択肢もあれば、働ける間は八〇〇時間で働き続けるという選択肢もある。

このアイデアのいい点は、最終的な退職のずっと前から、余暇を楽しむことをおぼえ始め、ボランティアを増やし、精神的な視野を広げることができるという点である。そして若い労働者が地位につくことができ、年配の労働者は長くとどまって彼らを指導することができる。こうすれば、年配の労働者は仕事にかかわり続けると同時に、自分の生活をもっとバランスよくするための時間を見つけることもできる。

このアイデアのバリエーションでやはり利点があるのは、労働者が自分のキャリアのさまざまな時期、たとえばもっと子育ての時間が必要だというときに、休暇をとって、それを「早期退職」で働かない時間とさしかえることができる制度である。ヨーロッパのいくつかの国で進められている究極のアイデアは、生涯の有給労働時間を総計として取り扱い、いつ働くかについてかなりの柔軟性を持たせるものである。

税制を見直す

ある意味では、二〇〇〇年のアメリカ大統領選挙は税金をめぐる選挙だった。ゴアは、アメリカ国民への課税を少なくしたいと思ったが、ブッシュはゴアよりもさらに少なくしたいと思った。そこで欠けていたのは、税金の種類とそれで何をするのかについての議論だった。ただし一つ例外があった。ゴアよりもさらに強力なアフルエンザの応援団長たるブッシュは、金持ち、つまり現在アメリカ国民の一～二パーセントしか支払っていない税金である遺産相続税の廃止を主張したのである。

しかし、ヨーロッパの一部ですでに進行しているような税制の改革が、アフルエンザの封じ込めにかなり役に立つ可能性がある。改革に向けた第一のステップは、消費税を累進的なものにするというアイデアで達成することができる。

コーネル大学のロバート・フランクが著書『贅沢熱（*Luxury Fever*）』の中で行なっている提案では、この税金が個人所得税にとってかわる。所得税がなくなるかわりに、消費するものに二〇パーセント（年間支出額が四万ドル以下の場合）から七〇パーセント（年間支出額が五〇万ドル以上の場合）まで漸増する率で課税が行なわれる。基本的にはこのアイデアは、「贅沢熱」の症状が最も深刻な人々に最も高い率で課税するものであり、支出でなく倹約を奨励する。

これと同時に、低所得の人々が、仕事をかけもちしたりすることなしに普通に生活できるようにしなければならない。古いカトリックの考え方には、家族賃金あるいは生活賃金というものがあるが、これは、すべての市民に簡素だが貧困線以上の十分な生活水準を保証するような、「負の所得税」（訳註・最低所得水準を定め、それ以下の人にはマイナスの課税、つまり給付を行なう、公的扶助的な面を持つ税制）、あるいは税額控除によって達成される。

同じくらい有望なのがいわゆる「グリーン税」である。これは、所得のような「良いこと」への課税（そして雇用の増加を妨げる支払給与税）のかわりに、汚染や再生不可能な資源の廃棄といった「悪いこと」へ課税するというアイデアだ。この制度の重要な点は、市場に私たちの購買したものの真のコストを反映させられることである。たとえば、ガソリンをがぶ飲みする車を運転すればずっと多くの税金を払い、あなたが読んでいるこの本には（紙の真のコストをカバーするため）少し余計に払うが、音楽のレッスンや劇場のチケットには何も余分に払う必要がない、というふうになる。

また、たとえば「炭素税」を追加すれば、化石燃料を燃やすのを抑制できるだろう。「環境汚染税」は、水や空気の汚染をやめさせる力になるだろう。それを生産することが汚染を引き起こすような商品には、その汚染を修復する費用が税金として加えられる。このような税金によって、有機食品を殺虫剤が入った製品と同じくらい安くすることができるだろう。「減耗税」によって、再生できない資源の価格を引き上げ、長持ちするように作られた商品の価格を相対的に安くできる。

このようなグリーン税制は複雑かもしれないが、環境的あるいは社会的に有害な消費を思いとどまらせる一方で、環境にやさしい代替物を奨励することになる。現状ではこうした視点からいうと、課税すべきものに補助金を与えていることの方が多い――たとえば鉱業のような採掘産業（年に二六億ドルもの補助金を受けている）や航空・陸上の輸送産業などである。私たちはそれを方向転換させて、石油や農業関係の巨大企業ではなく、たとえば太陽光や風力発電あるいは家族経営の有機農業のようなクリーンな技術や活動（第25章参照）に補助金を出すことができるし、そうすべきである。

企業の責任

消費による環境負荷を減らすもう一つの方法は、企業に、自社の製品の製造から廃棄までのライフサイクル全体に完全に責任を負うように求めることで、これはヨーロッパではすでに広く受け入れられている考え方である。その概念は単純で、ポール・ホーケン、エイモリ・B・ロビンス、ハンター・L・ロビンスによる『自然資本の経済』（一四六ページ参照）の中で詳しく説明されている。これは、企業は私たちに製品を売るのではなく、有料でリースするという考えに近い。それから製品の寿命がきて使用できなくなったら、同じ企業がそれを引き取って再利用や再生をして、貴重な資源を節約する。

この「揺りかごから墓場」までの考え方は、工業用カーペットの会社「インターフェース・コーポレーション」のCEO（最高経営責任者）レイ・アンダーソンのリーダーシップにより、製品のライフサイクル全体について責任を負うことに同意して「ナチュラル・ステップ」運動に参加した業者など、すでにかなりの企業の支持をかち取りつつある。もし企業がこのように完全に責任を負うなら、彼らはこの循環に付随して発生する費用をその製品の価格に含めなければならないだろう。

〔訳註・ナチュラル・ステップは、スウェーデンの医師カール・ヘンリク・ロベールが創始した、環境保護と経済的発展の双方を維持できる社会の実現をめざす運動。世界九カ国で展開〕

オランダ方式

このような責任は、EUでは少なくとも自動車会社に対して二〇〇六年までに法制化されるだろう。しかし非常に多くの企業と製品が世界中を移動しているため、より効果的な解決法となるのはオランダの法律かもしれない。

オランダでは車を買うときに、余分に「解体税」を支払う。自動車の寿命がきて使用できなくなったら、車は解体工場まで運ばれて、そこでまだ使える物は何でも注意深く取り外される。それから車体が押しつぶされ、再生される（アメリカではすべて——ワイヤー、プラスチックなど——がただ押しつぶされて、大半が単に廃棄物として捨てられる）。オランダの工場は安っぽくてローテクだが、多数の労働者を雇用し、どんな自動車でも処理する。解体税は、オランダの国家環境政策計画（「グリーン計画」ともいう）の一部であり、今後、他の多くの消費財へも拡大される予定である。(3)

マーケティングによる「児童虐待」を止める

著名な消費者問題活動家であるラルフ・ネーダーは、近年急増している子供を狙ったマーケティングを、一種の「企業による児童虐待」と呼んだ。それはまるで、マーケティング担当者が故意に、子供が集まるところならどこでもウイルスをまき散らして、子供たちをアフルエンザに感染させることに着手したかのようである。

今こそ子供を守るときだ。最低でも、「チャンネル・ワン」〔企業が学校に提供するCM入りニュース番組。一〇二ページ参照〕から始めて、学校からもうけ主義を締め出すことはできる。チャンネル・ワンに対する戦いでは、左派と右派とが結束し〔ネーダーと、キリスト教右派の活動家フィリス・シュラフリーは二人とも議会でチャンネル・ワンに反対する証言をした〕、ますますイデオロギーによって分断されていくこの国に、橋をかけ始めるきっかけを与えている。

次に、子供を狙ったテレビ広告の規制を始めることも可能だ。すでにスウェーデンやカナダのケベック州のようなところでは、規制を行なっている。もしあなたが私たち著者と同様、子をもつ親であるならば、きっと自分の子供がテレビ広告に操作されないようにしたいと願っているはずだ。さらにすべての広告に厳しく課税すれば、国民はアフルエンザの拡大を抑制することに真剣に取り組んでいるという強いメッセージを、株式会社(コーポレート)アメリカへ送ることになる。

選挙資金改革

ここでは触れるスペースがないが、もちろん世の中には他にもすばらしい反アフルエンザの法律のアイデアがある。しかしいずれも、アフルエンザから最も利益を得る人々が政治システムを操っている限り、実を結ばないだろう。純然たる選挙費用であっても（二〇〇〇年のニュージャージー州上院議員の選挙だけでも、結果的には一億ドルの支出となった）、候補者は金を出してくれる人に恩義を感じるようになる。そして金を出す人々とは「守りたいものがある人々」なのである。

したがって、まず制定しなければならない反アフルエンザの法律は選挙資金改革の法律である。政治からPAC（Political Action Committee 政治活動委員会）〔訳註・政治基金をつのって候補者に寄付する機関〕をなくし、争っている候補者に、メディアで彼らの考えを提示する時間を平等に与え、巧みだが無意味な三〇秒のコマーシャルの時間は与えないことにする。テキサス州の元農務長官ジム・ハイタワーはそれをうまく表現して、「豚を小川から出さない限り、水はきれいになりません」と言っている。(4)

しかし、経済が崩壊しないのか？

アメリカ人が本当に、より小さくより燃費のよい自動車を買って、ドライブを減らし、同じ車に長く乗り始めたらどうなるだろう？　長距離の旅行をあまりしなくなったら？　生活を簡素化し、使う金を少なくし、買う物を減らし、働くのを減らし、もっと余暇の時間を楽しんだら？　政府が節約に報酬を与えて浪費を罰し、法律で労働時間を短くし、広告主に課税したら？　消費者と企業の双方に製品の真のコストを支払わせたら？　経済に何が起こるだろう？　一部のエコノミストが言うように、経済が崩壊するのだろうか？

正直なところ正確にはわからない。どの主要先進国もまだそのような冒険の旅に出た国はないのだから。しかし、その道を進むことができると考えられる理由はいくつもあり、たとえ最初はでこぼこでも、しばらくすれば平坦な道になるだろう。もし私たちがこのまま今の高速道路を走り続ければ、最後には、一九八九年に起こったサンフランシスコ地震のときのハイウェーのようになるだろう――通れない道どころか廃墟である。

確かに、もし明日にもすべてのアメリカ人が自発的簡素を始めたら、大きな経済的混乱がもたらされるだろう。だがそんなことは起こらない。アフルエンザからの移行は、私たちがそれを目撃するほどの幸運に恵まれていたとしても、徐々に起こっていき、おそらく一世代はかかるだろう。経済成長は、GDP(国内総生産)で測る限り、スローダウンしてマイナスにさえなるかもしれない。

しかし経済学者のジュリエット・ショアが指摘するように、経済成長はわが国よりもずっとゆっくりだったが、自由時間、市民の参加、犯罪発生率の低さ、安定した仕事、所得の平等、健康、生活全体の満足度など、私たちが欲しがる多くの指標で測った生活の質はわが国よりも高い国が、ヨーロッパにはたくさんある(オランダ、デンマーク、スウェーデン、ノルウェーなど)。

このような国の経済に崩壊の兆候はない。そして持続可能性とバランスのとれた成長を重視する姿勢が、政治のさまざまな場面で広く受け入れられている。オランダの元首相で保守派のルード・ルベルスは、それを次のように表現している。

オランダ国民が一人あたりの国民総生産を最大にすることを目標としていないのは事実である。むしろ我々は、質の高い生活、公正で参加型の持続可能な社会を築くことを求めている。オランダ経済は労働時間あたりの生産性が非常に高いが、国民一人あたりの労働時間数はむしろ限られている。我々はこのやり方が気に入っている。我々の生活には多くの大切な側面があり、それらは賃金が支払われる対象でもなければ、これだけ時間があれば十分だというものでもない。そうした側面すべてのために、まだ多くの余地が残されているのである。(5)

姿勢を正すとき

もし反アフルエンザの法律が経済成長率の低下、あるいはまったく成長しない「安定状態」の経済をもたらすなら、それはそれで仕方がない(次章で見ていくように、いずれにしてもGDP成長率は社会の健全性を測るものさしとしては不十分なのだから)。アフルエンザ菌を打ち負かせば、ストレスを減らし、余暇を増やし、健康を増進し、寿命を延ばすことにもなる。家族、友人、コミュニティのための時間が増えるだろう。そして、交通量が減り、道路のひどい渋滞も騒音も汚染も減り、人に親切でやさしく、より有意義な生き方につながっていくだろう。

一九六〇年代のテレビ・コマーシャルで、ある俳優がクール(kool)のタバコは「さわやかなそよ風のようにクールでクリーンだ」と言っていた。今そのコマーシャルを見たら、私たちはとても真面目な顔などしていられないが、それが初めて放送されたときには誰も笑わなかった。それから後、私たちはタバコが健康に悪く、物言わぬ殺人者であることを知るようになった。だから私たちはタバコのテレビ・コマーシャルを禁止した。そしてタバコに厳しく課税し、喫煙エリアを制限し、タバコ会社にタバコが引き起こす被害の費用を完全に支払わせようとしている。私たちはかつて、タバコがセクシーだと考えていたが、現在ではほとんどの人がタバコは下品だと思っている。

こと喫煙に関しては、アメリカにおいて人々の姿勢は確実に変わった。アフルエンザも有害であるという証拠が増えている今、確かにまたもう一度私たちの姿勢を正すべきときがきているのである。

第29章　毎年の健康診断

国民総生産には、大気汚染、タバコの広告、ハイウェーから死体を取り除くための救急車も含まれている。ドアにつける特別製の鍵も、それを壊す犯罪者を入れる刑務所も、計算に入っている。（……）しかし家族の健康、教育の質、あるいは家族で遊ぶことの喜びは考慮に入れていない。

——ロバート・ケネディ、一九六八年

がんが寛解した患者は、予後がどうなっているかを見るため、定期的に健康診断を受ける必要がある。いったん回復の道に入ったなら、毎年の健康診断が、お金とエネルギーを奪っていく病の再発防止に役立つ。

借金、広告への過敏さ、持ち物欲にとりつかれるといった、いつまでも残る病原菌は、個人においてだけでなく、コミュニティや国の経済においても同様に病の再発を引き起こす可能性がある。健康診断はこれらの病原菌を、それが隠れているところまで追いつめて捕まえ、一掃する。

本章では、投資による収益、税収額、ＧＤＰのような「量的な」指標では、私たちの健康について知る必要のあることがすべてわかるわけではないということを論じたい。そして、これまでのものに代わるもっと全体的な状況を表わす指標を提案する。たとえば、個人消費の会計検査、コミュニティの指標、「真の進歩指標」（ＧＰＩ）（三七八～三八三ページ参照）といったものである。

決して単純ではない私たちの人生が、「十分お金があるだろうか？」という単純でしつこい問いに要約されてしまうことがあまりに多い。『お金か人生か』の共著者ヴィッキー・ロビン（一八五～二九〇ページ参照）は、このような言い方はあまりにも偏狭すぎると考えている。彼女によれば、お金とは、実は私たちが自分の生命エネルギーと引き換えにしているものであるという。そう指摘した上で、彼女は次のように問いかける。

＊私たちは自分が使った生命エネルギーに見合った充足感、満足、価値を受け取っているだろうか？

＊その生命エネルギーの消費は、私たちの価値観と人生の目的にそっているだろうか？

その人が病気か健康かを、体重だけで判断するようなことはしないだろう。血圧も、それだけでは人が健康かどうかわからない。それと同様に、支出の総計（たとえばＧＤＰ）では、大ざっぱに「量」を測ることはできても、「質」は測れない。かろうじて生きているのか、充実して生きているのかを区別することはできない。

個人史をつくる

あなたの健康あるいは生きる喜びを測る非常に簡単な基準は、「朝、ベッドから出たくてたまらないかどうか」である。しかし冷たく厳しい現実では、ある朝、元気いっぱいでベッドから飛び出したとしても、午後も半ばにはクビになっているかもしれない（生きる喜びはそこまでだ）。あるいはさらに悪いことには、突然、自分がアフルエンザよりももっと重大な病気にかかっていて、あと一年しか生きられないと知るかもしれない。

他の人々や考え、自然との結びつきを築くといった最も重要なことを、本当に行なっているか？ 金を稼ぎ使うことに忙しすぎてまだやっていないが、いつもやりたかったことは何か？ 達成したことがこの上なく誇りに思えるようなことをもっとするには、どうしたらいいのだろう？ こういった類の問いを発することで、自分自身を点検し直し、人生の支配権を握ることができる。

そして、その問いに対する正直な答えが、人生から錯覚と使い古されたパターンをはぎ取り、本当に重要なことの核心に近づく助けとなる。精神医学者アーヴィン・ヤーロムが言ったように、「人生の計画を持っていないということは、自分の存在を偶然にまかせてしまうことである」。(1)

自分の人生を取り戻すための最初の一歩は、自分が最も大切だと思っているものを明らかにすることである。個人的人間関係、生と死、達成したこと、冒険、悟り、失望など、自分の人生の最も重要な出来事をノートに書きとめる。大人になって最初に住んだ家や、初めて恋をしたときのことを思い出そう。

それから、物質的な持ち物の相対的な重要度を書いてみる。そういったものは、人生における人との結びつき、感動、行動と同じほど大きな満足を与えてくれただろうか？

次に、あなたにとって最も重要な原則のリストを書こう――公正さ、信頼、無条件の愛、自然を大切にする、経済的安全性、勇気、健康の維持といったようなことである。それらは最も重要で高い価値を持つものであり、それに基づいて人生の決定が行なわれる原則である。これらの原則を人間関係、職業、将来の計画にあてはめ、たえず富と物を追求することは、その価値に比べて苦労が大きすぎはしないかと自分に問うのである。

毎年の「健康診断」を行なうとき、そのノートを取り出して進歩のあとをふりかえりなさい。去年の出来事で、人生の「グレイテスト・ヒット集」に入れるに値することが何かあっただろうか？ 逆に過去のどこかの年でも、今ではそれほど重要だとは思えない出来事があるか？ 去年知った人々のうちで最も尊敬できる人は誰か？ 大目に見てもいい例外が少しはあるとして、自分の個人的な倫理観にそって生活できただろうか？

本当に大切なことは何か

さあ、ノックアウトパンチだ——おやすみ、アフルエンザ！ 自分の個人史と価値観とを年間支出と相互比較することにより、自分が思い通りに生きているか判断することができる。毎年、税金の書類をファイルするときに、この自分自身に対する会計検査書もファイルしておこう——ただし、あまりにせっかちな締め切り（デッドライン）を自分に課さないこと（なんといっても、ここで示しているアイデアは、自分に命綱（ライフライン）をつけるためのものなのだから）。

自分の消費支出は、本当に大切なことと一致しているか？ 住居、娯楽、電子機器への支払いが多すぎないか？ 支出のために残業して、かわりに家族との時間が減ってはいないか？ 自分がした慈善の寄付で幸せな気分になっているか？ お金を使った見返りに何かを手に入れているか？

コミュニティの健康診断——持続可能性の指標

「デンバーポスト」紙の最近の号で、コロラド州デンバーは「居住性」という面で全国的にみても高く評価されるという、さまざまな調査結果が報告されていた。しかし同じ号で、デンバーのひどくなる一方の交通問題も、トップ近くにランクされるという報告があった。確かに、良いことと一緒に悪いこともいくらかは受け入れなければならないが、どの程度まで受け入れられるのだろう?

それは本質的に、一〇年前にワシントン州シアトルでコミュニティ活動家たちが自らに問うた疑問と同じである。彼らは、ビジネス界のリーダー、選挙で選ばれた当局の人々、医師、環境保護主義者、その他の人々の代表的意見をとりまとめて、都市圏用に考えられた持続可能性のチェックリストを作った（ここでの「持続可能性」とは、「長期にわたっての文化的、経済的、環境的、社会的な健全さと活力」を意味している）。

◎シアトルにおける持続可能性の四〇の指標◎

*野生のサケ
*湿原
*生物多様性
*土壌浸食
*空気の質

*歩行者にやさしい通り
*都市区域内の緑地
*不透水性の地表（地面や道路の舗装率）
*人口
*住居の水消費
*固形廃棄物の発生とリサイクル
*汚染防止と再生可能資源の利用
*農地面積
*乗り物の走行距離と燃料消費量
*再生可能および不可能なエネルギーの使用
*雇用の集中
*実質失業率
*個人所得の分配
*医療費支出
*生活の基本的ニーズを満たすために必要な仕事
*住宅購入が可能な人の率
*貧困状態で生活している子供
*救急処置室の利用頻度
*地域資本

*成人の識字率
*高校卒業者数
*教師の人種的多様性
*芸術教育
*学校におけるボランティア活動
*少年少女の犯罪
*地域奉仕活動への若者の参加
*裁判における公平性
*低い出生率
*子供の喘息入院率
*有権者投票率
*図書館およびコミュニティ・センターの利用
*芸術活動への一般参加
*園芸活動
*近所づきあい
*生活の質についての実感

四〇の指標にたえず注意しておくのは容易なことではないが、プロジェクトのコーディネーターであるリー・ハッチャーは、これらの指標が資産価値や住宅の着工件数といった旧来の判断基準よりもっと総合的に、シアトルの人々、場所、経済の健康状態についての情報を与えてくれると考えている。すでに数百人のシアトル市民が、ボランティアで何千時間もかけ、指標づくりとその維持に協力している。

ハッチャーは、指標間の関連性が、コミュニティを個々の要素からでなく、全体として考える見方を養うのにいかに役立つか述べている。

「たとえば、産卵に帰ってくる野生のサケの数という指標を考えてみましょう。それは、経済(観光、保養、漁業)と関連していると同時に、環境(川の流れを汚染する森林伐採と、街からの流出物)とも関係しています。もしサケの個体数の増加が見られはじめたら、それはおそらく、私たちがサケと共有している生息環境をうまく保全できていることを意味します」(2)

もしコミュニティで子供たちに優れた「芸術教育」が行なわれていれば、「少年少女の犯罪」発生率は下がり、「高校卒業者数」は増加し、全体の雇用も向上するかもしれない。しかしもし「貧困状態で生活している子供」の数が増えれば、犯罪と病気の両方が増え、結果としてコミュニティに長期にわたって傷跡を残すことになる。

リンダ・ストームはシアトルに住んで一八年になるが、彼女にとってこれらの指標は、彼女が大切に思っている要素についての重要な情報を提供してくれる。

「私にとって持続可能なシアトルとは、家から歩いていける範囲に人々と会える場所があり(「歩行者にやさしい通り」「都市区域内の緑地」「近所づきあい」)、新鮮できれいな空気を吸えて(「空気の質」)、自生の植物を見ることができる(「生物多様性」「湿原」)ということです」

しかしこれらの要素の多くが、「不透水性の地表」といったマイナスの指標が大きくなるにつれ

て低下している（現在、シアトルの土地の五九パーセントが表面を舗装されている）。(3)

必ずしも聞いて耳に快いことばかりではないが、コミュニティの健康について適切な情報を得ることは、少なくとも集中治療を促すことになる。リー・ハッチャーは次のように語る。「指標とは、飛行機の計器盤のようなものです。注意深く設計して、厳重に監視することによって、飛行の状況を知り、どこへ行けばいいかについて適切な決定をすることができます。指標がなければ、私たちはただ勘で飛んでいくしかありません」

国の健康診断——真の進歩指標（GPI）

ニュースキャスター、投資ブローカー、金融業者といった人々は、国の繁栄の指標として国内総生産（GDP）を用いる。しかし本当にGDPが、わが国の経済が健康かどうかを教えてくれるのだろうか？　カリフォルニア州オークランドにある「リディファイニング・プログレス（進歩の再定義）」と呼ばれる組織のエコノミストは、そうは考えていない。「大きい方が良いとはかぎらないのはなぜか（*Why Bigger Isn't Better*）」という報告書の中で、彼らは次のように書いている。

遠く離れた友人から年に一度の手紙を受け取ったとしよう。そこには、「これまでになくたくさんお金を使ったという理由では、最高の年だったよ」と書いてある。それは雨季に始まり、屋根は雨漏りし、丘にある畑が地すべりをおこした。屋根を修理しなければならなかったし、業者に畑の土が流れ去らないようにしてもらわなければならなかった。そのすぐ後で、ジェーンが自動車事故で足を折った。入院、手術、理学療法、車の修理、それに家の手伝いを雇って、貯金をかなり使った。それから泥棒に入られて、コンピュータ、テレビ二台、ビデオデッキ、ビデオカメラを買いなおした。新しく買った品物の安全を守るため、家の警備システムにもお金を出した。(4)

このような人々は、これまでになくたくさんお金を使い、GDPの上昇にわずかながらも貢献したのだろうが、彼らの幸せは増しただろうか？　むしろ、さんざんな年だったはずである。では、GDPが成長し続けている国はどうだろう。国民の幸せは増しているだろうか？　明らかにそれは、そのお金がどのように使われているかしだいなのである。

「リディファイニング・プログレス」の使命は、過去半世紀の間、従来型のエコノミストが好んで使う処方薬だった判断基準、すなわち国内総生産の中に隠れている「悪い点」にスポットライトをあてることである。GDPが上昇しているかぎり、すべてうまくいっている。政治家は、膨張するGDPは彼らの経済政策が効を奏している証拠だと言い、投資家は、経済が全般に拡大していれば株取引も拡大すると安心する。しかし、GDP（当時はGNP）考案の中心的人物である経済学者サイモン・クズネッツでさえ、「国家の繁栄をGNPのようなものさしで推測することはほとんど不可能です」(5)と考えていた。

ではなぜ、全般的な数値は上昇し続けているのに、多くの鍵となる要素は悪くなったのだろうか。すでに述べたように、金持ちとその他大勢の間の格差は拡大している。加えて、アメリカの外国からの借金は増える一方で、貯蓄の貧血症状が出ているし、個々人の家計も借金を山ほど抱えている。私たちが化石燃料に頼ることの経済的・環境的コストも増加を続けている。

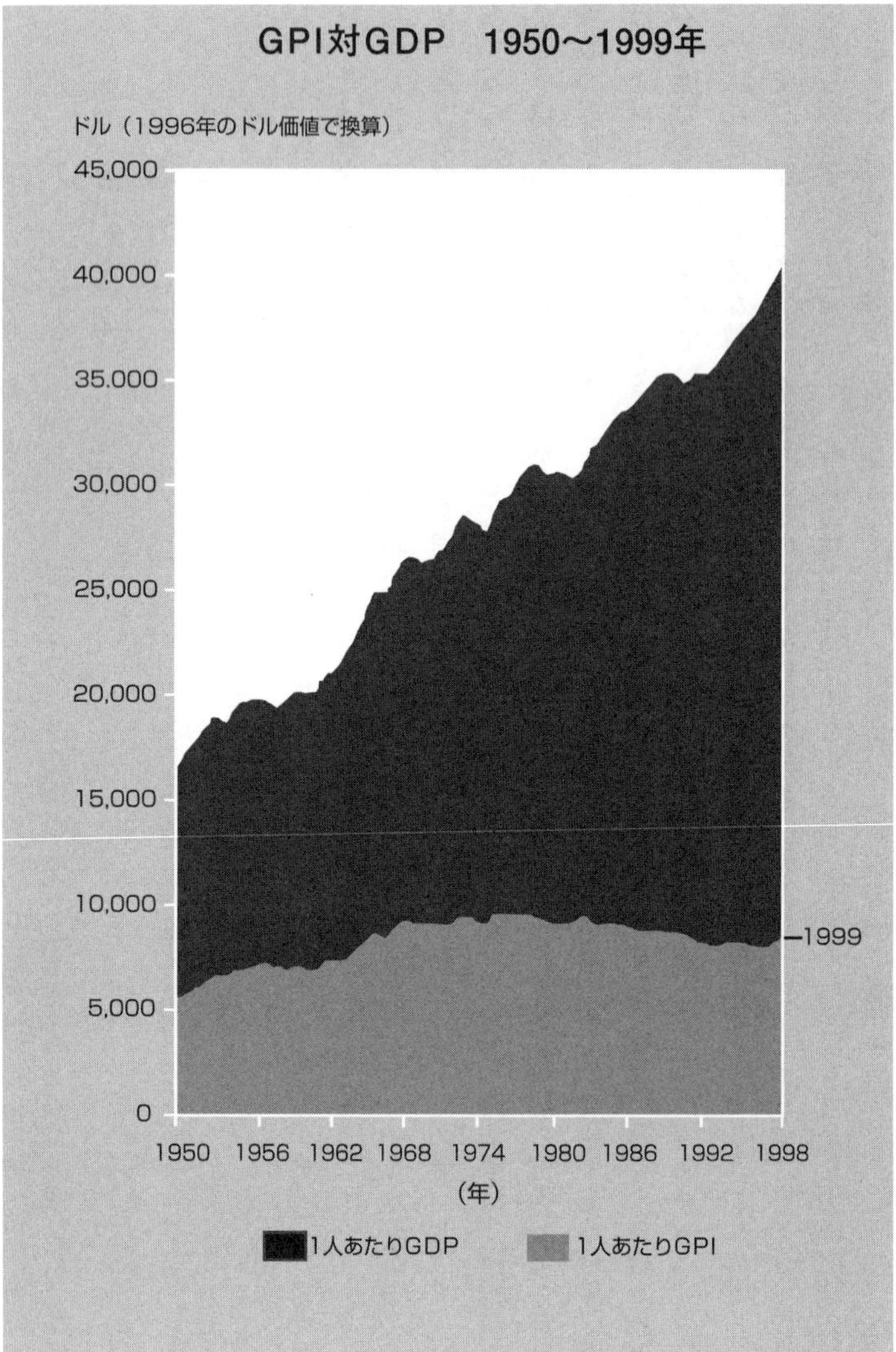

GPI対GDP　1950〜1999年
ドル（1996年のドル価値で換算）
45,000
40,000
35,000
30,000
25,000
20,000
15,000
10,000
5,000
0
1950
1956
1962
1968
1974
1980
1986
1992
1998
（年）
1999
1人あたりGDP
1人あたりGPI

市が通りを広げるために日よけになる木を切り倒し、住宅所有者が暑さでエアコンを買わなければならないとき、GDPは増加する。両親が離婚するとき、新しい刑務所が建てられるとき、医者が抗うつ剤を処方するときもやはりGDPは増加する。「リディファイニング・プログレス」のジョアン・クリージュナスが説明するように、汚染も大きなGDP引上げ要因である。「GDPでは少なくとも汚染は四回カウントされます――それが生み出されるとき、それが修復されるとき、医療費が発生するとき、裁判にかけるための弁護士費用が発生するときです」(6)

実際、詳細に分析すれば、GDPをたどっていくと経済の多くは犯罪、浪費、環境破壊に基づいていることが明らかになる。

GDP――それはすべての金銭的取引をいっしょくたに扱う――と対照的に、GPI(Genuine Progress Indicator 真の進歩指標)は支出の内容を評価して、国家経済に、家事、育児、ボランティアのような「目に見えない」が価値のある仕事を加算し、次のような「悪いこと」を差し引く。

◎GPI(真の進歩指標)での差し引き項目◎

＊犯罪のコスト
＊家庭崩壊のコスト
＊余暇の消失
＊不完全雇用のコスト
＊耐久消費財のコスト

* 通勤のコスト
* 家庭汚染軽減のコスト
* 自動車事故のコスト
* 水質汚染のコスト
* 大気汚染のコスト
* 騒音公害のコスト
* 湿地の消失
* 農地の消失
* 再生不可能な資源の枯渇
* 長期的環境破壊のコスト
* オゾン層破壊のコスト
* 原生林の消失

クリージュナスのほかにも、毎年行なう国の健康診断の手段として、各年のGDPの隣に並べてGPIを報告して経済の「質」を示すべきであると提案する、トップレベルのエコノミストたちが増えている。

そしてさらに、自然資源の利用（何があって、何を使っているのか）を追跡するための手法が必要とされている。「リディファイニング・プログレス（進歩の再定義）」が用いている、「エコロジカル・フットプリント」（生態系への足跡）（一五六ページ参照）のような指標は、私たちの消費主義的なライフスタイルが、毎年、自然の再生能力よりも速く資源を食いつくしていることを知るうえで助けとなる。貯金をおろして派手なショッピングを続ける浪費家と同じようなやり方を、私たちがもし今のまま続けていけば、自然から安定して供給されている恩恵は、近い将来供給されなくなるだろう。

「リディファイニング・プログレス」のエコノミストであったマティース・ワケナゲルは言う。「エコロジカル・フットプリントの考え方は、市場分析の分野で足がかりを得つつあります。いくつかの銀行が、国債の安全性を分析するため、我々を雇いました。彼らは、『各国は生態学的に見て赤字なのか？　自然の富を使いすぎているのだろうか？』ということを知りたがっています」

ＧＰＩとエコロジカル・フットプリントは、分析的・実際的な有効性を持つ、本物の常識である。個人の健全さやコミュニティの健康と同様、国の活力も本当は、パソコン上のグラフや、頭を使わないマンネリ仕事ではなく、国民、場所、自然資本、将来の世代の健康といった現実の事柄についての問題なのである。社会のあらゆる段階で、毎年の総合的な健康診断を計画するときである。

第30章　再び健康に

（……）君に　君の子供たちに　ひとこと
離ればなれにならず　花々を学び　よそおい軽く　進みたまえ
（ナナオ・サカキ訳）
――ゲーリー・スナイダー、『亀の島』（邦訳、山口書店）

誰でも、長い病気の後に起き上がったときの気分、突然、奇跡のように再び感じる、はつらつとした気分を知っている。それまで放っておいたことに再び打ち込み、新しいこともやってみたくてたまらなくなる。もう孤立感、無力感、疎外感は感じない。それはアフルエンザをやっつけたときに起こることでもある。

腕時計の文字盤に「生」と「死」の二つしか書かれていないと想像してほしい。本当に重要な事をするように優先順位を変えたら、文字盤の針は軽々と「生」の方へ振れて戻るだろう。

本書を書いている最中に私たち著者は多くの人と話し、彼らの考え方が私たち自身の思考プロセスの一部になっていった。早いうちに原稿を読んでくれたある人は、アフルエンザの被害者と戦争捕虜が類似していることを指摘した。「私たちは、環境、コミュニティ、心の平和を破壊する経済の捕虜だ」と、彼は言った。「戦争が終わって自由になったときに感じる気持ちを想像してみるといい。アフルエンザが私たちの生活から一掃されたときの気持ちはどうだろうか。同じような開放感、同じような心の軽やかさを感じるだろう」

現在、アメリカにおいて歴史的に見ても貯蓄率が低いことを読んだ別の人は、五〇〇〇万人の人々が事実上まったく貯金を持たないで一斉に退職し、急激に生活レベルを落とすのを想像した。彼は、「巨大なガレージ・セールが始まるだろう」と言った。「今でもその兆候が見える。『フォード・エクスカーション、ほとんど新車、三〇〇ドル』、『大画面テレビ（五六インチ）、無料。大型バスタブ、無料』といったぐあいだ」

三人目の読者は、私たちはそれぞれ家の居間にゾウを飼っていて、それを必死で無視しようとしているように思えると、コメントした。「私たちは、それをどうやって追い出せばいいのか考えつかないので、ただそれと一緒に住むことをおぼえたのだ」と、彼は言った。

しかしそうしなければならない理由はない。病原菌をやっつける――そしてゾウを追い出す――ために実行できることが無数にあるのだから。主流のメディアからはほとんど無視されているが、すでに多くのことが従来からの草の根運動の形で行なわれている。職場でも、服装規定から社員持株制度まで、変化が起こっている。信仰心と精神性が復活し、質の高い食品、代替医療、食べることさえできるほどの「グリーン」なケア商品（オートミールからできたスキンクリーム、米とショウガからできたシャンプー）など健康改善の取り組みが高まっている。プロの住宅建築業者による最近の調査によれば、この一年で、住宅購入者が第一に考慮することの一つとして、エネルギー効率があげられるようになったという。私たちが消費するものと環境で起こっていることの間の関連づけが始まっている。明らかに、今、経済は変革期にあるのだ。

本書によって読者が、すでに何千人もの人々に効果をあげているアフルエンザの治療法を身につけてくださることを願う。回復プロセスにおける共通の要素は、自分が問題をかかえていることを認めることができるという点である――それは個人、コミュニティ、バイオリージョン、国家といったいずれの規模においても等しく真実である。

生命に立ち戻る

環境問題の精神面における指導者ジョアンナ・メイシーはこの文明に対し、深呼吸して、自分たちが重大な問題をかかえていることを認め、みんなで「麻薬を断つ」よう呼びかけている。彼女は、自然――そして人間性――が実際に機能しているやり方に基づいた、新しい世界倫理を作るために努力している（現実に基づいたライフスタイル――それがコンセプトだ）。彼女が『生命に立ち戻る（*Coming Back to Life*）』の中で論じているように、これまで私たちはこの世界を部分と断片の集まりとみなしてきたが、今では「グレート・ターニング」（大いなる転機）と呼ばれる新しいものの見方を受け入れる準備ができている。(1)

生命は相互に依存し、自ら組織化するという考え方は、精神的・霊的レベルでは昔から常に認識されてきたが、現在では生物学や物理学においてもはっきり認められている。メイシーによれば科学者たちは、世界の生命システムは「ばらばらの部品の寄せ集めではなく、ダイナミックに組織化され複雑なバランスが保たれている――あらゆる運動、あらゆる機能、あらゆるエネルギーと情報の交換とにおいて、相互に依存している」ことの証拠を収集し、確信が事実になりつつあるという。

メイシーは、地球のシステムはちょうどサーモスタットのようにフィードバックを利用して健康を維持すると述べている。しかし、人間のフィードバック機能は、ひとつのことしか頭にない経済によって押しつぶされていると、彼女は考えている。「私たちがこの世界の状態に心を痛めるのは自然なことだ」と、彼女は信じている。

「私たちは、大きな身体の中の細胞のように、自然の欠くことのできない構成要素である。その身体が傷を負えば、私たちはそれを感じる。（……）しかし私たちの文化は、この痛み自体を不具合とみなすよう、人々に刷りこみを行なっている。コマーシャルや選挙運動を見ていると、成功した人というのは楽天主義ではちきれんばかりだ。（……）『社交的でいよう』、『微笑んでいよう』、『いいことを言えないのなら、何も言わない方がいい』」

しかし、環境、そして私たちの文化のさまざまな側面が病気であることを認めなければ、どうしてそれを癒すために集中した行動をとることができるだろう？「問題は、世界のために感じる痛みにあるのではなく、それを私たちが抑えこんでしまうことにある」と、彼女は結論している。「その痛みを避けたり、緩和しようとする努力が、効果的な対応を阻んでいるのだ」。同様に、政治的・社会的参加を自らやめてしまうことが、市民の集団としての力を弱めている。人々が「私たち」ではなく「私」としてのみ生きるとき、人々は根源から個々に切り離され、征服されてきた。

私たちは、「地球を所有しているのは自分たちだ」、そして「速いほど良い」という、熱に浮かされたような前提に振り回されて生きている（この後者の前提に対しては、マハトマ・ガンジーが「悪い方向に進んでいるとすれば、スピードは関係ない」と応じた）。昔あったトウモロコシチップスのコマーシャルは、アフルエンザに冒された私たちの世界観の典型である。「欲しいだけバリバリ食べてください。もっと作りますから」

しかしメイシーをはじめとする多くの人々が、このベルトコンベヤー的考え方に対し、私たちの免疫系を強化する、世界の新しい見方を提示している。彼らには、ピカピカ光る物やけばけばしい物の向こうにある、もっと地に足がついた豊かな現実が見えている。彼らは私たちに、ウィンドウショッピング(あるいはe—ショッピング)をして人生を金で買うのではなく、もっと情熱を持って生きるよう強く呼びかけている。

新しい夢を見る

「新しいアメリカンドリームのためのセンター」(Center for a New American Dream)の責任者であるベッツィ・テイラーは、意識して「私たち」モードで仕事をしている。彼女は勇敢にも、私たちが行なっている破壊行為を見て、それに対抗するために積極的に活動している。「自分たちの家が燃えていて、子供たちが中にいるのです」(2)と、テイラーは確信をもって言う(多くの仲間と同様、彼女も、産業革命が始まったときに火災報知器はすでに鳴っていたと考えている)。「今、地球温暖化が、生命の織りなす世界そのものを脅かしています。それなのに、人間はまだ認めようとしません」

テイラーは、私たち一人一人が重要な役割を果たすことは認めるが、「個人の行動だけでは問題を解決することはできません」と言う。彼女は、技術革新、政治改革、意識の著しい変化が組み合わさって形作られる、肯定的な未来——新しい夢——を描いている。「二五年後には、物やエネルギーを別のやり方で利用することに奨励金を出す、新しい政府の政策が見られるでしょう」と、彼女は予想する。「交通、廃棄物処理、リサイクル、税金に関する新しい政策によって、個人や団体が賢い消費をするよう支援が行なわれるでしょう。（……）商品の価格は、自然資源の利用と廃棄の環境的コストを反映したものになるでしょう。政府はその購買力を使って、環境にやさしい製品の市場を創出するでしょう」

実際テイラーは、私たちの夢遊病的文化が、目を覚ます寸前であることの強力な証拠を得ている。「どこの本屋でも入ってみれば、価値観、バランス、瞑想、簡素化についての本が何百冊も目に入るでしょう。我々のウェブサイトもまた、一つの例です。今年は八〇〇～一〇〇〇万件のアクセスがありそうで、それは人々が持続可能な生活についてより多くのことを学んでいるからなのです」

センターの目標には、消費を「減らす」ことだけでなく、どうやって持続可能な製品を購入するかについてのより賢い選択肢を示して、消費の方向を「変える」ことも含まれている。もし私たちが賢明であれば、消費のためのより良いデザインとより完全な情報をとり入れていくだろう。たとえば私たちは、害虫を自然にコントロールすること――それは豊かな生物学的情報の宝庫である――が殺虫剤散布にとってかわる、持続可能な農業を支持するだろう。どこへでも歩いていけるコミュニティという、より良いデザインを支持して、無駄な交通渋滞で何時間も失わなくてもすむようにするだろう。

「人々は、いわゆる持続可能な経済とは、犠牲を払い『良い暮らし』をあきらめなければならないことだと、決めてかかっています」と、テイラーは言う。「しかし、私たちが今見ている夢の中であきらめてしまったものがあります。私たちは、文化的伝統、土地固有の智慧、生物種、言語、人間関係、信頼、コミュニティ、健康――すべてお金より貴重なもの――を失いつつあるのです」
テイラーの新しい夢の中では、「簡素化」という言葉は、消費を切り詰めることをはるかに超えた意味を持っており、望ましくない考え、無駄、ストレスをなくす――人為的で表面的なものを捨て、「本物」をとる――ことを意味する。それは物の簡素化だけでなく、目的の単純さ、そして心の明快さでもある。それは混乱をもたらすのでなく、満たされた心と、つながりを持つことである。

彼女が描く新しく生まれつつある夢は、貧しく希薄なものではなく、明確でエレガントで内容が詰まっている。今の不安な眠りから覚めたら、こんどは麻袋を着るというわけではない――必要なもので十分満たされ、本当はいらない高価な荷物を苦労して運び歩く必要はなくなる。さらにそれ以上の見返りがあり、より生産的な目的に再配分される。テイラーは、もっとクリーンで無駄のない乗り物、風力タービンなどの「グリーン・パワー」、石油繊維なしで作られた衣類、地元で栽培された有機食品、光熱費の請求書を見ても気分の悪くならない建物など、新たに現れつつある新世代の製品や設備について言及している。

「企業文化に何が起こりつつあるか見てください。企業はグリーンな生産ラインを増やしており、たとえば効率が向上したフィリップス社製のコンピュータ・チップによって、大規模発電所が半ダースほど不要になるかもしれません。あるいは、たとえばカリフォルニア州サンタモニカの町に目をやれば、太陽熱暖房の公共建築物があり、公立学校には有機野菜のサラダ・バーがあります」

「現在市販されているものの多くは、生活の質ではなく、地位（ステイタス）やイメージと結びついた売られ方がされています。しかし、より優れた模範の助けを借りて、それを変えることができます」

彼女は、バスケットボールのスター選手アキーム・オラジュワンのことを述べている。彼はスポルディングと協力して、「オラジュワン」の名前で三五ドルのスポーツシューズを売り出した（ちなみに、多くのシューズは一〇〇ドル以上する）。「自分の信念に従って行動する人の数が増え、その信念が前向きの価値観に基づいていれば、私たちはすでに新しい夢を見始めているのです」と、ベッツィ・テイラーは語る。

良質のスピードで動く

私たちがインタビューした人々の意見は、現在まかり通っているさまざまな思い込みは時代遅れであるということで一致している。最も使い古されたスローガンは「いまさら後へは引けない」である。しかしアフルエンザをやっつけることに成功した人々は、「なぜ？」と尋ねる。買う側がいつも用心していなければならないなら、そして今の経済が危険を貧しい者や環境にしわ寄せするピラミッド構造のようなものであるなら、なぜやり方を変えないのか？

彼らは問う。なぜ私たちは、月へ行くこと、あるいはナチスをくい止めることよりもっとずっと大きな新しいミッションに乗り出さないのか？　なぜ私たちは、良質さ、エコロジー、公平性、多様性、柔軟性、民主主義が持続可能な経済と一つに融合した、新しいルネッサンスに向かって（急いで！）歩みを進めないのか？

この世代で生じた空前の富を再配分することによって、私たち自身の生活だけでなく、ひ孫のそのまた次の代の生活にも、歴史的な改善をなすことができる。良質の物を持つことができるのに、なぜガラクタで満足するのか？

質の良さは、アフルエンザにとって、ちょうど吸血鬼にとってのニンニクのような天敵だ。耐久性、ふさわしい材料、良いデザインにより、全体の価値を損なうことなく、山ほどの物は必要でなくなる。これは「どれだけ沢山あるか」を問うのではなく、「どのくらい良いか」を問題にする新しい算術なのである。

私たちは本書を通じて、無駄、自然資本の喪失、社会的悪影響を許容する経済には「隠れたコスト」がかかることについて述べてきた。一方、持続可能を志向してデザインされた経済には、多くの「隠れた恩恵」がある。

たとえば有機農産物を食べることには、農地の土壌浸食を防ぎ、流れ込んだ過剰な栄養分から湖の藻類を守るという、隠れた恩恵がある。健康的な食べ物は、健康な農場でつくられる。再生紙を購入することは、再生材料からのみ作られる製品で存続できるリサイクル産業の創出を助けるという恩恵がある。これらは、暮らし方のうちでも、非常に生産的だが比較的努力を要しなくても変えられるものだ。

「世界観」のような大きなものを変えることについて考えると、無力感に打ちのめされたような気分になるかもしれないが、メイシーの「グレート・ターニング」やテイラーの「新しい夢（ニュー・ドリーム）」は、実は私たちの日常生活の一部にすぎない。企業未来学者のポール・ホーケンは次のように考えている。

部屋にいるさまざまな人々の集団——異なる性、人種、年齢、職業、教育レベル——に加わり、彼らに今から五〇年後に住みたい世界がどんなところか言ってもらうとします。仕事に行くのに車で二時間も走りたい？　いいえ。健康でいたい？　はい。安全な場所に住みたい？　子供たちには、希望を持つことができる世界で育ってほしい？　迫害の恐怖なしに礼拝に行けることを望む？　自然が遠のいていくのでなく回復している世界に住みたい？　誰も反対しないでしょう。私たちの描く未来像は同じなのです。私たちが行なう必要があるのは、どうやったらそこへ到達することができるかのデザイン基準を一緒になって確かめることなのです。(3)

優れたデザインであれば、（多くのウォルマートの建物のように八年ではなく）千年もつ建物でもできる。生態学についての知識が成熟すれば、水を浄化するために多様で効果的な生物系を巧みに利用する、ジョン・トッド博士の開発した「リビング・マシン」のように、自然をまねた廃棄物処理を行なうこともできる。貯金（化石燃料）からではなく、日々の収入（太陽）から直接得るエネルギーを利用することができる。私たちが地方銀行を支援すれば、こんどはそれが地方のニーズを支援する。「ファストフード」は不安の同義語であると考える「スローフード」運動のメンバーたちによって提唱されているように、ストレスが少ない生活をして、もっと多くの時間を家族や友人と過ごすことができる。

現在の使い古したパラダイムを新しいものに再生（リサイクル）して、不安ではなく希望によって決定を下し政策を推進するなら、私たちが望むものを手に入れるチャンスはある。私たちは、機能不全を起こした未来が実際どんな感じなのかをすでに知っている。私たちのエネルギーを消耗させ、バランス感覚をうばい取る、際限なく悪いニュースが続く日々。もし私たちが同じ道をとり続ければ、この経済は最後にはタイタニックのように沈没する。水は氷のように冷たいだろう。

「そんなことが起こるはずはない。この経済が今、沈没する恐れなどない」と、私たちは互いに言い合う。しかし急がなければそれは起こるかもしれない——いや、実際に起こるだろう。信念を社会政策に、持続可能性についてのアイデアを現実に移すことが、いま必要なのだ。

最後のフラッシュバック

人として、よく食べ、よく眠り、近所の人と知り合いになるためには、億万長者になる必要はない。明らかに、消費を少なくする必要がある。それは私たちが、手に入れられる資源だけでなく、廃棄物を捨てることができる場所までも使い果たそうとしているからだ。

しかし、本書の核心にある問題は、たんに消費を減らすことを超えて、〝欲しいもの〟を減らし、〝必要なもの〟を減らすことである。私たちは、富と名声というライフスタイルから、満足と健康というもっと生きがいのあるライフスタイルへ前進することができる。

その多くが「豊かな生活」によって引き起こされ悪化する、さまざまな病気（アレルギー、がん、糖尿病）と闘うために使うお金全体のことを考えてみよう。そして、アフルエンザが、使うお金を増やすのではなく、少なくすることで治すことができる病気なのだということを思い出そう。

あなたに最期の時がやってきて、目の前にこれまでの全人生が浮かぶとき、あなたにとってそれは楽しいものだろうか？　その物語には、明快で優美で、親切で思いやりのある瞬間がどれだけ含まれているだろうか？　主人公――あなた――は、人生そのものと同じように大きく堂々として見えるだろうか。それとも、物の山の間を夢中になって飛び回っている、漫画のキャラクターのようにちっぽけでばかばかしい存在だろうか？　それはあなた次第だ。そして本当に、どうなるかは私たちみんなにかかっているのだ！

訳者あとがき

本書は、アメリカで一九九七年にテレビ放送されたドキュメンタリー番組「アフルエンザ」および一九九八年の続編「アフルエンザからの脱出」をもとに、さらに三年間の調査を行なってデータの更新や内容の追加を行なったものである。アメリカで蔓延しているモノ中心主義と過剰消費、そしてそれが人々の心や社会にもたらしている様々な問題を病気にみたててアフルエンザと呼び、多くのインタビューをまじえながら、その症状、歴史、原因、そして治療法について論じていく。

アフルエンザという言葉は、アフルエンス（豊かさ）とインフルエンザを組み合わせた造語である。甘やかされ金銭感覚がマヒした金持ちの子供を指す言葉としても使われるが、本書ではもっと広く、いたるところで見られる社会的な病理としてとらえている。

アフルエンザにかかると、「もっともっと欲しい」という気持ちがどうしようもないほど強くなる。それを満たすためにショッピングモールへ通い、新製品が出ると買わずにはいられない。有名ブランド品や新車など、持っているものを他人と比べることが価値基準になり、内容ではなく収入がいいかどうかで仕事を選ぶ。出費をまかなうため長時間働き、常にストレス、不安、果てしない不満を抱え、待っているのは借金地獄とカード破産。そしてアフルエンザが蔓延する社会では、生活から他者とのふれ合いや心のゆとりがなくなり、家族とコミュニティが崩壊・衰退し、大量消費と大量廃棄によって環境破壊がすすむ。

著者らは、アフルエンザの流行は、アメリカンドリームの中心原理である、とりつかれたような経済拡大の追求に根ざしていると考えている。そして、もうこれまでのように物質的豊かさを追求し続けるわけにはいかない、アフルエンザの治療をしなければならないと主張する。原書の刊行は二〇〇一年だが、事態の推移を見るかぎり、アメリカにおいてこの「症状」がその後の三年で大きく改善されたということはなさそうだ。

読者のなかには、今日本は不況なのだからアメリカとは違うのではないか、と思われる方もあるかもしれない。しかし、私たちの身のまわりを見てみれば、家の中はあいかわらず物でいっぱい。タンスに納まりきらないほど服があっても、新しいショッピングセンターがオープンしたと聞けば、出かけていって必要でもないのに買い物しないではいられない。パソコンも携帯電話もスポーツ用品も、新製品が次々と出るので、自分の持っているものが流行おくれでつまらない物のように思えてくる。

そして街ではハンバーガーやピザのファストフード店、ファミリーレストラン、コンビニといったチェーン店ばかりが目立ち、とくに地方の郊外では、日本中がどこも同じような風景になってしまった。大勢の人が郊外の広い駐車場を備えたショッピングモールへ車で出かけていく一方で、近所の商店街はさびれ、なじみの店がシャッターをおろしてしまった。いつでも簡単にお金が借りられますというコマーシャルが流れる一方で、ローンを返済できない人が急増し、消費者金融の大手が従業員をリストラしているという。そして最近のニュースといえば、少年犯罪の増加や、その内容の異常さ、うつ病や自殺の増加、満杯のゴミ処分場、自然環境の破壊。このように、アフルエンザの症状が明らかに日本においても現れてきているのだ。

物質的欲求に支配された生活を続ければ、私たちはどんなに収入が多くて思うままに物を買えたとしても、巧みな宣伝に物欲をあおられて、永久に「心」が満たされることはない。それどころか、物を買うだけの生活の中で真の生きがいを見失い、虚しさや不安を埋めるために消費に走るという悪循環におちいる。その一方で地球の資源は枯渇し環境は汚染されて、私たちの生きていく場が危うくなっている。

右肩上がりの経済成長がストップした今こそ、立ち止まって考えるチャンスなのかもしれない。二〇世紀後半の経済成長を支えてきた効率とスピード優先のスタイルに疑問を投げかけ、物質的豊かさより心の豊かさを求めるスローフードやスローライフ、簡素な生活への動き、すなわちアフルエンザの治療に向けた動きが日本でもすでに始まっている。手遅れにならないためにも、多くの方にこの病気の症状と対処法について知っていただきたい。

ところで、私の住む西日本では今年は六月ごろから台風がやってきて、「なんだか多いね」と言っていたら、つい先日は一八号という大きなのがやってきて、あちこちに被害を残しながら去っていった。しばらくの間、「おたくは大丈夫でしたか?」があいさつ代わりだった。近頃は瀬戸内海の潮位が上がっているとかで、台風が来ると必ずといっていいほど高潮の被害がニュースになる。上陸する台風が多かったのは海水の温度分布や気圧配置がそのようになっていたからだそうだが、二酸化炭素濃度上昇に伴う地球温暖化の影響で海水面が上昇し異常気象が頻発すると言われており、「なんだか台風が多いね」どころではなくて、毎日の暮らしが根本から脅かされる変化が起きているのではないか、と切実に感じるようになった。

そしてそれが、私たちがあとさき考えずに化石燃料を燃やし、便利だからという理由で自動車を走らせ(大都市圏以外では、一人に一台車がある家も珍しくない)、快適な生活のためにふんだんにエネルギーを使い、リサイクルされる量を超えて必要でもない物を大量に生産し、買ってきたことが原因だとすれば、いまいちど自身の生活、そして生き方を見直そうと思うのもあたりまえのことである。

車に乗ってステーキハウスへ行くという、環境に最も負荷がかかる消費行動（三二一～三二三ページ参照）よりも、お弁当と水筒を持って近くの公園へ行く方を選ぶ。休日の午後をショッピングセンターで過ごすよりも、裏庭でハーブの世話をしたり花や虫に見とれている方が楽しい。金銭的報酬が少なくても自分で納得できることを仕事にして、満ち足りた気持ちで日々を過ごしたい。私自身、そんな気持ちになっている。本書の最終章にあるように、最期のときがきて自分の人生をふりかえったとき、物の山の間を忙しそうに走り回っているだけの自分が見えるのでは、あまりに寂しいではないか。

なお、残念ながら、原書に多数掲載されていたデイヴィッド・ホーシーの漫画は、著作権の問題と邦訳本のボリュームの関係から収録できなかった。また、原書に紹介されていた多数の固有名詞のうち日本の読者に関係が薄いと思われるものについては、一部省略させていただいた。

原書刊行後のアップデートの意味もかねて、巻末参考文献のあとに、本書に出てきた主な団体、登場人物のホームページを紹介しておく（英文）。関心のある方はご覧になっていただきたい。

二〇〇四年九月

上原ゆうこ

◎訳者紹介――**上原ゆうこ**（うえはら・ゆうこ）＝神戸大学農学部卒業。農業関係の研究員。広島県在住。専門分野は自然科学、農業、コンピュータ関連。訳書に、バーンスタイン『癒しのガーデニング』（日本教文社）がある。

【第23章ほか】

＊トレンド調査研究所（The Trends Research Institute）
（ジェラルド・セレンティ Gerald Celente）
http://www.trendsresearch.com/

＊セシル・アンドルーズ (Cecile Andrews)
（シーズ・オブ・シンプリシティ Seeds of Simplicity〔簡素さの種子〕）
http://www.simpleliving.net/seedsofsimplicity/

＊デュエイン・エルジン (Duane Elgin)
（『ボランタリー・シンプリシティ〔自発的簡素〕』）
http://www.simpleliving.net/awakeningearth/

＊シンプル・リビング・ネットワーク (The Simple Living Network)
http://www.simpleliving.net/

【第24章】

＊ビル・マッキベン (Bill McKibben)（『情報喪失の時代』）
http://www.billmckibben.com/

【第25章】

＊マイケル・ブラウアーとウォレン・レオン (Michael Brower, Warren Leon)
（「憂慮する科学者連合 Union of Concerned Scientists」）
http://www.ucsusa.org/

＊ロッキーマウンテン研究所 (Rocky Mountain Institute)
（エイモリ・B・ロビンス，L・ハンター・ロビンス Amory B. Lovins, L. Hunter Lovins）
http://www.rmi.org/

＊地域自立研究所 (Institute for Local Self-Reliance)
http://www.ilsr.org/

【第26章】

＊ハーモニー・ビレッジ (Harmony Village)
http://www.harmonyvillage.org/

【第27章】

＊アドバスターズ (Adbusters)（カル・ラスン Kalle Lasn）
http://www.adbusters.org/

【第30章】

＊ジョアンナ・メイシー (Joanna Macy)
http://www.joannamacy.net/

＊新しいアメリカン・ドリームのためのセンター（Center for a New American Dream)（ベッツィ・テイラー Betsy Taylor）
http://www.newdream.org/

■ 本書に登場した主な団体・人物の関連ホームページ ■

（2004年9月末現在）

＊テレビ番組「アフルエンザ (*Affluenza*)」
http://www.pbs.org/kcts/affluenza/

【第1章】
＊ドットコムガイ(DotComGuy)
http://www.dotcomguy.com/

【第2章，27章】
＊消費者クレジット・カウンセリング・サービス
（CCCS, Consumer Credit Counseling Service）
http://www.cccsintl.org/

【第7章】
＊チャンネル・ワン (Channel One)
http://www.channelone.com/

【第8章】
＊ジェイムズ・クンスラー (James Kunstler)
http://www.kunstler.com/
＊アル・ノーマン（スプロールバスターズ Sprawl-Busters）
http://www.sprawl-busters.com/

【第11章，29章】
＊リディファイニング・プログレス（Redefining Progress〔進歩の再定義〕）
http://www.rprogress.org/
＊マティース・ワケナゲル
（グローバル・フットプリント・ネットワーク Global Footprint Network）
http://www.footprintnetwork.org/

【第18章】
＊フレンズ・オブ・ジ・アース (Friends of the Earth)
http://www.foe.org/
＊ＰＲウォッチ（PR Watch）
（ジョン・スタウバー John Stauber）
http://www.prwatch.org/
＊ヴィッキー・ロビン (Vicki Robin)
（『お金か人生か Your Money or Your Life』）
http://www.simpleliving.net/ymoyl/
＊ニュー・ロードマップ財団（The New Road Map Foundation）
http://www.newroadmap.org/

3. インタビュー，1998年10月.
4. *Redefining Progress*, “Why Bigger Isn’t Better: The Genuine Progress Indicator 1999 Update.”
5. インタビュー，1998年10月.
6. インタビュー，1998年10月.

第30章　再び健康に

1. Joanna Macy and Molly Young Brown, *Coming Back to Life: Practices to Reconnect Our Lives, Our World* (Gabriola Island, B.C.: New Society Publishers, 1998), p. 27.
2. インタビュー，2000年10月.
3. Paul Hawken, “Natural Capitalism”（Allan Hunt Badinerによるインタビュー）*Yoga Journal*, September/October 1994, pp. 68, 70.

8. Tom Chappell, *The Soul of a Business: Managing for Profit and the Common Good* (New York: Bantam, 1993).
9. Terrance O'Conner, "Therapy for a Dying Earth" 以下に収録. Theodore Roszak, Mary E. Gomes, and Allen D. Kanner (ed.), *Ecopsychology* (San Francisco, Sierra Club Books, 1995), p. 153.

第26章　仕事への復帰

1. Benjamin R. Barber, *A Place for Us* (New York: Hill and Wang, 1998), p. 73.
2. 同上, p. 10.
3. "A Letter from Michael Moore to the Non-Voters of America,"（インターネット, 2000年8月1日）
4. Harry C. Boyte, "Off the Playground of Civil Society," Duke University, October 1998, p. 5. 〈paper〉この論文は以下で公開されている。http://www.publicwork.org/pdf/speeches/Duke_1998.pdf
5. インタビュー, 2000年8月.
6. Doug McKenzie-Mohr and William Smith, *Fostering Sustainable Behavior* (British Columbia: New Society Publishers, 1999) p. 49.
7. 同上, p. 53.
8. インタビュー, 2000年10月.
9. Gary Gardner, "Why Share?" *World Watch*, July-August 1999, p. 10.
10. Leah Brumer, "Capital Idea," *Hope*, Fall 1999, pp. 43-45.

第27章　ワクチンとビタミン

1. インタビュー, 1996年11月.
2. インタビュー, 1997年10月.
3. インタビュー, 2000年4月.
4. インタビュー, 1996年10月.

第28章　アフルエンザへの政治的処方箋

1. New Road Map Foundation, *All-Consuming Passion*, p. 16.
2. *Utne Reader*, September-October 2000.
3. *Green Plans*, 1995.（テレビ・ドキュメンタリー）
4. 以下における講演. Santa Barbara, California, May 13, 2000.
5. Anders Hayden, *Sharing the Work, Sparing the Planet* (London: Zed Books, 1999), p. 36.

第29章　毎年の健康診断

1. Irvine D. Yalom, *Existential Psychotherapy* (New York: Basic Books. 1980), p. 12.
2. インタビュー, 1998年10月.

Viking, 1997)
6. インタビュー，1996年6月.
7. Harwood poll,"Yearning for Balance," 1995.

第23章　アスピリンとチキンスープ

1. インタビュー，1996年10月.
2. インタビュー，1996年11月.
3. インタビュー，1996年9月.
4. インタビュー，1996年7月.

第24章　新鮮な空気

1. Bill McKibben, *The Age of Missing Information* (New York: Random House, 1992), p. 70.
（マッキベン，B.『情報喪失の時代』高橋早苗訳，河出書房新社，1994年）
2. 同上，p. 71.
3. Chellis Glendinning, "Recovery from Western Civilization" 以下に収録. George Sessions (ed.), *Deep Ecology for the 21st Century* (Boston: Shambala Press, 1995), p. 37.
4. Aldo Leopold, *A Sand County Almanac* (Oxford University Press), p. 24.
（レオポルド，A.『野生のうたが聞こえる』新島義昭訳，森林書房，1986年）
5. David Sobelへのインタビュー.
6. David Sobel, *Beyond Ecophobia: Reclaiming the Heart in Nature Education* (Great Barrington, Mass.: Orion Society, 1996), p. 34.
7. Robert Greenway, "The Wilderness Effect and Ecopsychology" 以下に収録. Theodore Roszak, Mary E. Gomes, and Allen D. Kanner (ed.), *Ecopsychology* (San Francisco, Sierra Club Books, 1995), p. 128-9.
8. 同上.
9. インタビュー，2000年3月.
10. インタビュー，1996年4月.

第25章　正しい薬

1. インタビュー，1997年3月.
2. インタビュー，2000年6月.
3. インタビュー，2000年7月.
4. Michael Brower and Warren Leon, *The Consumer's Guide to Effective Environmental Choices* (New York: Three Rivers Press, 1999), p. 134.
5. Michael Brylawski, "Car Watch: Move Over, Dinosaurs," *RMI Solutions Newsletter*, Rocky Mountain Institute, Spring 2000, p.12.
6. インタビュー，2000年6月.
7. インタビュー，2000年9月.

10. インタビュー，1996年4月.
11. Susan Faludi, *Stiffed* (New York: Morrow, 1999), p. 35.
12. Wilhelm Ropke, *A Humane Economy: The Social Framework of the Free Market* (Indianapolis: Liberty Fund, 1971), p. 128-129.

第20章　アフルエンザを治せる医者はどこにいるのか？

1. Kalle Lasn, *Culture Jam* (New York: Eagle Brook, 1999), p. 27.
2. インタビュー，2000年4月.
3. Joel Makower, *The Green Business Letter*, March 1994, pp. 1, 6-7.
4. Sharon Beder, *Global Spin: The Corporate Assault on Environmentalism* (White River Junction, Vt.: Chelsea Green Publishing Company, 1997), pp. 28-29.
（ビーダー，S.『グローバルスピン』松崎早苗監訳，創芸出版，1999年）
5. インタビュー，2000年4月.
6. Mark Dowie, 以下の序文. John C. Stauber and Sheldon Rampton, *Toxic Sludge Is Good for You: Lies, Damn Lies and the Public Relations Industry* (Monroe, ME: Common Courage Press, 1995), p. 1.
7. John C. Stauber and Sheldon Rampton, *Toxic Sludge is Good for You: Lies, Damn Lies and the Public Relations Industry*, p. 28.
8. Beder, 前掲, p. 32.
9. Jamie Lincoln Kitman, "The Secret History of Lead," *The Nation*, March 20, 2000, p. 6.
10. Joyce Nelson, "Great Global Greenwash: Barston-Marsteller, Pax Trilateral and the Brundtland Gang vs. the Environment," *CovertAction, 44*, pp. 26-33, 57-8.
11. George Orwell, *1984*, p. 312.
（オーウェル，G.『1984年』新庄哲夫訳，早川書房〔ハヤカワ文庫〕，1990年）
12. Stauber, 前掲, p. 28.
13. Beder, 前掲, pp. 112-113.
14. Donella Meadows, Dennis Meadows, and Jorgen Randers, *Beyond the Limits* (Post Mills,Vt.: Chelsea Green, 1992).
（メドウズ，D. H.，メドウズ，D. L.，ランダース，J.『限界を超えて』松橋隆治・村井昌子訳，ダイヤモンド社，1992年）

第22章　患者は安静に

1. インタビュー，1997年10月.
2. インタビュー，1996年11月.
3. 同上.
4. 同上.
5. 以下も参照. Jacqueline Blix and David Heitmiller, *Getting a Life* (New York:

December, 2000.
12. インタビュー，1993年10月.
13. 同上.
14. 同上.

第18章　アフルエンザ流行の始まり

1. *Affluenza,* 1997.（テレビ・ドキュメンタリー）
2. 同上.
3. インタビュー，1996年4月.
4. 同上.
5. *Affluenza*, 1997.（テレビ・ドキュメンタリー）
6. 同上.
7. 同上.
8. Gary Cross, *An All-Consuming Century* (New York: Columbia, 2000), p. 169.
9. *Escape From Affluenza*, 1998.（テレビ・ドキュメンタリー）
10. Wilhelm Ropke, *A Humane Economy* (Indianapolis: Liberty Fund, 1971), p. 109.
11. John Kenneth Galbraith, *The Affluent Society*, p. 258.
（ガルブレイス，J．K.『ゆたかな社会』鈴木哲太郎訳，岩波書店〔同時代ライブラリー 11〕，1990年）
12. 同上，p. 266.
13. Tom Hayden, *Reunion* (New York: Random House, 1988), p. 264.
14. Mario Savio, "Stop the Machine," address to the Free Speech Movement, Berkeley, 1964.
15. Gary Cross, 前掲，p. 161.
16. インタビュー，1996年4月.

第19章　アフルエンザの時代

1. Pierre Martineau, *Motivation in Advertising* (New York: McGraw Hill, 1971), p. 190.
2. New Road Trip Foundation, *All-Consuming Passion*, p. 6.
3. Kim Chapman, "Americans to Spend More on Media than Food in 2003," *Denver Rocky Mountain News*, December 17, 1999.
4. Michael Jacobson and Laurie Mazur, *Marketing Madness* (Boulder,Colo.: Westview, 1995), p. 131.
5. インタビュー，1996年4月.
6. Laurie Mazurへのインタビュー，1996年4月.
7. 同上.
8. Pat Kearney, "Driving for Dollars," *The Stranger*, May 4, 2000.
9. インタビュー，1996年4月.

1998), p. 173.
8. Karl Marx and Freiedrich Engels, *The Communist Manifesto*, in Lewis Feuer (ed.), *Marx and Engels: Basic Writings on Politics and Philosophy* (Fontana Press, 1984), pp. 1-41.
（マルクス，K.『共産主義者宣言』金塚貞文訳，太田出版，1993年）
9. Marx, *The Economic and Philosophical Manuscripts of 1844*, 以下の引用による．Erich Fromm, *Marx's Concept of Man* (New York: Frederick Ungar, 1971), p. 55.
（マルクス，K.『経済学・哲学草稿』城塚登・田中吉六訳，岩波書店〔岩波文庫〕，1964年）
10. Erich Fromm, *Marx's Concept of Man*, p. 107.
（フロム，E.『マルクスの人間観』樺俊雄訳，第三文明社〔レグルス文庫〕，1977年）
11. 同上，p. 37.
12. Karl Marx, *Capital III* (New York: Modern Library, 1906), p. 954.
（マルクス，K.『資本論；経済学批判　第三巻』鈴木鴻一郎責任編集，中央公論社，1980年〔中公バックス　世界の名著55　マルクス・エンゲルスII〕）
13. Perry Miller (ed.), *The American Transcendentalists* (Garden City, N.Y.: Anchor, 1957), p. 313.
（ソロー，H, D.『森の生活（ウォールデン）』飯田実訳，岩波書店〔岩波文庫〕，1995年）
14. 同上，p. 309-310.
（ソロー，H, D.「無原則な生活」木村晴子訳，研究社，1977年〔アメリカ古典文庫 4　H・D・ソロー〕）
15. 同上，p. 310.（H・D・ソロー「無原則な生活」）

第17章　行かなかった道

1. インタビュー，1996年4月.
2. Paul Lafargue, *The Right to Be Lazy* (Chicago: Charles Kerr, 1989), p. 40.
（ラファルグ，P.『怠ける権利』田淵晋也訳，人文書院，1972年）
3. William Morris, 以下に引用. A. L. Morton(ed.), *The Political Writings of William Morris* (New York: International Publishers, 1973), p. 112.
4. インタビュー，1996年4月.
5. 同上.
6. Benjamin Hunnicutt, *Work Without End* (Philadelphia: Temple, 1988), p. 82.
7. 同上，p. 75.
8. 同上，pp. 88-97.
9. 同上，p. 99.
10. 同上，p. 53.
11. James Twitchell, "Two Cheers for Materialism", *Utne Reader*, November/

5. Andrew Weil, *Eating Well for Optimum Health* (New York: Alfred A Knopf, 2000), p. 21.
(ワイル，A.『ワイル博士の医食同源』上野圭一訳，角川書店，2000年)
6. Fromm, Eric, *To Have or to Be?* (New York: Bantam, 1982) , p. 155.
(フロム，E.『生きるということ』佐野哲郎訳，紀伊國屋書店，1977年)
7. Jane Brody, "Cybersex Gives Birth to a Psychological Disorder," *New York Times*, May 16, 2000, p. D7.
8. Jerry Mander, *Four Arguments for the Elimination of Television* (New York: Willam Morrow, 1978)
(マンダー，J.『テレビ・危険なメディア』鈴木みどり訳，時事通信社，1985年)
9. Eric Schlosser, "Fast Food Nation: The True Costs of America's Diet," *Rolling Stone*, September 3, 1998, p. 3.
10. D. J. Formanへのインタビュー，2000年12月.
11. Rocky Mountain News editorials, June 20, 2000, p. 31.

第15章　物への欲求という原罪

1. Marshall Sahlins, "The Original Affluent Society" 以下に収録. Neva Goodwin, Frank Ackerman, and David Kiron (eds.) *The Consumer Society* (Washington, D.C.: Island Press, 1997), pp. 18-20.
2. インタビュー，1993年5月.
3. 以下に引用されている. James Child Jr., *Greed* (Minneapolis: Fortress, 2000), p. 1.
4. Jerome Segal, *Graceful Simplicity* (New York: Henry Holt, 1999), p. 167.
5. インタビュー，1996年4月.
6. Segal, 前掲. p. 6.
7. 同上，p. 189.
8. インタビュー，1996年10月.
9. インタビュー，1996年4月.
10. T. C. McLuhan, *Touch the Earth* (Simon & Schuster, 1977) , p. 90.

第16章　アフルエンザの予防

1. インタビュー，1996年4月.
2. Jerome Segal, *Graceful Simplicity* (New York: Henry Holt, 1999), p. 13.
3. 同上，p. 13.
4. 同上，p. 14.
5. *Running Out of Time*, 1994.（ドキュメンタリー・フィルム）
6. Juliet Schor, *The Overworked American* (New York: Basic Books, 1992), p. 44.
(ショアー，J. B.『働きすぎのアメリカ人』森岡孝二・成瀬龍夫・青木圭介・川人博訳，窓社，1993年)
7. Rodney Clapp, *The Consuming Passion* (Downer's Grove, Ill.: Intervarsity,

4. 同上，p. 6-7.
5. “Phasing Out Persistent Organic Pollutants,” *State of the World 2000*, p. 85.（「残留性有機汚染物質と闘う」，ブラウン，L. R.〔編著〕『地球白書2000－01』浜中裕徳監訳，ダイヤモンド社，2000年）
6. Dan Fagin, Marianne Lavelle, Center for Public Integrity, *Toxic Deception: How the Chemical Industry Manipulates Science, Bends the Law, and Endangers Your Health* (New York: Birch Lane Press, 1997), p. 43.
7. Chris Bowman, “Medicines, Chemicals Taint Water: Contaminants Pass Through Sewage Plants,” *Sacramento Bee*, March 28, 2000, online.
8. Douglas Frantz, “E.P.A. Asked to Crack Down on Discharges of Cruise Ships,” *American online*, March 20, 2000.
9. Colburn, 前掲，p. 24.
10. Colburn, 同上，p. 236.
11. Webster Donovan, “The Stink About Pork,” *George*, April 1999, p. 94.

第13章　アフルエンザ・ウイルスがもたらす中毒

1. National Institute on Drug Abuse, Bethesda, Maryland.
2. Scott Cohen, “Shopaholics Anonymous,” *Elle*, May 1996, p. 120.
3. “News and Trends,” *Psychology Today*, January/February 1995, p. 8.
4. David G. Myers, “Wealth, Well-Being, and the New American Dream,” Center for a New American Dream website, July 4, 2000.
5. インタビュー，1997年8月.
6. “Money Changes Everything,” *American Behavioral Scientist*, July/August 1992, p. 809.
7. 同上.
8. Alex Prud’ Homme, “Taking the Gospel to the Rich,” *New York Times*, February 14, 1999, p. BU 13.

第14章　不満は保証されている

1. インタビュー，2000年6月.
2. Donella H. Meadows, Dennis Meadows, and Jorgen Randers, B*eyond the Limits* (Post Mills,Vt.: Chelsea Green, 1992).（メドウズ，D. H.，メドウズ，D. L.，ランダース，J.『限界を超えて』松橋隆治・村井昌子訳，ダイヤモンド社，1992年）
3. Taichi Sakaiya, *The Knowledge-Value Revolution, or, a History of the Future* (Tokyo; New York: Kodansha International, 1991), p. 43.（堺屋太一『知価革命』PHP研究所，1985年）
4. Edward Hoffman, *The Right to Be Human: A Biography of Abraham Maslow* (Wellingborough, U.K.: Crucible Press, 1989), pp. 122, 128.（ホフマン，E.『真実の人間』上田吉一訳，誠信書房，1995年）

参照. Drew Leder, “It’s Criminal the Way We’ve Put 2 Million in Cages,” *The San Francisco Examiner*, Feb. 10, 2000.
14. インタビュー，1996年10月.

第11章　資源の枯渇

1. Paul Hawken, Amory Lovins and Hunter Lovins, *Natural Capitalism: Creating the Next Revolution* (Boston: Little Brown, 1999), pp. 51-52.
（ホーケン，P.，ロビンス，A. B.，ロビンス，L. H.『自然資本の経済』佐和隆光監訳，小幡すぎ子訳，日本経済新聞社，2001年）
2. Sandra Postel, *Dividing the Waters: Food, Security, Ecosystem Health and the New Politics of Security* (Washington, D.C.: Worldwatch Institute, 1996), Vol. 132.
3. Energy Information Administration, *Annual Energy Review 1997*, DOE/EIA-0384(97), Washington, D.C., July 1998, Tables 5.1 and 1.5.
4. John C Ryan and Alan Thein During, *Stuff: The Secret Lives of Everyday Things* (Seattle: Northwest Environment Watch, 1997), p. 43.
5. Donella Meadows, “How’s a Green Group to Survive Without Junk Mail?” *Global Citizen*, June 2000.
6. Ryan and Durning, 前掲, p. 55.
7. Gary Gardner and Payal Sampat, “Forging a Sustainable Materials Economy” 以下に収録. Worldwatch Institute, *State of the World 1999*, p. 47.
（「持続可能なマテリアル経済」，ブラウン，L. R.〔編著〕『地球白書1999－2000』浜中裕徳監訳，ダイヤモンド社，1999年）
8. Ryan and Durning, 前掲, p. 8.
9. Alan Durningへのインタビュー，1995年7月.
10. Mathis Wackernagelとの対話，2000年8月.
11. Anthony Ricciardi, “Mass Extinction in American Waters,” Society for Conservation Biology, September 30, 1999.
12. 同上.

第12章　産業の下痢

1. Theo Colburn, Diane Dumanoski, and John Peterson Myers, *Our Stolen Future: Are We Threatening Our Fertility, Intelligence, and Survival? A Scientific Detective Story* (New York: Dutton, 1996), p. 137.
（コルボーン，T.，ダマノスキ，D.，マイヤーズ，J. P.『奪われし未来』長尾力訳，翔泳社，1997年）
2. インタビュー，2000年3月.
3. Sandra Steingraber, *Living Downstream: An Ecologist Looks at Cancer and the Environment* (Reading, Mass.: Addison-Wesley. 1997), p. 99.
（スタイングラーバー，S.『がんと環境』松崎早苗訳，藤原書店，2000年）

2. インタビュー，1999年4月.
3. インタビュー，1996年9月.
4. Lee Atwater, "Lee Atwater's Last Campaign," *Life* magazine, February 1991.
5. Michael Lerner, *The Politics of Meaning* (Reading, Mass.: Addison-Wesley, 1996), pp. 5-8.
6. David Myers, *The American Paradox* (New Haven, Conn.: Yale, 2000), pp. 6-7.
7. Tim Kasser and Richard Ryan, "A Dark Side of the American Dream," *Journal of Personality and Social Psychology*, Vol. 65, No.2, 1993.
8. Tom Hayden, *Reunion* (New York: Random House, 1988), p. 82.
9. インタビュー，1998年5月.
10. William Willimon and Thomas Naylor, *The Abandoned Generation* (Grand Rapids, Mich.: Eerdmans, 1995), pp. 7-8.
11. Wilhelm Ropke, *A Humane Economy* (Indianapolis: Liberty Fund, 1971), p. 102.
12. 同上, p. 113.
13. 同上, p. 114.
14. Ernest van den Haag, "Of Happiness and of Despair We Have No Measure," in *Man Alone*, p. 184.
15. 同上, p. 197.

第10章　社会の傷跡

1. *Affluenza*, 1997.（テレビ・ドキュメンタリー）
2. インタビュー，1996年11月.
3. Sylvia Nasar, "Even Among the Well-Off, the Richest get Richer," *New York Times*, May 24, 1992.
4. Felicity Berringer, "Giving by the Rich Declines," *New York Times*, May 24, 1992.
5. "The Widening Income Gap," *Center on Budget and Policy Priorities,* Sept. 4, 1999.
6. "Millions Still Going Hungry in U.S., Report Finds," *Reuters*, Sept. 9, 2000.
7. "Is Greed Good?" *Business Week*, April 19, 1999.
8. David Broder, "To Those who Toil Invisibly Amid Billionaires," *Seattle Times*, April 16, 2000.
9. Barbara Ehrenreich, "Maid to Order," *Harper's*, April, 2000.
10. 同上.
11. インタビュー，1996年10月.
12. 同上.
13. Barry Yeoman, "Steel Town," *Mother Jones*, May/June 2000. また，以下を

9. インタビュー，1996年5月.
10. インタビュー，1996年4月.
11. Alex Molnarへのインタビュー，1996年4月.
12. 心理学者David Elkindへのインタビュー，1993年10月.
13. David Korten, *The Post-Corporate World* (San-Francisco: Kumarian/Berrett-Koehler, 1995), p. 33.
（コーテン，D.『ポスト大企業の世界』西川潤監訳，松岡由紀子訳，シュプリンガー・フェアラーク東京，2000年）
14. インタビュー，1996年5月.

第8章　寒さにふるえるコミュニティ

1. Ray Oldenburg, *The Great Good Place* (New York: Paragon House, 1991), p. xv.
2. インタビュー，1997年3月.
3. Robert Putnam, *Bowling Alone: the Collapse and Revival of American Community* (New York: Simon & Schuster, 2000), p. 49.
4. Eileen Daspin, "Volunteering On the Run," *Wall Street Journal*, November 15, 1999, p. W1.
5. "Our Separate Ways," *People*, September 25, 1995, p. 125.
6. Jeremy Rifkin, *The Age of Access* (New York: Tarcher/Putnam, 2000), p. 59.
（リフキン，J.『エイジ・オブ・アクセス』渡部康雄訳，集英社，2001年）
7. Stacy Mitchell (Institute for Local Self-Reliance) へのインタビュー，2000年2月.
8. Jeff Milchen (Boulder Independent Business Alliance)へのインタビュー，2000年2月.
9. インタビュー，2000年2月.
10. インタビュー，1998年10月.
11. Edward J. Blakely and Mary Gail Snyder, *Fortress America: Gated Communities in the United States* (Washington, D.C.: Brookings Institution Press, 1997).
（ブレークリー，E. J.，スナイダー，M. G.『ゲーテッド・コミュニティ』竹井隆人訳，集文社，2004年）
12. Dyan Machan (Daniel Yankelovichへのインタビュー), *Forbes*, November 16, 1998, p. 194.
13. William O'Hare (Annie Casey Foundation)へのインタビュー, 2000年3月.
14. March Miringoffへのインタビュー, 2000年5月.
15. 同上,

第9章「意味」を求める痛み

1. インタビュー，1999年10月.

年）
6. Staffan Linder, 同上，p. 40.
7. Rodney Clapp, “Why the Devil Takes Plastic,” *The Lutheran*, March 1999.
8. Linder, 前掲，p. 71.
9. インタビュー，1992年10月.
10. インタビュー，1993年9月.
11. インタビュー，1992年10月.
12. インタビュー，1993年5月.
13. たとえば以下を参照. Martin Moore-Ede, *The Twenty-Four Hour Society* (Mass: Addison-Wesley, 1993).
14. *Running Out of Time*, 1994.（ドキュメンタリー・フィルム）
15. インタビュー，1993年10月.
16. インタビュー，1993年10月.

第6章　緊張でけいれんする家族

1. *Running Out of Time*, 1994.（ドキュメンタリー・フィルム）
2. William Bennett, *The Index of Leading Cultural Indicators* (Touchstone, 1994), p. 68.
（ベネット，W. J.『グラフでみるアメリカ社会の現実』加藤十八・小倉美津夫訳，学文社，1996年）
3. インタビュー，1996年5月.
4. インタビュー，1996年5月.
5. インタビュー，1996年5月.
6. インタビュー，1996年5月.
7. Arlie Russell Hochschild, *The Time Bind* (New York: Metropolitan, 1997).（裏表紙の推薦文）
8. インタビュー，1996年5月.
9. インタビュー，1996年10月.

第7章　狙われる子供たち

1. インタビュー，1996年4月.
2. たとえば以下を参照. James McNeal, *Kids As Customers* (New York: Lexington, 1992).
3. Harwood poll, Yearning for Balance, 1995.
4. インタビュー，1999年10月.
5. Geoffrey Cowley and Sharon Begley, “Fat for Life,” *Newsweek*, July 3, 2000, pp. 40-47.
6. *Affluenza*, 1997.（テレビ・ドキュメンタリー）
7. インタビュー，1999年10月.
8. インタビュー，1996年4月.

第3章　「肥大」する欲求

1. David Myers, *The American Paradox* (New Haven, Conn.: Yale, 2000) p. 136.
2. インタビュー，1996年4月.
3. インタビュー，1996年9月.
4. インタビュー，1996年9月.
5. Keith Bradshear, "GM Has High Hopes for Road Warriors," *New York Times*, August 6, 2000.
6. 人々の欲求が変化してきたことについては，以下に多くの情報がある. Richard McKenzie, *The Paradox of Progress* (New York: Oxford, 1997).
7. Paul Andrews, "Compaq's new iPaq may be the PC for your pocket," *Seattle Times,* November 5, 2000.
8. *All-Consuming Passion*, p. 4.
9. インタビュー，1987年10月.
10. インタビュー，1997年5月.
11. James Lardner, "The Urge to Splurge," *U.S. News and World Report*, May 24, 1998.

第4章　慢性的な過密状態

1. Michael Kidd, White Paper on Self-Storage, Self-Storage Association, March 2000.
2. インタビュー，2000年1月.
3. John Fetto, "Time for the Traffic," *American Demographics*, January 2000, www.americandemographics.com.
4. Steven Ashley (ed)., *Mechanical Engineering* online, 1997.
5. Stephanie Simon, "Scientists Inspect Humdrum American Lives," *Los Angeles Times*, October 28, 1999.
6. Ellen Goodman, 以下の引用による. *All-Consuming Passion*, 1998.
7. Erich Fromm, *To Have or To Be?* (New York: Bantam, 1982) p. 5.
（フロム，E.『生きるということ』佐野哲郎訳，紀伊國屋書店，1977年）
8. Goodman, 前掲.
9. William Rathjeへのインタビュー, 2000年9月.

第5章　「過剰」によるストレス

1. インタビュー，September 1996年9月.
2. インタビュー，September 1996年9月.
3. *Running Out of Time*, 1994.（ドキュメンタリー・フィルム）
4. 同上.
5. Staffan Linder, *The Harried Leisure Class* (New York: Columbia, 1970), p. 4.
（リンダー，S. B.『時間革命』江夏健一・関西生産性本部訳，好学社，1971

■原 註■

序章──「アフルエンザ」とは？

1. Al Gore, *Earth in the Balance* (Boston: Houghton Mifflin, 1992), p. 221.
   （ゴア，A.『地球の掟』小杉隆訳，ダイヤモンド社，1992年）
2. インタビュー，1996年 4 月.
3. インタビュー，1996年10月.

第1章　ショッピング熱

1. *Statistical Abstract of the United States,* 1999.
2. *Harper's* Index, July 1999.
3. *All-Consuming Passion* (The New Road Map FoundationおよびNorthwest Environment Watch発行のパンフレット，1998年), p. 6.
4. KCTSテレビ（シアトル）のインタビュー, 1995年10月.
5. *All-Consuming Passion*, p. 7.
6. インタビュー，1996年4月.
7. *All-Consuming Passion*, p. 6.
8. Bob Walker, "Mall Mania," *The Sacramento Bee*, October 19, 1998.
9. 同上.
10. Paula Felps, "DotComGuy," *The Seattle Times,* February 20, 2000.

第2章　「破産」という名の発疹

1. インタビュー，1996年5月.
2. Robert Frank, *Luxury Fever* (New York: The Free Press, 1999) p. 46.
3. *Statistical Abstract of the United States,* 1999.
4. インタビュー，1996年5月.
5. Leslie Earnest, "Household Debt Grows Precarious As Rates Increase," *Los Angeles Times*, May 13, 2000.
6. Elizabeth Warren, "Bankruptcy Borne of Misfortune, Not Excess," *The New York Times*, September 3, 2000.
7. *Los Angeles Times,* 前掲.
8. *New York Times*, 前掲.
9. Michael Mantel, "What Bush v. Gore Means for Empty Piggy Banks," *Business Week*, September 11, 2000.
10. USA *Weekend magazine*, May 12-14, 2000.
11. *All-Consuming Passion*, p. 11.

消費伝染病（しょうひでんせんびょう）「アフルエンザ」

なぜそんなに「物（もの）」を買（か）うのか

初版発行——平成一六年一一月二五日

著者——ジョン・デ・グラーフ、デイヴィッド・ワン、
トーマス・H・ネイラー
訳者——上原（うえはら）ゆうこ

発行者——岸　重人
発行所——株式会社日本教文社
東京都港区赤坂九—六—四四　〒一〇七—八六七四
電話　〇三（三四〇一）九一一一（代表）
　　　〇三（三四〇一）九一一四（編集）
FAX〇三（三四〇一）九一三九（営業）
　　　〇三（三四〇一）九一一八（編集）
振替＝〇〇一四〇—四—五五五一九
印刷・製本——凸版印刷
装幀——細野綾子

ISBN4-531-08141-2　Printed in Japan